KB126174

삼국유사

흥법 · 탑상편

지은이 | **일연一然**

고려 후기의 승려이자 학자이다. 1219년 설악산 진전사에서 출가하였고 1283년 국사가 되었다. 입적 후 보각국존普覺國尊 존호를 받았고, 인각사에 그의 부도와 비가 남아 있다. 《삼국유사》는 그가 오랜 기간 모은 자료를 바탕으로 하여 1277년 청도 운문사에 머무를 때 집필을 시작해 1284년 군위 인각사로 옮긴 이후에 완성했다. 《삼국유사》는 고대의 신화와 전설, 민속, 불교미술 등이 담겨 있어 우리나라의 고대 역사와 문화를 이해하는 데에 중요한 자료로 평가받는다.

번역·해설 | **신대현**

동국대학교 사학과를 졸업하고, 동 대학원 미술사학과에서 석사와 박사를 받았다. 현재 능인대학원대학교 불교학과 교수이다.
저서로 《한국의 사리장엄》, 《한국의 사찰 현판》(전 3권), 《옥기玉器 공예》, 《진영眞影과 찬문讚文》, 《적멸의 궁전 사리장엄》, 《우리 절을 찾아서》, 《경산제찰을 찾아서》, 《닫집》, 《테마로 읽는 우리 미술》, 《강원도 명찰기행》, 《불교미술 이해의 첫걸음》, 《사리》 등 불교미술 관련서, 《전등사》, 《화엄사》, 《송광사》, 《불영사》, 《성주사》, 《대흥사》, 《낙가산 보문사》, 《봉은사》, 《은해사》, 《갓바위 부처님 : 선본사 사지》, 《낙산사》, 《대한불교보문종 보문사 사지》 등 사찰 역사문화서들이 있다. 그밖에 한시漢詩에 보이는 사찰의 문화와 역사를 해설한 《명찰명시》를 지었으며, 조선시대 최대의 사찰답사기인 《산중일기》를 번역했다.

삼국유사 흥법·탑상편

일연 지음 | 신대현 번역·해설

2024년 4월 30일 초판 1쇄 발행

펴낸이 오일주
펴낸곳 도서출판 혜안

등록번호 제22-471호
등록일자 1993년 7월 30일

주소 [04052] 서울시 마포구 와우산로 35길3(서교동) 102호
전화 3141-3711~2 **팩스** 3141-3710
E-Mail hyeanpub@daum.net

ISBN 978-89-8494-716-0 03910

값 25,000 원

삼국유사

흥법·탑상편

일연 지음

신대현 번역·해설

혜안

책머리에

우리의 고대사 연구는 《삼국사기》와 《삼국유사》가 기본이다. 보통 김부식의 《삼국사기》를 정사正史라고 하지만, 일연一然(1206~1289) 스님의 《삼국유사》도 제목처럼 《삼국사기》에서 담아내지 못한 고대 사람들의 이야기를 전하고 있으니 그 못잖게 귀중한 자료임은 말할 나위가 없다.

역사가 시간과 공간이라는 씨줄과 날줄로 촘촘히 짠 옷감이라면 《삼국유사》는 역사, 문화, 사상, 신앙이라는 갖가지 색사色絲로 엮은, 결이 고운 비단이라 할 수 있지 않을까. 《삼국유사》를 구성하는 9편의 주제 안에는 각각 구슬같이 소중한 이야기들이 마치 파노라마같이 펼쳐져 있다. 그중에는 우리 눈에 신비하고 환상적으로 들리는 얘기도 있어서 허황한 글로 취급받기도 했으나, 이것도 까마득히 먼 시대에 살았던 사람들의 삶이 사라지지 않고 남겨지기 위해서 이런 두툼한 외피를 둘렀던 것으로 생각하면 그다지 이상한 일도 아니리라. 그 덕분에 지금 우리는 1,500년 전 사람들의 생각과 살아가는 모습을 눈으로 보는 양 생생하게 느낄 수 있지 않은가.

이 책은 번역과 원문 외에, 이야기의 배경을 이해할 수 있도록 해설에도 비중을 두고 썼다. 해설은 그간 이뤄진 학계의 연구를 분석하여 그 성과가 담긴 포괄적 설명이어야 했기에 사실 정작 번역보다 더 많이 고심할 수밖에 없었다. 여기에다 도서출판혜안에서 이 이야기들에 얽힌 유적과 유물 사진을 준비해 지면에 풍부하게 넣은 점도 번역과 해설을 직관적으로 이해하는 데에 많은 도움이 되리라고 생각한다.

《삼국유사》 9편 중에서도 〈탑상〉은 불탑과 불상에 관하여 중요한 자료들이 많이 담겨 있어서 불교 미술사에서도 고전으로 여겨진다. 그래서 황수영黃壽永·정명호鄭明鎬 두 분 사제師弟는 평소 불교미술을 연구하려는 사람이라면 《삼국유사》를 들고 현장을 찾아갈 준비가 늘 되어 있어야 한다고 제자들에게 말씀하곤 했다. 나는 두 은사님의 가르침을 좇아 〈탑상〉만도 수십 번을 넘게 읽었다. 이번에 〈흥법〉과 〈탑상〉을 먼저 간행한 이유도 두 분의 뜻을 기리고 싶었기 때문이다.

인류의 긴 역사를 거르고 또 걸러내면 종내에는 역사와 철학과 예술이라는 결정체만 남으리라고 생각한다. 역사는 사실이고, 철학은 사유이며, 예술은 상징과 은유이다. 이들은 인간이 쌓은 지성知性의 총체이자 인간을 해석하는 수단이 된다. 《삼국유사》에는 이 모든 것이 들어 있고, 나아가 고대 사람들의 희로애락과 본성에 충실한 꾸밈없는 행동들도 담겨 있다. 천년, 이천 년 전 옛날 사람들이 생각하고 살아가던 이런 생생한 이야기를 읽다 보면, 인생도 그다지 짧은 건 아니라는 생각이 든다.

번역에는 정답이 없다. 원문에 대응하는 가장 적절한 우리말을 고르는 일이 번역일 뿐이다. 그렇기에 번역에 표준이 있을 수 없고, 여러 사람의 생각이 더해지고 고쳐지면서 좀 더 나은 번역으로 나아갈 뿐이다. 학문이란 기존의 관점과 판단에 비판과 수정이 더해질 때 더욱 빛나는 결과가 나오게 되는 이치와 같다. 좋은 역주서譯註書가 여럿 있음에도 지금 내가 이 책을 상재上梓함도 이런 생각에서였다.

'번역은 실패의 예술'이라고 하면 핑계일 테고, 적잖을 실수는 오로지 나의 얕은 지식 때문이리라. 그래도 《삼국유사》를 이해하는 데에 이 책이 조금이나마 도움이 된다면 참으로 다행이겠다.

2024년 4월 영종도에서 신 대 현

차 례

흥법편

고구려의 불교를 연 순도

순도 공 다음에 법심, 의연, 담엄 등이 서로 이으며 불교를 일으켰다. 그러나 옛날부터 전해오는 글이 없어서 지금 여기에 함부로 싣지를 못하겠다. 자세한 것은 승전[《해동고승전》]에 보인다

고려[고구려] 본기[《삼국사기》]에 이렇게 나온다. 소수림왕 즉위 2년 임신[372], 곧 동진 함안 2년 효무제가 즉위한 해에 전진의 부견이 사신과 승려 순도 편으로 불상과 경문을 보내왔다. 그때 부견은 관중, 곧 장안에 도읍하였다 또한 4년 갑술[374]에 아도가 진晉에서 왔다. 이듬해인 을해 2월[375]에 초문사를 창건해 순도가 살게 하고, 또 이불란사를 창건해 아도가 살게 하였다. 이것이 고려 불법의 처음이다.

승전에 순도와 아도가 위나라에서 왔다고 했음은 잘못이다. 실제로는 전진에서 왔다. 또한 '초문사는 지금의 흥국사, 이불란사는 지금의 흥복사'라는 말도 역시 잘못이다. 살펴보면, 고구려 때의 도읍은 안시성으로 안정[촌]홀이라고도 하며 요수의 북쪽에 있었다. 요수는 압록이라고도 하는데 지금은 안민강이라고 한다. 어떻게 송경[개경]의 흥국사라는 이름이 이곳에 있을 수가 있겠는가?
찬한다.

압록강 봄도 깊어 물가 풀도 고와라
흰 모래밭 갈매기 해오라기는 한가로이 졸고 있네

문득 들려오는 노 젓는 소리에 놀라 깨니
어디선가 온 고깃배 안개 헤치고 찾아왔네

해 설

　372년에 중국 전진의 왕 부견의 명으로 순도順道 스님이 고구려에 왔고, 이로부터 불교가 활짝 열리게 되었다는 이야기이다.

　일연의 글은 옛날 기록을 먼저 인용한 다음 자신의 생각을 풀어나가는 스타일이다. 그 밖에 별도 설명이 있어야 하거나 원문 내용이 잘못되었다고 본 대목에는 이를 증명하고 보완하기 위해 주석을 달아 독자의 이해를 돕는 형태를 선호했다.

　그런데 이 글은 제목부터 기다랗게 주석을 단 게 특이하다. 순도가 처음 불교를 전하였고, 이후 여러 스님이 그 뒤를 이었던 역사를 사람들에게 잘 알리고 싶으나, 자료가 많지 않고 또 그나마도 분명하지 않다는 답답한 마음을 먼저 말하고 싶었던 모양이다.

　순도의 뒤를 이은 여러 인물 중 의연 스님은 승전, 곧 《해동고승전》(1215년)에도 실렸다. 그러나 일연은 《해동고승전》에 나오는 말을 전적으로 믿지는 않았는지, '지금 여기에 함부로 신지를 못하겠다.'라고 하였다.

　대신 일연은 372년 중국 전진에서 온 사신과 순도 스님이 불교를 전했다는, 《삼국사기》로 추정되는 '고려 본기'를 소개했다. 하지만 중요한 역사의 순간이었으니만큼 순도를 처

서울 뚝섬에서 출토된 5세기 고구려 금동불좌상(국립중앙박물관)

음 만난 소수림왕이 어떤 반응을 보였는지, 이들을 어떻게 대했는지 등 당시 상황을 좀 더 자세히 알 수 있으면 좋으련만 이 부분이 너무 간략하게 소개된 게 아쉽다.

초문사肖門寺를 지어 순도가 머물게 했고, 또 2년 뒤에 온 아도를 위해서는 이불란사伊佛蘭寺를 지었다니 이들 일행은 분명 큰 환영을 받았을 것이다. 고구려뿐만 아니라 백제와 신라 그리고 고려와 조선을 거쳐 지금까지 힘차게 내려온 한국 불교 1,700년의 역사가 이렇게 시작되었다.

삼국시대 불교 초전初轉의 양상

불교를 처음 접한 사람들이 이를 자신들의 종교로 받아들이는 과정이 순탄하지만은 않았을 것이다. 《삼국유사》에는 그런 진통을 겪고 나서야 다음 사회에 불교가 성공적으로 뿌리내리게 된 과정이 잘 나온다. 고구려·백제·신라의 삼국마다 불교를 받아들일 당시의 환경은 저마다 다 달랐지만, 그래도 자기 한 몸을 돌보지 않고 대의를 위해 희생한 스님이나 신도가 있었기에 불교가 안착될 수 있게 되었음은 똑같다. 그리고 여기에 왕도 아주 중요한 역할을 하였다. 인도나 중국에서 온 스님에게 불교를 처음 접한 왕은 불교의 뜻과 가치를 이해하여 돈독한 불심을 갖게 되었고, 이에 따라 사찰을 짓거나 승려를 공식적으로 출가시키는 등 불교 전파를 국가 정책으로 삼아 불교 관련 제도를 갖추는 데 앞장서고, 귀족이나 관료들도 이에 잘 부응했던 것 같다. 이런 모습은 특히 고구려와 백제가 판박이처럼 비슷하였고, 그 결과 고구려 소수림왕과 백제 침류왕의 불교 진흥 정책은 처음부터 큰 무리 없이 이뤄질 수 있었다. 그렇지만 신라는 약간 다른 양상을 보였으니, 왕이 아니라 민간부터 불교가 알려지기 시작하였다. 그런 탓에 조금씩 신도가 늘어가는 과정에서 이를 달가워하지 않던 귀족 세력이 세게 반발하느라 불교 전파가 많이 늦어지게 되었다. 그래도 나중에 법흥왕이 다소 무리를 무릅쓰고 불교 전파를 결단하였음이 불교 발전의 원동력이 되었으니,

큰 틀에서 보면 고구려·백제와 비슷한 궤적을 보였다고 할 수 있다.

순도와 그의 후계자들

《해동고승전》에는 순도가 일찍부터 중국 각지를 다니며 불교를 전하였다고 하면서도, '순도 스님이 어떤 사람인지 알 수 없다(釋順道 不知何許人也)'라고 했다. 이 말은 그가 고구려에 온 것은 전법에 대한 평소의 바람이 인연이 되었던 모양이지만, 어디 출신인지가 분명하지 않은 데 대한 의문으로 보인다. 일연 역시 이에 대해 확실한 언급은 피했는데, 문맥만 놓고 보면 중국 스님 같아 보이기는 한다. 물론 이와는 상관없이 순도는 불교를 처음 전래한 인물로 우리 역사에 기록되어야 한다.

순도가 중국 사람이라면 뒤이은 법심法深·의연義淵·담엄曇嚴 등이 우리나라 최초의 승려가 될 테지만, 일연은 그들의 발자취가 옛 기록에 자세히 안 나와 신지를 않았다고 했다. 그의 말대로, 의연은 《해동고승전》에 자세하지만, 법심과 담엄이 누군지는 전혀 알려진 게 없다. 의연은 576년 평원왕으로부터 석가모니의 발자취와 《금강반야경》 등 대승의 경전과 논서들에 관해 알아 오라는 명을 받고 북제北齊(550~577)에 건너가 정국사定國寺의 법상法上을 사사하고 돌아왔다고 한다. 우리나라 최초의 유학승인 셈이다. 계율과 태도[律儀]를 잘 지켰다고 하니, 우리나라 율승律僧의 시조라고도 할 만하다.

초문사와 이불란사, 그리고 요수의 위치

순도가 머물렀던 초문사, 아도가 살았던 이불란사는 고구려 최초의 사찰이라고 할 수 있다. 다만 어디에 자리했는지 현재까지는 알려진 바가 없다. 《해동고승전》에 초문사는 개성의 흥국사이고 이불란사는 평양의 흥복사라 나온다. 하지만 일연은 당시 고구려의 수도가 요수遼水 북쪽에 있던 안시성이었으니 이는 잘못이라고 분명하게 지적했다. 초문사, 이불란사가 당시

도읍 주변을 벗어나 있었을 리 없다는 뜻인 것 같다. 고구려의 수도는 이견은 있으나 졸본성에서 시작해 3년(유리왕 22)에 국내성으로 옮겨갔고, 427년(장수왕 15)에 평양에 안학궁을 짓고 다시 천도하였다.

안시성은 랴오닝성 남동쪽의 영성자英城子를 그 자리로 보는 학설이 유력한데, 요동성과 더불어 고구려의 대륙을 향한 주요 거점이었다. 오늘날 초문사, 이불란사의 위치를 추정하는 데에 일연의 말은 좋은 참고가 된다. 아닌 게 아니라 현재의 평양과는 상당한 먼 거리여서, 당시 왕도 부근에 세웠을 두 절을 개경의 흥국사나 평양의 흥복사로 보기 어렵다는 일연의 말에는 힘이 실린다.

개성의 흥국사탑(국립중앙박물관 유리 건판사진. 현 고려박물관 소장)

또한 일연은 요수를 일명 '압록'이라 한다고 했으니, 신의주와 단둥 사이를 흘러 서해로 나가는 지금의 압록강과는 다른 강이라고 보인다. 고구려 시대에 '난하灤河'로 알려진 요수는 현 허베이성 부근으로, 중국 명나라 대에 나온 〈연산도燕山圖〉 지도에도 '압록강'으로 표기되어 있다.

안시성으로 추정되는 영성자산성 원경

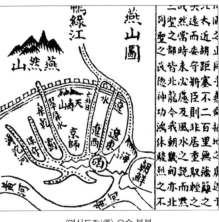

〈연산도燕山圖〉 요수 부분

그런데 일연이 안시성이 요하 부근에 있었다고 한 말은 맞지만, '고구려의 도읍'이라 한 것은 받아들이기 어렵다. 427년에 평양으로 천도하기까지 도읍이었던 국내성은 안시성과 전혀 다른 지역이기 때문이다. 국내성 자리는 여러 문헌 연구와 고고 발굴로 압록강(길이 800km)과 퉁거우 강通溝河이 만나는 지역의 널따란 '지안吉安 분지' 일대가 확실하다고 본다.

사서에 등장하는 지명이 현재 어디에 해당하는지 확인하는 일은 역사 연구에 꼭 있어야 한다. 하지만 이는 생각보다 어려운 일이라서 이를 두고 역사학자 간 논쟁이 종종 벌어진다. 대동강의 옛 이름으로 사서에 종종 등장하는 '패수浿水'의 위치에 대해서도 서로 다른 학설이 10개 가까이 있을 정도다. 여하튼 고구려 최초의 절에 관한 일연의 말이 오늘날 여러 가지로 논의의 밑바탕이 되고 있다.

다만 이 글에 고구려의 도읍을 '안정홀安丁忽'이라고 했으나,《삼국사기》에 나오는 '안촌홀安寸忽'을 잘못 보았거나 인쇄 때에 글자를 잘못 새긴 듯하다.

부견이 고구려에 불교를 전한 까닭

전진前秦은 이른바 5호 16국의 하나였던 진秦(351~394)인데, 티베트 저족氐族이 351년 장안에 건국한 나라다. 그 세 번째 왕 부견苻堅(재위 357~385)은 사신과 순도를 고구려에 보내어 불교를 전해주었으니 우리한테는 참 고마운 존재다.

그런데 이를 정치적 동기 측면에서 본다면 그 2년 전 고구려가 취해준 조치에 대한 감사였을 수 있다. 진의 적대국 중 하나인 연燕의 고위 인사가 고구려로 망명해 왔으나 고국원왕은 이 인사를 오히려 진으로 보내버렸다. 이에 따른 보답으로 부견이 새로 왕위에 오른 소수림왕에게 불교를 전해주었다고 볼 수도 있다. 부견은 그의 치세 동안 국력을 크게 높였으나 영토 확장의 욕심이 지나쳤다. 그 결과 384년 동진東晉과의 전쟁에서 대패하며 급격히 몰락하였고, 결국 나라도 멸망했다.

순도는 중국에서 왔으나 우리나라 불교의 선구자가 되었다. 일연이 '순도공'이라고 한 데에서도 그에 대한 존경심이 잘 드러나는 것 같다.

불교 전래 과정을 보는 관점

이 글의 제목 〈순도조려〉는 고구려 불교의 시작이 순도로부터 비롯되었음을 말한다. 바로 다음의 〈난타벽제〉는 마라난타가 백제 불교를 열었다는 뜻이고, 또 다음의 〈아도기라〉는 아도가 신라 불교의 바탕을 세웠다는 뜻이다. 〈흥법〉의 세 가지 이야기는 현재 우리 불교사의 출발점을 연구하는 데에 가장 중요한 근거가 된다. 이렇게 《삼국유사》의 9편 중 〈흥법〉에는 삼국에 불교가 본격적으로 도입된 직전과 직후의 상황을 이해하는 데 도움이 되는 글이 특히 많다.

그래서 〈흥법〉을 통해서 삼국의 왕이 어떤 연유로 해서 불교를 알게 되었고, 불교가 자리 잡을 수 있도록 제도적 뒷받침을 한 과정을 알 수 있다. 고구려와 백제는 신라보다는 짧게 서술되었으나 당시 분위기를 파악할 만큼은 된다. 이런 이야기들로 불교 도입이 왕과 깊게 연관되어 있다는 점을 알 수 있다. 강력한 권위와 권력을 갖는 왕이 몸소 불교를 믿음으로써 불교가 확산하는 큰 동력이 되었다고 보인다. 이 글에도 중국과 고구려의 왕이 불교를 적극적으로 전하고 수용한 자취가 잘 나온다.

사실 왕이 불교 전래에 큰 동력이 되었다는 관점에서 본다면 고구려에 불교가 '시작'된 지점을 다르게 볼 여지도 있다. 예를 들어 〈탑상〉의 〈아육왕요동탑〉에 그런 실마리가 나온다. 불교의 존재가 알려지기 한참 전, 고구려의 어느 한 훌륭한 임금[聖王]이 요동성을 순시하다가 땅속에 묻힌 삼층탑을 얻게 되었다. 이 탑은 인도 불탑과 비슷한 복발형覆鉢形으로 묘사되었는데, 범어로 '불탑'이라고 적혀 있었다. 이 신기한 경험 후에 큰 신심이 생긴 성왕이 칠층 목탑을 세웠고, 이로부터 고구려에 불교가 시작되었다 한다. 만일 이름이 전하지 않는 이 왕이 소수림왕이 아니라면, 순도 이전에 이미 불교가 고구려에 알려져 있었다고 볼 수 있다. 이를 현재는 '공인公認'이라고 표현하고 있지만, 사실 이전에도 인도 또는 중국을 통한 불교의 사적私的 교류가 있었을 수 있다. 그런 의미에서 국가 간 불교 전래의 순서를 일률적으로 정함은 바람직해 보이지 않는다. 그보다는 어떤 환경에서 어떤 과정을 거쳤는지를 보는 것이 더 역사적 관점일 것이다.

원 문

順道肇麗

道公之次 亦有法深 義淵 曇嚴之流 相繼而興教 然古傳無文 今亦不敢編次 詳見僧傳 髙麗本記云 小獸林王即位二年壬申 乃東晉咸安二年 孝武帝即位之年也 前秦苻堅 遣使及僧順道 送佛像經文 時堅都關中 即長安 又四年甲戌 阿道來自晉 明年乙亥二月 創肖門寺 以置順道 又創伊弗蘭寺 以置阿道 此髙麗佛法之始 僧傳作二道來自魏云者 誤矣 實自前秦而來 又云肖門寺 今興國 伊弗蘭寺 今興福者 亦誤 按 麗時都安市城 一名安丁[寸]忽 在遼水之北 遼水 一名鴨渌 今云安民江 豈有松京之興國寺名 讚曰 鴨渌春深渚草鮮 白沙鷗鷺等閑眠 忽驚柔櫓一聲遠 何處漁舟客到烟

마라난타가 백제의 불교를 열다

백제 본기[《삼국사기》]에 이렇게 나온다. 제15 승전[《해동고승전》]에 14라고 함은 잘못이다 침류왕이 즉위한 갑신[384]에 동진 효무제 대원 9년 인도 승려[胡僧] 마라난타가 진에서 백제로 왔다. 그를 맞이하여 궁중에서 머물게 하고 경건히 예를 다하였다. 이듬해인 을유[385]에 새 도읍 한산주에 절을 짓고 승려 10명을 출가시키니, 이것이 백제 불교의 시작이다.

또한 아신왕이 즉위한 대원 17년[392] 2월에 왕명을 내려서 불법을 존숭하고 믿어 복을 구하도록 하였다.

마라난타는 번역하면 '동학'이다. 그의 기이한 행적은 승전에 자세히 나온다

찬한다.

천지가 열릴 때에

큰일 하기는 어려워도

차근차근 알아채노라면 노래 춤 절로 나오니

옆 사람도 눈 돌려 바라보게 되리라

백제 불교 최초 도래지-마라난타사에서 바라본 영광 법성포

해 설

부여 군수리사지 출토 6세기 백제 납석
제불좌상(보물 329호. 국립중앙박물관)

384년 중국 동진東晉(317~420)에서 마라난타
摩羅難陀가 오면서 백제 불교가 시작되었음을
말한 글이다. 고구려 불교 전래보다 불과 12
년 뒤의 일이다. 다만 마라난타가 어떤 경로
로 백제에 왔고 또 와서 무슨 절을 어떻게 창
건했는지 등은 나오지 않는다. 대신에 조선
후기의 기록에 마라난타가 중국에서 뱃길로
전라남도 영광의 포구로 들어왔고, 영광 불갑
사佛甲寺를 비롯하여 나주 불회사佛會寺 등을
창건했다고 하는 데에 따라 그가 우리나라에
첫걸음을 내디딘 데가 영광이고, 이곳에 여러
절을 지으며 적극적으로 불교를 알렸으리라
고 추정해 볼 수 있다. 영광 지역은 예나 지금
이나 물산이 풍부한 데라서 그럴 개연성이 충

마라난타 스님을 기념해서 근래 세운 영광 마라난타사 전경

분해 보인다. 이런 전승에 걸맞게 영광에는 불교와 관련한 지명이 많이 남아 있다. 법성포法聖浦 포구는 마라난타가 백제 땅에 첫걸음을 내디딘 곳에서 나온 이름이고, 아무포는 '나무아미타불을', 부용포는 불교를 상징하는 연꽃[芙蓉]에서 나왔다고 전한다. 근래에는 법성포구 앞에 마라난타사가 세워져 백제 불교의 광영을 기리고 있다. 마라난타의 유적이 유형과 무형의 형태로 잘 전해지는 셈이다.

그런데 이런 전승과는 별도로 이 글에 '385년에 한산주漢山州에 절을 짓고 승려 10명을 출가시켰다.'라는 기록이 나오므로 왕명에 의한 최초의 사찰은 한산주에 세워졌다고 볼 수 있다. 다

마라난타사의 사면대불상(아미타 대불)

만 한산주가 정확히 어디인지에 대한 의견이 다소 분분한데, 대체로 오늘날 경기도 광주 및 하남시·서울 강동구 일대로 추정한다.

그 뒤 아신왕이 392년에 칙령을 내려 널리 불교 믿기를 장려했던 일도 백제에 불교가 발전하는 중요한 계기였을 것이다. 여기에 보이는 아신왕의 불교 진흥 정책은《삼국사기》에 나오지 않는 이야기라서 중요하다.

마라난타

이 글에는 마라난타가 본래 호승, 곧 인도 출신이라고만 짧게 언급되었던 데 비해서《해동고승전》에는 그에 관한 이야기가 좀 더 자세히 소개되었다. 그는 인도에서 중국 남조의 동진에 건너가서 불교를 전했고, 이후 백제로 왔다고 한다. 그는 일찍이 불교를 널리 알리겠다는 큰 뜻을 품어 곳곳을 다니며 전법하였기에 백제 전법도 이런 서원의 결과였다고 보인다. 고구려에 불교를 처음 전한 순도하고도 비슷한 발자취라서, 4세기 무렵 스님들이 불교를 전하는 일을 얼마나 중요하게 여겼는지 그런 모습들이 훤히 들여다보이는 것 같다.

일연은 '마라난타'는 한자로는 동학童學이라고 풀이했다. 글자 그대로 보면 '어린 학동'이라는 뜻이니 어려서 출가 수행했음을 뜻하는 말인지 모르겠다. 또 근래에는 '마라'를 '구마라'의 줄임말로 보는 견해도 나왔다.

한편, 중국의 찬녕贊寧이 지은《송고승전》(988년)에도 '난타難陀'가 나오지만, 이 글의 마라난타와는 다른 사람으로 본다.

부여 규암면 출토 7세기 백제 금동관음보살입상(국립부여박물관, 국보 293호)

원문

難陁闢濟

百濟本記云 第十五 ^{僧傳云 十四 誤} 枕流王即位甲申 ^{東晉孝武帝大元九年} 胡僧摩羅難陁至自晉 迎置宮中禮敬 明年乙酉 創佛寺於新都漢山州 度僧十人 此百濟佛法之始 又阿莘王即位大元十七年二月 下敎崇信佛法求福 摩羅難陁 譯云童學 ^{其異迹 詳見僧傳} 讚曰

天造從來草昧間 大都爲伎也應難 翁翁自解呈歌舞 引得傍人借眼看

아도가 신라 불교의 터를 닦다

신라 본기《삼국사기》 제4에 이렇게 나온다. 제19대 눌지왕[재위 417~458] 때에 사문 묵호자가 고려[고구려]에서부터 일선군[구미시 선산읍]으로 왔다. 군에 사는 모례가 혹은 모록이라고 한다 집 안에 굴실을 파주어 편히 있도록 하였다. 그때 양나라에서 사신을 보내 의복과 향을 전해왔다. 고득상의 '영사시'에는 양나라에서 원표라는 승려를 사신으로 보내 명단溟檀[침향], 불경, 불상을 보내왔다고 한다 임금과 신하들이 그 향의 이름과 어디에 사용하는 것인지 몰라서 사람을 보내 향을 싸서 나라 안으로 두루 다니며 물어보게 하였다, 묵호자가 그것을 보고 말하였다.

"이는 향이라고 한다. 사르면 향기가 물씬 풍김으로써 삼가 신성神聖에 이르도록 해준다. 신성이 삼보보다 나은 것은 아니나, 만일 이를 사르고 발원하면 반드시 영험이 있다." 눌지왕은 진[265~420]과 송[420~479]의 세대에 있었으므로 양 [502~557]에서 사신을 보냈다고 함은 잘못 같다

이때 왕의 딸이 위독하여 묵호자를 불러왔다. 향을 사르며 서원의 뜻을 나타내니[誓表] 병이 나아졌다. 왕이 기뻐하며 예물을 후하게 내렸다. 그 직후에 그가 어디로 갔는지 알지 못한다.

또한 21대 비처왕[소지왕, 재위 479~500] 때 아도 화상이 제자[侍者] 세 명과 함께 역시 모례의 집에 왔는데, 겉모습이 묵호자와 비슷하였다. 여러 해 머물다가 병 없이 죽었다. 제자 세 명은 남아서 경전과 율전을 강독하였는데 때때로 이를 믿고 받드는 사람들이 있었다. 주注 [《삼국사기》〈신라 본기〉 '법흥왕'조에

신라 칠처 가람 중 하나인 천경림(흥륜사). 현재의 경주공고 자리가 그 터로 추정된다.

는 '본비本碑 및 모든 전기와 전혀 다르다.'라고 한다. 또한 고승전에는 '서축 사람인데 혹은 오나라
에서 왔다고도 한다.'라고 나온다

아도의 본비를 살피면 이러하다. 아도는 고구려 사람으로 어머니는 고도령
이다. 정시[240~249] 연간에 조위曹魏[220~265] 사람 아굴마가 성이 '아'이다 사신
으로 구려[고구려]에 왔다가 사사롭게 통정하고 돌아가 그로 인하여 임신하
게 되었다. 스님이 다섯 살 때 어머니의 명으로 출가하였다. 열여섯 살에 위
나라에 가서 아버지 굴마를 뵙고[省覲], 현창 화상의 문하로 나아가 불법을
공부하였다. 열아홉 살 때 어머니에게 돌아오니[歸寧], 어머니가 말하였다.
"이 나라는 아직 불법을 모르지만, 이후 3,000여 개월 지나면 계림[신라]에
성왕이 출현하여 불교를 크게 일으킬 것이다.
그 나라 서울에 칠처 가람의 터가 있다. 첫째는 금교 동쪽의 천경림이고, 지
금 흥륜사이다. 금교는 서천의 다리를 말하는데, 속말로 송교라고 부른다. 절은 아도가 처음 터를
잡았으나 중간에 폐사되었다. 법흥왕 정미[527]에 이르러 처음 창건하였고, 을묘[535]에 크게 시작
해 진흥왕 대[540~576]에 공사를 끝냈다 둘째는 삼천기이고, 지금 영흥사이다. 흥륜과 같
은 대에 열렸다 셋째는 용궁 남쪽이고, 지금 황룡사이다. 진흥왕 계유[553]에 처음 열렸다
넷째는 용궁 북쪽이고, 지금 분황사이다. 선덕 갑오[634]에 처음 열다 다섯째는 사천

미이고, 지금 영묘사이다. 선덕왕 을미[635]에 처음 열렸다 **여섯째는 신유림이고**, 지금 천왕사이다. 문무왕 기묘[679]에 열렸다 **일곱째는 서청전이다**. 지금 담엄사이다 모두 전불시대 가람들의 터이며 불법의 물결이 길이 흐를 곳이다. 네가 그곳으로 가서 커다란 가르침을 전하여 드높임으로써 마땅히 동쪽에서도 석가모니를 받드는 일[釋祀]이 들려온다고 하도록 하여라."

아도가 가르침을 받들어 계림에 와서 왕성의 서쪽 마을에 오늘날 엄장사이다 머물렀다. 때는 미추왕[재위 262~284] 즉위 2년 계미[263]였다.

궁궐로 들어가서 불교를 전할 수 있기를 청하였으나, 세상에 전에 보지 못하던 것이라고 꺼렸다. 그를 죽이려는 사람까지 있었으므로 속림으로 도망가서 숨었다. 오늘날 일선현 모록毛祿의 집이다. '祿'은 '禮'와 모양이 비슷해서 나온 잘못이다. 고기에 "법사가 처음 모록의 집에 왔을 때 천지가 진동하였다."라고 나온다. 그때 사람들이 僧이라는 말을 몰랐기에 '아두阿頭 삼마'라고 불렀다. 삼마란 '승'을 가리키는 속말로 사미와 같은 말이다

미추왕 3년[264]에 성국공주가 병이 들었다. 부적과 주문[巫醫]으로는 효험이 없자 사방으로 의원을 구하므로, 스님이 급히 궁궐로 들어가서 마침내 그 병을 낫게 해주었다. 왕이 크게 기뻐하며 바라는 바를 물으니 대답하였다.

"빈도는 달리 얻으려는 것은 없습니다. 다만 천경림에 절을 지어 불교를 크게 일으킴으로써 나라의 복을 빌고 싶습니다."

왕은 이를 허락하고 공사를 일으키도록 명하였다. 풍속이 질박하고 검소한 지라 띠로 지붕을 엮어 올려 여기서 살면서 가르침을 베풀었는데, 간혹 하늘에서 꽃이 내려 땅에 떨어지기도 했다. 홍륜사라고 이름하였다. 모록의 누이동생 사씨도 스님에게 귀의하여 비구니가 되어 역시 삼천기에 절을 짓고 살았다. 영흥사라고 이름하였다.

얼마 안 되어 말추왕[미추왕]이 죽자[284] 나라 사람들이 그를 해치려고 하였다. 스님은 모록네 집으로 돌아가 큰 무덤을 만들고 들어가서 문을 닫고 세상과 절별하고는 끝내 다시 나타나지 않았다. 이것으로 인하여 불교 역시 사라지게 되었다. 23대 법흥대왕 대에 이르러, 소량蕭梁의 천감 13년 갑오[514]에 즉위하고 불교[釋氏]가 일어났다. 미추왕 계미년으로부터 252년 뒤의 일이니 고도령이 '3,000여 달'이라 한 말이 실제로 이루어진 것이다.

본기와 본비의 이 두 이야기를 살펴보면 이처럼 서로 맞지 않고 같지 않은 게 있다. 그러므로 이를 한번 논해 보겠다. 양나라와 당나라의 두 승전[《고승전》·《속고승전》]과 삼국 본사[《삼국사기》]에 모두 고구려와 백제 두 나라 불교의 시작이 진晉나라 말년 대원太元[376~396] 연간이라고 하였다. 순도와 아도[二道] 법사가 소수림왕 갑술[372]에 고구려에 왔음이 명확하므로 이 전들은 그릇되지 않았다. 만약 비처왕 때에 처음 신라에 왔다면 아도가 고구려에서 백여 년이나 머물다가 온 것이 된다. 비록 대성[성인]은 가고 옴과 나타나고 사라짐이[行止出沒] 일정하거나 꼭 그러하게 되는 것[不常未必]은 아니나, 그래도 신라에서의 불교 신봉이 이처럼 늦지는 않았을 것이다. 또한 만일 말[미]추왕 대였다면 고구려에 왔던 갑술년보다도 백여 년이나 앞선 때가 된다. 계림에 아직 문물과 예교가 없었고 국호도 아직 정해지지 않았을 때인데 어느 겨를에 아도가 와서 불교를 받들자고 청할 수 있었겠는가? 또한 고구려에 가지 않고 신라로 넘어갔다는 말도 이치에 맞지 않는다. 설사 잠깐 흥하였다가 곧바로 사라졌다고 하더라도, 어찌 그 새에 아무런 일도 없었을 것이며 향의 이름조차도 알지 못했겠는가? 하나는 어찌 너무 늦고, 하나는 어찌 너무 빠른가?

생각건대, 우리나라로 흘러들어왔던 형세는 필시 고구려와 백제에서 시작되어 신라에서 그쳤을 것이다. 눌지왕 대와 소수림왕 대가 서로 비슷하므로 아도가 고구려를 떠나 신라에 온 것은 마땅히 눌지왕 때였을 것이다.

또한 왕녀의 병을 고친 게 모두 아도가 한 일이라고 전하는데, 이른바 '묵호자'라는 것은 진짜 이름이 아니라 그저 어떤 사람이라고 가리킨[指目] 말일 뿐이다. 마치 양나라 사람들이 달마를 가리켜 '벽안호碧眼胡'라고 하고, 진나라에서 석도안의 모습을 나타내려고 '칠도인漆道人'이라고 한 것과 같은 것이다. 이는 곧 아도가 위태로운 일을 하기에 자신을 감추려고 성과 이름을 말하지 않았던 까닭이다. 대체로 나라 사람들은 들은 대로 묵호·아도 두 이름에 따라 두 사람으로 구분하여 전한 것이다. 더군다나 아도의 겉모습이 묵호와 비슷하다고 하였으니, 바로 이를 가지고도 한 사람임을 알 수 있다. 고도령이 일곱 곳을 차례대로 꼽은 것은 바로 창건의 선후를 미리 알고 말한 것이나, 두 전기[아도의 비석, 《해동고승전》]가 잘못되었기에 여기에서는 '사천미'를 다섯 번째에 넣었다. '3,000여 달'이란 것도 반드시 믿을 필요는 없다. 눌지왕 때로부터 정미[527]까지는 무려 100년이 넘으므로 1,000여 달이라고 해야만 거의 비슷할 것이다. 성이 '아'이고 이름이 외자임도 진짜인지 의심되나, 자세히 알 수는 없다.

또한, 원위[북위·후위]의 담시 스님의 혜시라고도 한다 전기를 살펴보면 이러하다. 담시는 관중[현 산시성 중부와 허난성 서쪽 끝] 사람으로 출가한 뒤로 이적이 많았다. 진나라 효무제 대원 9년[384] 말에 경전과 율전 수십 부를 구한 다음에 요동으로 가서 교화를 폈다. 삼승[성문승·연각승·보살승]을 드러내 보이고 세움으로써 계율에 들게 하였으니, 대개 이것이 고구려가 불교의 도리를 듣게 된 처음이었다. 의희[405~418] 초에 다시 관중으로 돌아가서 삼보三

輔[중국 장안 일대] 지역을 교화했다. 담시는 발이 얼굴보다도 희었고, 비록 진흙탕을 건너더라도 조금도 젖지 않았으므로 세상 사람이 모두 '백족화상'이라고 불렀다.

진晉[265~419] 말에 북방의 흉노 혁련발발이 관중을 무너뜨리고 차지하며 무수한 사람을 살육했다. 그때 담시도 난을 겪었으나 어떤 칼도 그를 베지 못하였다. 발발은 감탄하여 사문들을 널리 사면함으로써 아무도 죽지 않았다. 담시는 이에 남몰래 산속에 은거하며 두타행을 닦았다. 탁발도[북위 태무제, 재위 423~452]가 다시 장안을 공격하여 관중과 낙양에 위세를 떨쳤다. 그때 박릉[허베이성 일대]에 최호가 있었는데 좌도[도교]를 조금 익혀 불교를 시기하고 미워하였다. 벼슬이 재상[僞輔]으로 탁발도의 믿음을 얻고 있었다. 이에 천사[도교의 교주] 구겸지와 함께 불교는 이익이 없고 백성의 삶에 해가 된다는 등등의 말을 하여 이를 없애라고 탁발도를 설득했다.

대평[409~430] 말에 담시는 바야흐로 탁발도를 감화할 때가 왔음을 알았다. 이에 정월 초하루 조회[元會]하는 날에 지팡이를 짚고 홀연히 궁궐 문에 나타났다. 탁발도가 이를 듣고 그를 죽이라고 명했으나 여러 번 베어도 다치지 않았다. 탁발도가 직접 베기까지 했으나 역시 다친 데가 없었다. 북원에서 기르던 호랑이에게 먹잇감으로 던져도 역시 감히 가까이 가지 못하였다. 탁발도가 크게 부끄럽고 두려운 마음이 생겨 마침내 큰 병에 걸렸다. 최호와 구겸지 두 사람도 잇달아 악질에 걸렸다. 탁발도는 그들의 허물 탓이라고 여겨서 두 집안 사람들을 죽이고 나라 안에 불법이 크게 일어나도록 하였다. 담시는 그 뒤 어디에서 삶을 마쳤는지 모른다.

논의하여 말한다. 담시가 대원[태원] 말년에 해동으로 왔다가 의희 초년에 관중으로 돌아갔으니, 이 땅에 머문 지가 10년이 넘는데 동국의 역사에 남은 글이 없는 까닭이 무엇일까? 담시는 괴이하고 헤아리기 어려운 사람이었다. 아도, 묵호자, 마라난타 등이 연대와 행적이 서로 같으니 분명 세 사람 중 한 사람이 이름을 바꾼 것이 아닌가 한다.

찬한다.

금교에 쌓인 눈 녹지 않았고

계림에 봄빛 아직 돌아오지 않았네

훌륭하여라, 봄의 신은 재능도 뜻도 많아

모량 댁에 매화꽃 먼저 피웠네

해 설

구미 도리사 아도화상 흉상

《삼국사기》, 아도본비,《해동고승전》등에 나오는 이야기를 요약하여 신라에 불교가 처음 들어온 과정을 소개한 글이다. 아도본비란 뒤에 나오는 〈원종흥법 염촉멸신〉을 보면 신라의 문인 김용행金用行이 9세기 무렵에 지은 비문 같다. 하지만 지금은 전하지 않아서 어떤 내용을 담고 있는지 자세히 알 수 없다.

이 〈아도기라〉는 앞에서 언급한 〈순도조려〉와 〈난타벽제〉와 함께 고구려, 백제, 신라 세 고대 국가의 불교 전래 역사를 완벽하게 담아내는 삼부작이다. 고구려 372년, 백제 384년, 신라 527년이라는 불교 공인 연대에 대한 오늘날의 상식도 여기에 근거한다. 신라 불교는 고구려와 백제와 비교해 150년가량 늦게 시작했으나, 1,700년 한국 불교사에서 150년은 짧다면 짧은 시간이다. 길고 긴 역사 속에서, 이 땅에 불교가 들어오기 전에 잠시 숨을 고르던 시간 정도 아닐까. 〈아도기라〉를 읽으면 그런 생각이 더욱 든다.

이 글은 먼저 일연이 본기本記(《삼국사기》)와
본비本碑(아도의 비문)의 내용을 요약 인용하고
나서 이에 대한 역사적 상황과 배경을 자신의
목소리로 설명하는 형식으로 구성되었다. 중
간중간에 《해동고승전》 등을 참조해 적절히
각주를 달아 내용상의 일부 오류를 정정하
려고 노력한 흔적도 보인다. 이렇게 일연은 신
라에 불교가 들어왔던 복잡한 역사를 중요한
대목을 짚어가며 하나하나 풀어나갔다.

양무제 소연의 초상화

후반부에는 《해동고승전》에 실린 중국 동
진(317~420)의 담시曇始 스님에 관한 이야기가
마치 부록처럼 실렸다. 담시는 중국 동진 사
람이나 그가 한때 요동遼東에 와서 포교한 적
이 있으므로 고구려 불교에 영향을 주었다고
보아 그에 관한 고사 몇 가지를 추려서 넣은
것이다. 《해동고승전》에도 담시의 전기가 실
린 것도 그런 이유 같다. 일연은 담시가 남긴
여러 발자취 중에서 특히 북위의 황제인 태
무제 탁발도拓拔燾와 관련한 일화를 소개하
였다. 불교가 중국이나 우리나라에 전할 때인
데, 처음에는 커다란 반발에 부딪혔으나 끝내
이를 극복한 이야기이다.

한편, 일연은 마지막의 '논의한다'에서 흥미
로운 가정 하나를 내놓았다. 담시는 당시 고
구려 영토인 요동에 와서 불교를 전하다가 다
시 관중으로 돌아갔으며, 이때가 고구려에 불
교가 처음 전래한 시기와 비슷하게 겹치므로

북위의 담시 스님이 고구려에 불교를 초전하였다는 최치원의
기록을 담은 문경 〈봉암사지증대사탑비〉(봉암사. 국보 제315호)
ⓒ문화재청)

아도, 묵호자, 마라난타 세 명 중의 하나일 수 있다고 한 것이다. 이 부분은 불교사에서 그다지 비중 있게 다뤄지지 않는 듯하지만, 일연의 생각이 맞는지 연구해 볼 만한 가치가 있을 것 같다.

묵호자와 아도가 걸었던 길

불교 불모지 신라에 불법을 전한 묵호자墨胡子와 아도阿道의 이야기는 언제 읽어도 흥미진진하다. 묵호자墨胡子가 첫걸음을 떼었고, 이어서 이 글의 주인공 격인 아도가 나온다. 이들의 국적은 분명하지 않은 면이 있으나, 모두 고구려에서 신라로 왔다는 공통점이 있다. 이들이 신라에 와서 녹록하지 않았던 상황에 맞닥뜨렸고, 심지어 핍박까지 받았던 상황이 이 글에 잘 그려져 있다. 맨 처음 신라에 왔던 묵호자가 모례毛禮가 마련해준 굴실에서 지낸 것도 떳떳이 활동할 수 없고 숨어서 전법 할 수밖에 없었던 상황에 대한 충분한 암시가 된다.

그러나 얼마 뒤 묵호자는 중국에서 선물로 보내온 향香의 용도를 몰라 전전긍긍하던 왕과 신하들에게 어떻게 쓰는지 자세히

구미 도리사 모례정

구미 도리사 아도화상 석종형 세존사리탑(왼쪽)과 1987년 새로 조성한 사리탑(오른쪽)

알려줌으로써 존재감을 드러내었다. 또 공주가 병이 들어 백약이 무효했으나 이 향을 사르고 기도드려서 낫게 해주는 활약도 펼쳤다. 그 공으로 왕에게 재물을 받았고 또 그의 위상도 높아졌을 것이다. 그러나 이후 그가 어떻게 되었는지 모른다는 것을 보면, 결국은 그다지 좋은 결과를 얻지 못한 채 고구려로 되돌아갔던 듯하다.

묵호자를 뒤이어 신라에 온 이가 아도我道인데 그 역시 모례네 집에서 머물렀으니 그에 관한 정보가 고구려에 이미 있었는지도 모르겠다. 외모가 묵호자하고 흡사했기에 두 사람 모두 인도 출신으로 여겨졌을 수도 있다. 아도의 행적은 거의 나오지 않는데, '병 없이 생을 마쳤다(無疾終生)'라고 하였으니 큰 핍박을 받았다고 보이지는 않는다. 묵호자하고는 달리 신라 사람들에게 별다른 인상을 남기지 않은 채 비교적 조용히 활동하다가 입적한 듯하다. 그러나 그와 함께 온 제자 세 명이 남아서 사람들에게 불경을 강독하자 이를 듣고 신심을 일으킨 사람들도 생겼다고 하므로, 묵호자나 아도가 지핀 불씨가 완전히 꺼지지는 않았던 모양이다. 여기까지가 이 글의 도입부에 해당한다. 이후 일연은 '아도본비', 곧 아도에 관한 비문을 인용하여 앞의 이야기와 다르게 전하는 또 다른 긴 이야기를 펼쳐나갔다.

아도와 고구려 불교

〈아도기라〉는 제목에 분명하게 나오듯이 아도가 신라 불교 터를 탄탄히 닦았다는 게 주제인데, 글 중반부터 아도我道에 관한 이야기가 길게 나온다. 이에 따르면 아도는 어머니 고도령高道寧의 영향을 많이 받았다. 어머니의 뜻에 따라 승려로 출가하였고, 나아가 신라에 불교를 전하겠다는 신념도 어머니의 간곡한 권유로 인하여 갖게 되었다. 성씨로 보아 고도령은 고구려 왕족일 수 있다는 주장이 있다. 또 아도의 스승 현창玄彰은 《해동고승전》에 남북조시대의 고승이라고 나온다. 경전과 율법[經律]에 밝았고 선을 닦는 중요한 뜻에 깊이 통달하여 여러 설을 두루 섭렵했다고 한다.

구미 도리사 적멸보궁(왼쪽)과 아도화상 좌선대(오른쪽)

일연은 초반부에서 본기를 인용해서 묵호자와 아도我道에 대해 짧게 말했는데, 여기부터는 아도본비를 인용해 아도阿道의 행적을 풀어나갔다. 그런데 이 부분에서 쉽게 이해하기 어려운 대목이 이어진다. 우선 我道·阿道라는 이름은 발음은 같지만 다른 한자여서 혼란스럽다. 문맥상 일연은 같은 사람으로 본 듯한데, 그러기에는 둘 사이의 시대 차이가 너무 벌어져 있다.

일연도 이 점이 매우 못마땅했던 모양이다. 그는 본기와 본비에 나오는 아도의 활동 연대를 비교하고 나서, 서로 차이가 너무 난다고 비판하였다. 그리고는 '아도가 고구려를 하직하고 신라에 온 건 마땅히 눌지왕 때'이므로 아도본비보다 본기가 더 믿을 만하다고 결론을 내렸다. 오늘날에도 일연의 말이 옳다고 여기는 사람이 많다.

하지만 아도본비를 굳이 평가절하하지 말고, 아도의 부모라든가 그가 신라에 내려오게 된 배경을 역사적 맥락으로 이해하면 불교사 전체에 있어서 좋은 자료가 될 수 있다. 그렇기에 일연도 비판은 하면서도 아도본비를 인용하였다고 보인다. 오늘날에도 그 사료적 가치를 인정해서 묵호자, 아도我道, 아도阿道가 다 다른 사람이라고 보는 주장도 있다.

이 비문이 전해졌더라도 이런 의문이 잘 풀릴 텐데, 언제 누가 지었는지 전혀 알 수 없는 지금으로서는 참고로 할 수밖에 없다.

일연은 또 묵호자·아도 등의 이름은 고유명사가 아니라 외모에 따른 표현임을 강조했다. 중국에서 달마達摩를 벽안호碧眼胡라 하였고, 도안道安

(313~384)을 '칠도인柒道人'이라고 불렀던 고사를 예로 들기도 했다. 달마는 육조시대에 인도에서 와 선종의 초조로 추앙받았고, 도안은 전진前秦 때에 역시 인도에서 온 고승이다. 중국 사람들은 이들의 피부가 검고 그에 따라 눈이 유달리 돋보이는 외모에 따라 이런 별칭을 붙였다고 보인다.

이 〈아도기라〉는 비교적 내용이 길고, 활동 내용과 연대에 큰 차이가 나는 이설도 함께 소개되어 있어서 곰곰이 읽지 않으면 혼동하기 쉽다. 주인공들의 이름과 활동 연대도 오늘날 역사 관점과 조금 달라서 더욱 그렇다. 이를 이해하기 쉽도록 표로 살펴본다.

표. 〈아도기라〉 등장인물의 활동 연대와 관계

이름	국적	활동 내용	연대	비고
墨胡子	고구려(?)	• 향을 사르고 기도하여 왕녀를 치료 • 이후 행적 불분명	본기 : 눌지왕대 (417~458)	
毛禮 (毛祿)	신라	묵호자와 아도我道를 자기 집에서 보호		
我道	고구려(아도 본비) 또는 서 축인(고승전)	• 신라에 와서 모록의 집에 머물며 포 교하다 입적 • 함께 온 시자 3명이 남아서 포교	본기 : 소지왕대 (479~500)	묵호자와 용모 비슷
阿道	고구려	• 240~249년에 아굴마와 고도령 사이에 서 출생 • 어머니의 권유로 263년 신라에 포교 활동 시작 • 264년 성국공주 치료 후 흥륜사 창건 • 284년 미추왕 사후 핍박을 받아 모록 의 집에 은거	본비 : 미추왕대 (262~284)	일연은 눌지왕 대의 묵호자와 동일인으로 추정
曇始 (惠始)	중국	요동遼東에 포교하여 고구려 불교에 영향 줌. 이에 근거해 일연은 담시를 아도·묵호 자·마라난타 중 한 명으로 추정	317~420	

원문

阿道基羅 一作我道 又阿頭

新羅本記第四云 第十九訥祇王時 沙門墨胡子 自高麗至一善郡 郡人毛禮 或作毛禄 於
家中 作堀室安置 時 梁遣使 賜衣著香物 高得相 詠史詩云 梁遣使僧 曰元表 宣送溟檀及經像 君臣
不知 其香名與其所用 遣人齎香 遍問國中 墨胡子見之曰 此之謂香也 焚之則 香氣
芬馥 所以達誠於神聖 神聖未有過於三寶 若燒此發願則 必有靈應 訥祇 在晋宋之世 而云
梁遣使 恐誤 時 王女病革 使召墨胡子 焚香表誓 王女之病尋愈 王喜 厚加賚貺 俄而不
知所歸 又至二十一毗處王時 有我道和尚 與侍者三人 亦來毛禮家 儀表似墨胡子
住數年無疾而終 其侍者三人 留住講讀經律 徃徃有信奉者 有注云 與本碑及諸傳記殊異 又
高僧傳云 西竺人 或云 從吳來 按我道本碑云 我道高[句]麗人也 母高道寧 正始間 曹魏人我
崛摩 姓我也 奉使勾麗 私之而還 因而有娠 師生五歲 其母令出家 年十六 歸魏省覲崛
摩 投玄彰和尚講下就業 年十九 又歸寧於母 母謂曰 此國于今 不知佛法 爾後三千
餘月 雞林有聖人出 大興佛教 其京都內 有七處伽藍之墟 一曰金橋東 天鏡林 今興輪
寺 金橋謂西川之橋 俗訛呼云松橋也 寺自我道始基而中廢 至法興王丁未 草創 乙卯大開 眞興王畢成 二曰三川歧 今
永興寺 與興輪 開同代 三曰龍宮南 今皇龍寺 眞興王癸酉始開 四曰龍宮北 今芬皇寺 善德甲午始開 五曰沙
川尾 今靈妙寺 善德王乙未始開 六曰神遊林 今天王寺 文武王己卯開 七曰婿請田 今曇嚴寺 皆前佛時
伽藍之墟 法水長流之地 爾歸彼 而播揚大敎 當東嚮於釋祀矣 道稟敎 至雞林 寓止
王城西里 今嚴莊寺 于時 未雛王即位二年癸未也 詣闕請行敎法 世以前所未見 爲
嫌 至有將殺之者 乃逃隱于續林 今一善縣 毛禄家 禄與禮 形近之訛 古記云 法師 初來毛禄家時 天地震
驚 時人不知僧名 而云阿頭彡麼 彡麼者 乃鄕言之稱僧也 猶言沙彌也 三年 時 成國公主疾 巫醫不效 勑使
四方求醫 師驀然赴闕 其疾遂理 王大悅 問其所須 對曰 貧道百無所求 但願創佛寺
於天境林 大興佛敎 奉福邦家爾 王許之 命興工 俗方質儉 編茅葺屋 住而講演 時
或天花落地 號興輪寺 毛禄之妹 名史氏 投師爲尼 亦於三川歧 創寺而居 名永興寺
未幾 末[味]雛王即世 國人將害之 師還毛禄家 自作塚閉戶自絶 遂不復現 因此大敎
亦廢 至二十三法興大王 以蕭梁天監十三年甲午 登位 乃興釋氏 距末[味]雛王癸未
之歲 二百五十二年 道寧所言 三千餘月驗矣 據此 本記與本碑二說 相戾不同 如此

嘗試論之 梁唐二僧傳及三國本史 皆載麗濟二國佛教之始 在晉末大元之間 則二道法師 以小獸林甲戌 到髙麗明矣 此傳不誤 若以毗處王時 方始到羅 則是阿道 留髙麗百餘歲乃來也 雖大聖行止出没 不常未必皆爾 抑亦新羅奉佛 非晚甚如此 又若在末[味]雛之世 則却超先於到麗甲戌百餘年矣 于時 雞林未有文物禮敎 國號猶未定 何暇阿道來請奉佛之事 又不合髙[句]麗未到 而越至于羅也 設使暫興還廢 何其間寂寥無聞 而尚不識香名哉 一何大後 一何大先 揆夫 東漸之勢 必始于麗濟 而終乎羅 則訥祇旣與獸林世相接也 阿道之辭麗抵羅 宜在訥祇之世 又王女救病 皆傳爲阿道之事 則所謂墨胡者 非眞名也 乃指目之辭 如梁人指達摩 爲碧眼胡 晉調釋道安 爲柒道人類也 乃阿道危行避諱 而不言名姓故也 蓋國人隨其所聞 以墨胡阿道二名 分作二人爲傳爾 況云 阿道儀表似墨胡 則以此可驗其一人也 道寧之序七處 直以創開先後預言之 兩傳失之故 今以沙川尾躋於五次 三千餘月 未必盡信 書自訥祇之世 抵乎丁未 无慮一百餘年 若曰一千餘月 則殆幾矣 姓我單名 疑贗難詳 又按元魏釋曇始 一云惠始 傳云 始關中人 自出家已後 多有異迹 晉孝武大元九年末 賷經律數十部 徃遼東宣化 現[顯]授三乘立以歸戒 蓋髙[句]麗聞道之始也 義熙初 復還開中 開導三輔 始足白於面 雖涉泥水 未嘗沾濕 天下咸稱 白足和尚云 晉末朔方 凶奴赫連勃勃 破獲關中 斬戮無數 時 始亦遇害刀不能傷 勃勃嗟嘆之 普赦沙門悉皆不殺 始於是 潛遁山澤 修頭陁行 拓拔燾復尅長安擅威關洛 時有博陵崔皓 小習左道 猜嫉釋敎 旣位居僞輔 爲燾所信 乃與天師冦謙之說燾 佛敎無益 有傷民利 勸令廢之云云 大平之末 始方知燾將化時至 乃以元會之日 忽杖錫到宮門 燾聞令斬之屢不傷 燾自斬之亦無傷 飼北園所養虎 亦不敢近 燾大生慙懼 遂感癘疾 崔冦二人 相次發惡病 燾以過由於彼 於是 諫滅二家門族 宜下國中 大弘佛法 始後不知所終 議曰 曇始 以大元末到海東 義熙初還關中 則留此十餘年 何東史無文 始旣恢詭不測之人 而與阿道墨胡難陁 年事相同 三人中 疑一必其變諱也 讚曰 雪擁金橋凍不開 雞林春色未全迴 可怜青帝多才思 先著毛郎宅裏梅

원종이 불법을 흥성케 하고자 하니 눌지왕 시대로부터 백 년이 지나서다
염촉이 몸을 바치다

신라 본기[《삼국사기》]에 '법흥대왕 즉위 14년, 낮은 벼슬을 하던 이차돈이 불법을 위해 몸을 바쳤다.'라고 나온다. 이는 소양蕭梁의 보통 8년 정미[527]로, 서축의 달마가 금릉[장쑤성 난징]으로 왔던 해이다. 이 해는 또한 낭지 법사가 처음 영축산에 머무르며 불법을 열었던 해이기도 하니, 대교[불교]가 흥하고 쇠함은 필시 멀고 가까운 곳이 서로 감응하는 일임을 이로써 믿을 수 있다.

원화[806~820] 연간에 남간사의 사문 일념이 〈촉향분 예불 결사문〉을 지었는데 여기에 이 일이 아주 자세히 실렸으니, 요약하면 이러하다.

옛날에 법흥대왕[재위 514~540]이 자극지전에서 등극하였다[垂拱]. 해가 돋는 동쪽[扶桑] 지역을 살펴 내려다보며 말하였다.

"옛날 한의 명제가 감몽하여서 불법이 동쪽으로 흘러들어왔다. 과인이 자리에 오르니, 세상을 위하여 복을 닦고 죄를 없앨 자리를 만들고 싶구나."

이에 조정의 신하들이 향전에는 공목·알공 등이라 한다 깊은 뜻을 헤아리지 못한 채 오로지 나라 다스리는 큰 뜻만을 좇을 뿐, 절을 세우겠다는 신묘한 경륜은 따르지 않았다. 대왕이 탄식하며 말하였다.

"오희라! 과인이 덕이 부족한 채 왕업을 이었으나 위로는 음양의 조화를 훼손하고, 아래로는 백성들의 기쁨이 없구나. 나라를 다스리다[萬機] 짬을 내어 마음을 불교[釋風]에 두고자 하건만 누구와 함께 할 수 있을까?"

이때 임금을 가까이 모시던[內養, 숨시] 이로 성이 박, 자가 염촉인 사람이 있었다. 혹은 이차, 혹은 이처라고도 함은 지방 발음의 차이 때문이다. 번역하면 '厭(염)'이다. 髑(촉)·頓(돈)·道(도)·覩(도)·獨(독) 등은 모두 글 쓰는 사람의 편의에 따름으로, 곧 조사助辭이다. 여기서는 앞의 글자만 풀고 뒤의 글자는 풀지 않고 염촉, 또는 염도 등이라고 하였다 그의 아버지는 자세하지 않으나, 할아버지는 아진 종으로 곧 습보갈문왕의 아들이다. 신라의 관작은 모두 17급이고 그 네 번째를 파진찬 또는 아진찬이라 한다. 종은 그 이름이고, 습보도 이름이다. 신라 사람들은 대체로 추봉[죽은 사람에게 올린 존호]한 왕을 모두 갈문왕이라고 했는데, 그 실상은 역사를 담당하는 신하[史臣]들도 자세히 모른다고 한다. 또한 김용행이 지은 아도의 비문을 살펴보면, 그때 염촉의 나이가 스물여섯이었고, 아버지는 길승, 할아버지는 공한, 증조부는 걸해대왕[흘해니사금]이라고 한다

대나무와 잣나무 같은 성품을 바탕으로 삼고[挺松柏], 흐르는 물에 자기를 비추어 봄[抱水鏡]을 뜻으로 삼았다. 적선한 이[흘해니사금]의 증손으로서 조정의 중심[爪牙]이 되고, 어진 임금이 다스리는 조정[聖朝]의 충신으로 좋은 시절[河淸]에 대궐에 들어가 임금을 모시고자 하였다.

나이 스물두 살에 사인이 신라 관작에 대사·소사 등이 있는데, 대체로 하급에 속한다 되었다. 임금의 얼굴을 바라보고는 속뜻을 알아채고, 눈을 부릅뜨고 아뢰었다.

"신이 듣기로 옛사람들은 비천한 이에게도 계책을 물었다고 합니다. 큰 죄임을 무릅쓰고 말씀드리고 싶습니다."

왕이 "네가 할 바가 아니다."라고 하니, 사인이 말하였다.

"나라를 위하여 몸을 바침은 신하의 큰 절개입니다. 임금을 위하여 목숨을 바치면 백성이 감복하여 감히 왕명을 어기지 못합니다."

"살을 베어 저울에다 달아 볼지언정 한 마리 새를 살리려고 했고, 피를 뿌리고 목숨을 끊더라도 일곱 마리 짐승을 불쌍히 여긴다고 했다. 나의 뜻은 사람을 이롭게 함인데, 어찌 죄 없는 사람을 죽이겠느냐? 네가 비록 공덕을 짓는다고 할지라도 죄를 피함만 못하다."

라고 왕이 하니, 사인이 말하였다.

"버리는 일이 모두 어렵겠으나 그래도 목숨보다 더한 게 있겠습니까. 그러나

소신이 저녁에 죽더라도 아침에 대교가 행해진다면, 부처님의 해[佛日]가 다시 떠올라 임금님께서 길이 편안하실 겁니다."

왕이 말하였다.

"난새와 봉새의 새끼는 어려서도 하늘보다 더 크고 높은 마음[凌霄之心]이 있고, 기러기와 따오기의 새끼는 나면서부터 바다를 건널 기세를 품었다고 하더니 네가 이와 같구나. 대사大士[보살]의 행이라고 할 만하다!"

이윽고 대왕이 일부러 위의를 갖추기 위해 동서로 조두風기(군대에서 쓰는 그릇)를, 남북으로 병장기[霜仗]를 늘어놓고 여러 신하를 불러 말하였다.

"내가 절[精舍]을 짓겠다고 했건만 경들은 어찌하여 일부러 지체하여 어렵게 하는가?"

향전에는 염촉이 왕명이라 하면서 공사를 일으켜 절을 짓겠다는 뜻을 전하였다. 여러 신하가 와서 간하니 왕이 노하여 염촉을 책망하고는, 왕명을 거짓으로 전했음에 대하여 형벌을 내렸다고 한다

이에 여러 신하가 전전긍긍하여 황급히 자신들은 아니라고 하고 다른 이에게 책임을 돌렸다(作誓指手東西). 왕이 사인을 불러 따져 물으니, 사인은 얼굴빛이 바뀌며 대답이 없었다. 대왕이 분노해 목을 베라고 명하니 담당 관리가 묶어서 관아로 끌고 갔다. 사인이 맹세하고, 옥리가 목을 베었더니 흰 젖이 한 길이나 솟아올랐다. 향전에는 이렇게 나온다. "사인이 맹세하며 말하였다. '대성 법왕께서 불교를 일으키려 하시니 저의 신명을 돌보지 않고 인연도 모두 버립니다. 하늘에서 상서함을 내려주셔서 사람들에게 두루 보여주소서!' 이에 그의 머리가 날아가서 금강산[경주 백률사가 자리한 산] 꼭대기에 떨어졌다."

하늘은 사방이 캄캄해지며 기울어 가던 햇빛도 어두워졌고, 땅은 크게 흔들리면서 꽃비가 내렸다. 왕[聖人]께서 슬퍼하니 눈물이 흘러 곤룡포를 적셨고, 재상들은 근심하여 관모에 땀이 흘러내렸다. 샘물이 문득 말라 버려 물고기와 자라가 다투어 뛰어오르고, 곧은 나무가 부러져 버려 원숭이들이 떼를 지어 울어댔다. 따스한 봄날[春宮]에 말고삐를 나란히 했던 친구들은 피눈물을 흘리며 서로 돌아보고, 달빛 가득한 가을 저녁[月庭]에 손을 맞잡았던 친구들은 창자가 끊어지듯 이별을 애석해하였다. 상여를 바라보며 떠

나보내는 소리를 듣는 이들은 마치 부모를 잃은 듯하였다. 모두 "개자추가 다리 살을 베었음도 이 굳센 절개[苦節]에 비할 수 없고, 홍연이 배를 가른 일인들 어찌 이 장렬함에 견주겠는가. 그야말로 궁정[丹墀]에 믿음을 세우려는 아도의 본심을 이룬 성인이로다."라고 말하였다.

마침내 북산의 서쪽 고개에 곧 금강산이다. 전기에는 머리가 날아가 떨어진 곳에 장사 지냈다는데, 여기에는 그렇게 나오지 않는다 장사 지냈다. 궁중의 여인[內人]들이 슬퍼하여 좋은 터를 잡아서 절[蘭若]을 짓고 이름을 자추사라고 하였다. 이에 집안이 예를 올리면 반드시 대대로 영화를 얻고, 사람이 도를 닦으면 마땅히 불법의 이로움을 깨닫게 되었다.

진흥대왕 즉위 5년 갑자[544]에 대흥륜사를 지었다. 국사《삼국사기》와 향전을 보면, 실은 법흥왕 14년 정미[527]에 터를 잡았고 21년 을묘[535]에 천경림에서 목재를 많이 베어와 처음으로 공사를 일으켰다고 한다. 서까래와 대들보 모두 그 숲에서 구해 쓰기에 넉넉했고, 계단의 초석이나 부처님을 모실 돌[石龕]도 모두 있었다. 진흥왕 5년 갑자에 이르러 절이 낙성되었으므로 갑자라고 한 것이다. 승전《해동고승전》에 7년이라고 했음은 잘못이다

태청[547~549] 초에 양나라 사신 심호가 사리를 가져왔고, 천수[천가] 6년 [565]에 진나라 사신 유사가 승려 명관과 함께 불경[內經]을 받들어 왔다.

이에 절과 절들이 별처럼 벌여 있고, 탑과 탑들이 기러기 날아가는 양 늘어선 듯했다. 깃대[法幢]를 세우고 범종을 매다니, 훌륭한 스님[龍象]과 그를 따르는 무리가 세상의 복전이 되었고, 대승·소승의 불법은 나라의 자비로운 구름이 되었다. 서녘[他方][극락]의 보살이 세상에 출현하고 말하자면 분황의 진나[원효], 부석의 보개[의상], 그리고 낙산이나 오대가 다 그러하다 서역의 명승들이 강림한 덕분에 삼한을 합하여 한 나라가 되었고 사해를 덮어서 한 집안이 되었다. 이런 까닭으로 덕이 높으신 스님의 이름이 하늘의 나무[天鎮之樹]에 새겨지고, 신비한 자취가 은하수의 물에 그림자로 남았다. 어찌 세 성인의 위대함이 이룬 바가 아니리오. 아도, 법흥, 염촉을 말한다

후에 국통 혜륭, 법주 효원과 김상랑, 대통 녹풍, 대서성 진노, 파진찬 김의 등이 옛 무덤을 수축하고 커다랗게 비를 세웠다. 원화[806~820] 12년 정유

[817] 8월 5일, 곧 제41대 헌덕대왕 9년이었다. 흥륜사의 영수 선사가 이때는 유가瑜伽에서 덕이 높은 스님들을 모두 선사라고 불렀다 이 무덤에 예불하는 향도들을 모아서 매달 5일에 혼의 신묘한 기원을 위해 단을 세우고 범패를 지었다. 또한 향전에 '마을의 노인들이 매번 그가 죽은 날에 모임을 만들어 흥륜사에서 모였다'라고 하는데, 바로 이번 달 초닷새가 사인이 몸을 바쳐 불법에 따랐던 날이다.

오호라! 이러한 임금이 없었으면 이러한 신하도 없었고, 이러한 신하가 없었으면 이러한 공덕도 없었을 터이다. 유비와 제갈량처럼 물과 고기와 같았음이니, 구름과 용이 감응해 어우러진 아름다운 일이 아니겠는가!

법흥왕은 무너진 불교를 일으켜 절[흥륜사]을 세웠다. 절이 낙성되자 면류관을 벗고 가사를 입었으며, 궁중의 친척들을 바쳐 절의 종[寺隸]으로 삼아 절의 종들을 지금도 왕손이라고 칭한다. 훗날 태종왕 때에 재상 김양도[610~670]는 그 믿음이 불법을 향하였고, 두 딸 화보·연보도 몸을 바쳐 이 절의 노비[寺婢]가 되었다. 또한 역적 모적의 가족을 이 절의 노예로 삼았다. 두 가족의 후손은 지금까지 끊어지지 않았다 그 절의 소임을 맡게 함으로써 불교를 널리 폈다. 진흥왕은 바로 덕행을 이은 성군이었기에 왕위를 이어 임금[九五]의 자리에 이르게 되었다. 위엄으로 백관을 다스려 명령을 준엄하게 내려 준비를 마치니, 그로 인하여 '대왕흥륜사'라고 사액하였다.

앞에 나온 왕[진흥왕]의 성은 김씨이다. 출가하여 법운이라 했고, 자는 법공이다. 승전과 여러 가지 설에도 왕비가 출가하여 이름을 법운이라고 하였다 한다. 진흥왕도 법운이라고 했고, 진흥왕의 비도 법운이라고 했다고 하니 서로 섞였다는 의심이 짙게 든다 《책부원구》에는 "성은 모, 이름은 진이다. 처음 공사를 일으켰던 을묘년에 왕비도 영흥사를 세웠다. 사씨의 유풍을 사모하여 왕과 함께 머리를 깎고 비구니가 되어 법명을 묘법이라 하였다. 영흥사에 살다가 몇 해 뒤에 세상을 떠났다."라고 나온다. 국사《삼국사기》에는 "건복 31년[614]에 영흥사에서 흙으로 빚은 불상[塑像]이 저절로 무너지더니 얼마 안 되어 진흥왕 비인 비구니가 죽었다."라고 나온다.

살펴보면, 진흥왕은 법흥왕의 조카이고, 비는 사도부인 박씨로 모량리 영실 각간의 딸이다. 역시 출가하여 비구니가 되었으나 영흥사의 창건주는 아니다. 아마도 '眞'을 '法'이라고 썼어야 맞을 듯하다. 법흥왕의 비 파조부인이 비구니가 되었다가 죽었는데, 절을 짓고 불상을 세웠던 주인이라서 그런 말이 나왔다고 보인다. 법흥·진흥 두 왕이 왕위를 버리고 출가했음을 역사에 쓰지 않은 이유는 세상을 다스리는 데 교훈이 되지 않아서였다.

또한 대통 원년 정미[527]에 양제를 위하여 웅천주[공주]에 절을 짓고 이름을 대통사라고 하였다. 웅천은 곧 공주인데, 당시는 신라에 속하였기 때문이다. 그러나 아마도 정미년은 아닌 듯하니, 바로 중대통 원년 기유년[529]에 세웠던 듯하다. 흥륜사를 처음 세운 정미에는 미처 다른 지역에 절을 세울 겨를이 없었으리라

찬한다.

거룩한 지혜는 만세를 꾀하나니
구구한 뭇 얘기들은 가을날 터럭 같을 뿐이네
법륜이 금륜을 좇아서 구르니
불일이 높게 솟으면 태평성대 되리라

이상은 원종이다.

의를 좇아 목숨을 가벼이 함도 놀랄 일인데
하늘에 핀 꽃 흰 젖에는 정도 많구나
한 칼날에 몸을 바쳤으니
절마다 들려오는 종소리 서울을 뒤흔드네

이상은 염촉이다.

해 설

법흥왕대에 건립된 울진 봉평 신라비. 율령반포 등의 내용을 담고 있다.

법흥왕과 이차돈 두 사람이 힘을 합쳐 신라 사회에 불교가 전해지도록 하였다는 이야기이다. 제목에 나오는 원종原宗은 법흥왕, 염촉猒髑은 이차돈異次頓이다. 법흥왕은 불교가 잘 뿌리내리기를 바랐으나, 당시 신라 사회는 귀족과 고관들을 중심으로 불교를 극도로 경계하던 분위기였다. 이렇다 보니 법흥왕도 밀어붙이지 못하고 있었는데, 얼마 뒤 일어난 이차돈의 순교가 이런 상황을 반전시키는 결정적 계기가 되었다. '순교'란 종교적 믿음을 위해 자발적으로 죽음을 택했음을 말한다. 그의 숭고한 자기희생이 없었다면 신라에 불교가 전파되기 위해서 더 많은 시간이 있어야 했고 신라의 발전도 그만큼 더 늦춰졌을 것이다.

이 글은 세 가지 기록을 인용하여 구성되었다. 먼저 《삼국사기》에서 아도가 신라에 불교를 전한 일부터 인용해 시작하였고, 이어서 경주 남간사南澗寺의 일념

一念이 지은 〈촉향분 예불 결사문髑香墳禮佛結社文(염촉을 축원하고 예불하는 모임을 위한 글)〉에 나오는 염촉의 순교 과정도 중요하게 인용하였다. 그리고 중간중간 신라 후기 김용행金用行이 지은 아도비阿道碑와 향전鄕傳, 그리고 1005년 중국 송에서 출판된 《책부원구冊府元龜》에 나오는 관련 내용을 각주로 달았다. 일연 자신이 쓴 글은 문장 맨 앞 문단, 그리고 후반부의 '전왕의 성은 김씨인데 …'부터 찬讚을 포함한 끝까지로 보인다. 전반적으로 일연이 글의 맥락을 잘 잡아 구성하기는 했으나, 장면에 따라서는 문맥이 매끄럽지 못한 채 상황이 급격히 전환된다는 느낌이 없지 않다.

부처님의 가르침이 바퀴처럼 굴러 세상에 널리 알려졌음을 상징하는 법륜 조각(인도박물관)

'이차돈'은 '염촉'이라는 이름도 갖고 있다. 일연은 '이차'를 한자로 번역하면 '염厭'이라고 했다. 그 뒤에 붙은 '촉觸'이나 '돈頓'은 글자 끝에 붙는 조사로서 이는 당시의 언어 습관이었으며, 또 '이차'는 지방에 따라 이처伊處·처도處道라고도 한다고 설명하였다. 그러니까 이차돈·염촉 둘 다 쓸 수 있는 이름인 셈이다. 《삼국사기》에는 이차돈으로만 나오지만, 일연은 이 글에서 제목은 염촉, 본문은 이차돈으로 혼용해 썼다.

일연이 인용한 일념의 〈촉향분 예불 경사문〉에 따르면 염촉의 생년은 506년으로 추산된다. 결사문에는 박 씨로 흘해왕(재위 310~356)의 후손이며 습보習寶 갈문왕의 증손이라고 하였고, 김용행이 지은 아도비에는 좀 더 자세히 나와서 아버지는 길승, 할아버지는 공한, 증조부는 흘해왕이라고 나왔다. 하지만 습보 갈문왕은 《삼국사기》에 박씨가 아닌 김씨 내물왕(재위 356~402)의 아들로 나오므로 이런 가계家系 정보들은 오히려 혼란을 준다. 일연도 주석에서 '사신史臣들도 자세한 내용을 모른다.'라고 불평하였다. 여하튼 법흥왕과 그는 당숙과 조카였으니, 왕을 은밀히 찾아가 목숨을 바치겠다는 말을 할 만한 사이였음이 이해된다.

이차돈의 순교는 신라 사회에 불교가 공인되도록 했다. 불교가 이후 고려와 조선을 거쳐 오늘날까지 잘 이어지며 발전하고 있으니, 결국 우리나라 불교의 힘찬 맥박은 염촉으로 인해 더욱 힘차게 뛰게 되었다. 〈흥법〉의 〈동경 흥륜사 금당 십성〉을 보면 흥륜사의 금당에 신라 성인 열 명을 기념하는 조각상이 봉안되어 있는데, 그 안에 염촉의 상도 있었다고 한다. 그가 이미 신라 때부터 신라 불교의 성인 반열에 들어 있었음을 알 수 있다.

〈이차돈순교비〉 중 참수장면 부조

염촉의 행적이 나오는 자료들

염촉에 관한 여러 자료를 작성 연도순으로 보면 〈촉향분 예불 결사문〉, 〈이차돈 순교비〉(일명 '백률사 석당기'), 김용행金用行의 〈아도비〉, 김대문金大問의 〈계림잡전鷄林雜傳〉, 고려 각훈의 《해동고승전》 중 〈법공전〉, 《삼국사기》, 《해동고승전》, 《삼국유사》 등이다. 지금까지 내용이 온전히 남은 글도 있고, 원전은 사라졌으나 문장 일부가 다른 글에 인용되기도 했다.

〈촉향분 예불 결사문〉은 비록 완전한 형태로 전하지는 않지만, 일연이 이 글에 일부를 인용해 놓아서 어떤 내용이었는지 짐작은 할 수 있다. 사실 이것만으로도 염촉에 대한 가장 상세한 자료라고 할 만하다. 이 글이 작성된 배경은, 어떤 일이 계기가 되었는지는 분명히 알 수 없으나, 이차돈 사후 약 300년이 지난 817년에 이차돈을 기리는 추모 사업이 활발하게 일어났기 때문으로 보인다. 이 과정이 결사문에 잘 나오는데, 흥륜사의 영수 선사가 향도를 모아 매월 5일마다 무덤에 예불하는 법회를 개최함으로써 성과를 얻었는지 국통 혜륭을 비롯하여 여러

경주 금강산 백률사 내경

주요 인사들이 참여하여 이차돈의 무덤을 수축하고 비를 세우기까지 이르렀다고 했다. 이 과정에서 〈이차돈 순교비〉도 세워졌으니, 이 둘은 서로 같은 맥락으로 거의 같은 시기에 작성되었다고 할 수 있다.

〈아도비〉도 지금 전하지 않지만, 일연이 〈아도기라〉에서 인용했던 '아도의 본비本碑'가 바로 이것 같다. 아도의 일대기를 담은 비문이면서도 염촉에 관한 언급도 많은데, 이는 신라에 불교를 전하려는 아도의 숭고한 뜻을 염촉이 이루어서라고 보인다. 〈계림잡전〉은《삼국사기》에 언급은 되어 있으나 지금은 전하지 않는다.

법흥왕이 신라 사회에서 불교를 허용하길 희망했으나 신하들의 반대로 뜻을 이루지 못하고 있다가, 염촉이 자신의 목숨을 희생함으로써 비로소 불교가 공인될 수 있었던 상황이 묘사된 점은 어느 기록이든 비슷하다. 이를 보면 왕의 마음을 안 염촉이 자신을 희생양으로 봉헌하여 불교를 확산시키라고 제안하자 왕은 처음에는 강하게 반대했으나 결국엔 그의 큰 뜻을 알고는 결연한 의지에 따랐다고 할 수 있다. 그런데《삼국유사》에 인용된 향전에는 약간 다른 이야기가 나온다. 염촉이 왕명을 빙자해 대신들에게 절을 지으라고 주장하였다가 이 사실이 드러나 왕에게 죄를 자백한 후 참수

당하게 되었다. 그러나 그 직후 목에서 흰 젖이 튀어나오고, 머리가 백률사에 떨어지는 이적異蹟들이 일어나자, 이는 부처님의 영험함 때문이므로 결국 대신들도 불교를 허용함을 따르게 되었다고 한다. 다른 기록에 비해 과정은 조금 다르지만 결과는 같다고 할 수 있다.

표. 염촉[이차돈] 관련 기록 일람

이름	지은이	연도	내용	비고
촉향분 예불 결사문	일념	817년 8월	이차돈 추모 사업으로 법회를 열고 그의 묘에 제단을 중수한 이야기. 이차돈·진흥왕과 관련한 흥륜사 역사가 실림	전하지 않음
이차돈 순교비 (백률사 석당기)	모름	817년	이차돈 추모 사업의 하나로 세운 비석. 이차돈의 순교와 관련한 법흥왕과 이차돈의 대화를 자세히 소개	석당石幢 형태의 팔각형 비석. 국립 경주박물관
아도비 (아도 본비)	김용행	9세기 중후반	아도의 불교 전래에 이어진 이차돈 순교 사실. 일연이 〈원종흥법 염촉멸신〉에 인용함	전하지 않음
삼국사기	김부식	1145년	《계림잡전》을 인용해 527년 순교 과정	'법흥왕'조
해동고승전	각훈	1215년	이차돈의 순교와 업적	'법공'전
삼국유사	일연	1281년	〈촉향 예분 결사문〉, 〈아도비〉, 향전 등을 인용해 이차돈의 가계, 출생과 성장, 순교 과정	이차돈에 관한 가장 상세한 기록

이차돈 순교비

국립경주박물관에 있는 〈이차돈 순교비〉는 〈원종흥법 염촉멸신〉과 더불어 신라에 불교가 공인되던 과정을 연구하는 데에 있어서 가장 중요한 기본 자료이다. 오랫동안 백률사 터에 놓여 있다가 일제강점기에 옮겨졌고, 지금은 국립경주박물관에 소장되었다. 비석 형태가 육각형으로 길쭉한 모양이어서 일명 '백률사 석당기'라고도 한다. 염촉의 순교 이후 약 300년 만인 817년에 만들었다고 추정되는데, 일념이 지은 〈촉향분 예불 결사문〉 내용과 상당히 일치한다. 그래서 결사문과 이 순교비는 비슷한 시기에 같은 역

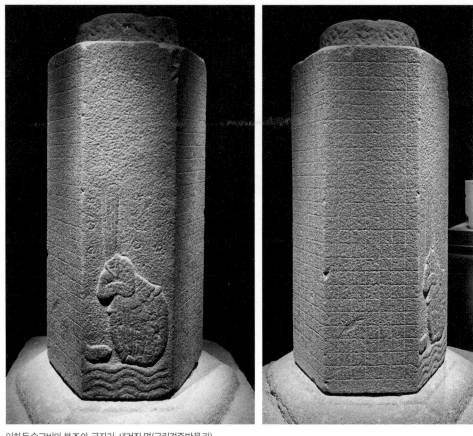
이차돈순교비의 부조와 글자가 새겨진 면(국립경주박물관)

사적 맥락에서 나왔다고 볼 수 있다. 신라 불교의 전래 과정에 관하여 가장 오래된 사료이며 또한 염촉의 순교 장면이 그림으로도 새겨져 있어서 조각사 및 통일신라의 복식 연구에도 쓸모가 큰 자료이다. 일연도 이 비석의 비문을 보았을지 모른다.

국립문화재연구원이 2023년 8월에 주최한 〈경주 이차돈 순교비〉 학술토론회에서도 역사·한문학·복식사·서예사 등 다양한 관점에서 이 비석의 가치가 논의되었다. 특히, 표면이 심하게 닳아 있어서 그간 못 읽었던 글자가 많았는데 이 학술회에서 '반사율 변환 이미징(RTI)'이라는 디지털 최신 기술을 도입해 새로 판독한 79자가 처음 소개되고, 기존에 알려진 64자도 다른 글자로 고쳐 읽을 수 있다는 의견이 제시되었다. 앞으로 더욱 진전된 연구

결과가 나오기를 기대한다.

흥륜사의 역사

이 글에는 527년 염촉의 순교 덕분에 신라에 불교가 인정되었고, 그 얼마 뒤인 544년에 법흥왕의 명으로 신라 최초의 사찰로 흥륜사가 지어진 배경이 나온다. 이로써 6세기 신라에서 흥륜사가 최대 명찰이었음을 알 수 있다. 그런데 일연은 향전 등을 인용해 흥륜사의 공사는 염촉이 죽은 직후인 527년에 시작되었다가 544년에 완공되었다고 밝혔다. 창건 시기를 〈촉향분 예불 결사문〉에서보다 17년 더 앞당겨서 본 것이다. '창건'이 공사가 시작된 시점부터인가, 아니면 공사가 마무리된 때로 보아야만 하는가는 사소한 문제 같지만, 적용 방법에 따라 크게는 20~30년까지 차이가 나기에 민감할 수 있다. 이런 문제는 관련한 기록을 종합적으로 고려해서 판단해야 한다.

그런데, 일연이 참조한 기록에 흥륜사의 이름이 '대흥륜사' 또는 '대왕흥륜사'라고 적힌 부분에 역사의 한 조각이 숨겨져 있다. 이 말을 역사적으로 해석하면 법흥왕 창건 당시는 '대흥륜사'였는데, 그 뒤를 이은 진흥왕이 즉위 초에 전왕의 업적을 기리기 위해 '대왕흥륜사'로 의미를 더욱 높였다고 볼 수 있다. '대왕'은 석가모니를 '대법왕'이라 한 데서 나온 듯하지만, 진흥왕을 떠올리도록 의도한 이름일 수도 있다.

흥륜사로 추정되는 경주공고에서 출토된 명문기와(국립경주박물관)

현재의 경주 흥륜사

이후 547년 중국 양나라에서 온 사신 심호가 불사리를 가져와 흥륜사에 봉안하였고, 565년 양에서 온 사신 유사와 명관 스님이 가져온 불경도 이곳에 안치했다. 이로써 불법승 삼보 중에서 불[불사리], 법[경전]을 제대로 갖추게 되었으니, 당시 흥륜사의 위상이 어떠했을지가 넉넉히 짐작된다.

한편, 염촉의 죽음에 슬퍼한 나인[內人], 곧 궁중의 여인들이 자추사[刺楸寺]를 세운 이야기도 흥미롭다. 자추사가 흥륜사의 전신이라고 보는 주장이 있지만, 이에 대한 반론도 있다. '內人'을 염촉의 아내를 가리키는 말로 해석하기도 하지만 '妻'나 '婦' 같은 용어를 사용하지 않은 데다가 당시 여인 혼자의 몸으로 절을 세우는 일이 쉽지 않았다고 보여서 맞지 않은 것 같다. 여성들이 염촉의 순교와 관련하여 어떤 역할을 했을지, 또 자추사의 창건과 운영에 어떤 참여를 했는지는 쉽게 풀기 어려운 문제로 남을 듯하다. 그러나 궁중의 여인들이 모여서 절을 세운 사례는 우리나라 불교사에서 이때가 유일무이하다는 점은 강조될 필요가 있다.

원문

原宗興法 <small>距訥祇世一百餘年</small> 猒髑滅身

新羅本記 法興大王卽位十四年 小臣異次頓 爲法滅身 卽蕭梁普通八年丁未 西竺
達摩來金陵之歲也 是年 朗智法師 亦始住靈鷲山 開法則大敎興衰 必遠近相感一
時 於此可信 元和中 南澗寺沙門一念 撰髑香墳禮佛結社文 載此事甚詳 其略曰 昔
在法興大王 垂拱紫極之殿 俯察扶桑之域 以謂 昔漢明感夢 佛法東流 寡人 自登位
願爲蒼生 欲造修福滅罪之處 於是 朝臣 <small>鄉傳云 工目謁恭等</small> 未測深意 唯遵理國之大義
不從建寺之神略 大王嘆曰 於戱 寡人以不德 丕承大業 上虧陰陽之造化 下無黎衆
之歡 萬機之暇 留心釋風 誰與爲伴 粤有內養者 姓朴 字猒髑 <small>或作異次 或云伊處 方音之別也</small>
<small>譯云猒也 髑頓道覩獨等 皆隨書者之便 乃助辭也 今譯上不譯下 故云猒髑 又猒覩等也</small> 其父未詳 祖阿珍宗 卽
習寶葛文王之子也 <small>新羅官爵 凡十七級 其第四日波珍喰 亦云阿珍喰也 宗其名也 習寶亦名也 羅人凡追封王者 皆</small>
<small>稱葛文王 其實史臣亦云未詳 又按金用行撰阿道碑 舍人時年二十六 父吉升 祖功漢 曾祖乞解大王</small> 挺竹栢而爲質
抱水鏡而爲志 積善曾孫望宮內之爪牙 聖朝忠臣企河淸之登侍 時年二十二當充舍
人 <small>羅爵有大舍小舍等 盖下士之秩</small> 瞻仰龍顏知情 擊目奏云 臣聞 古人問策蒭蕘 願以危罪啓
諮 王曰 非爾所爲 舍人曰 爲國亡身臣之大節 爲君盡命民之直義 以謬傳辭 刑臣斬
首 則萬民咸伏不敢違敎 王曰 解肉枰軀 將贖一鳥 洒血摧命 自怜七獸 朕意利人 何
殺無罪 汝雖作功德 不如避罪 舍人曰 一切難捨 不過身命 然小臣夕死大敎朝行 佛
日再中聖主長安 王曰 鸞鳳之子 幼有凌霄之心 鴻鵠之兒 生懷截波之勢 爾得如是
可謂大士之行乎 於焉 大王權整威儀 風刀東西 霜仗南北 以召群臣乃問 卿等 於我
欲造精舍 故作留難 <small>鄉傳云 髑爲以王命 傳下興工創寺之意 羣臣來諫 王乃責怒於髑 刑以爲傳王命</small> 於是 羣
臣戰戰兢懼 傯侗作誓 指手東西 王喚舍人而詰之 舍人失色無辭 以大王忿怒 勑令
斬之 有司縛到衙下 舍人作誓 獄吏斬之 白乳湧出一丈 <small>鄉傳云 舍人誓曰 大聖法王 欲興佛敎 不</small>
<small>顧身命 多却結緣 天垂瑞祥 遍示人衆 於是 其頭飛出落於金剛山頂云云</small> 天四黯黲 斜景爲之晦明 地六[大]
震動 雨花爲之飄落 聖人哀戚 沾悲淚於龍衣 冢[家]宰憂傷 流輕汗於蟬冕 甘泉忽
渴 魚鼈爭躍 直木先折 猿猱群鳴 春宮連鑣之侶 泣血相顧 月庭交袖之朋 斷腸惜別
望柩聞聲 如喪考妣 咸謂 子推割股 未足比其苦節 弘演刳腹 詎能方其壯烈 此乃扶

丹墀之信 力咸阿道之本心 聖者也 遂乃葬北山之西嶺 即金剛山也 傳云 頭飛落處 因葬其地 今
不言何也 內人哀之 卜勝地造蘭若 名曰刺楸寺 於是 家家作禮 必獲世榮 人人行道 當
曉法利 眞興大王即位五年甲子 造大興輪寺 按國史與鄕傳 實法興王十四年丁未始開 二十一年乙卯
大 伐天鏡林始興工 梁棟皆於其林中取足 而階礎石龕皆有之 至眞興王五年甲子 寺成故云甲子 僧傳云七年 誤 大淸之
初 梁使沈湖 將舍利 天壽[嘉]六年 陳使劉思幷僧明觀 奉內經幷次 寺寺星張 塔塔
鴈行 竪法幢 懸梵鏡 龍象釋徒 爲寰中之福田 大小乘法爲京國之慈雲 他方菩薩出
現於世 謂 芬皇之陳那 浮石寶盖 以至洛山五臺等是也 西域名僧降臨於境 由是併三韓而爲邦 掩
四海而爲家 故 書德名於天鋇之樹 影神迹於星河之水 豈非三聖威之所致也 謂 我道
法興猒髑也 降有國統惠隆 法主孝圓 金相郞 大統鹿風 大書省眞怒 波珍喰金嶷等 建
舊塋樹豐碑 元和十二年丁酉八月五日 即第四十一憲德大王九年也 興輪寺 永秀禪
師 于時 瑜伽諸德 皆稱禪師 結湊斯塚 禮佛之 香徒每月五日 爲魂之妙願 營壇作梵 又鄕傳
云 鄕老每當忌旦 設社會於興輪寺 則今月初五 乃舍人捐軀 順法之晨也 嗚呼 無是
君無是臣 無是臣無是切 可謂劉葛魚水 雲龍感會之美歟 法興王旣擧廢立寺 寺成謝
冕旒披方袍 施宮戚爲寺隷 寺隷 至今稱王孫 後至太宗王時 宰輔金良圖 信向佛法 有二女曰 花寶蓮寶 捨身
爲此寺婢 又以逆臣 毛尺之族 没寺爲隷 二族之裔 至今不絶 主住其寺 躬任弘化 眞興乃繼德重聖 承
袞職處九五 威率百僚 號令畢備 因賜額大王興輪寺 前王 姓金氏 出家法雲 字法空
僧傳與諸說 亦以王妃出家 名法雲 又眞興王爲法雲 又以爲眞興之妃 名法雲 頗多疑混 冊府元龜云 姓募名桼
初興役之乙卯歲 王妃亦創永興寺 慕史氏之遺風 同王落彩 爲尼名妙法 亦住永興
寺 有年而終 國史云 建福三十一年 永興寺塑像自壞 未幾 眞興王妃比丘尼卒 按 眞
興乃法興之姪子 妃思刀夫人朴氏 牟梁里 英失角干之女 亦出家爲尼 而非永興寺之
創主也 則恐眞字當作法 謂 法興之妃 巴刀夫人爲尼者之卒也 乃創寺立像之主故也
二興捨位出家 史不書 非經世之訓也 又於大通元年丁未 爲梁帝 創寺於熊川州 名
大通寺 熊川即公州也 時屬新羅故也 然恐非丁未也 乃中大通元年己酉歲 所創也 始創興輪之丁未 未暇及於他郡立寺
也 讚曰 聖智從來萬世謀 區區輿議謾秋毫 法輪解逐金輪轉 舜日方將佛日高 右原宗
徇義輕生已足驚 天花白乳更多情 俄然一釖身亡後 院院鍾聲動帝京 右猒髑

법왕이 살생을 금하다

백제 제29대 법왕[재위 599~600]의 이름은 선이고 혹은 효순이라고도 한다. 개황 10[19]년 기미[599]에 즉위하였다. 이해 겨울에 조서를 내려 살생을 금하니, 민가에서 기르던 매나 새매[鷹鸇] 따위를 놓아주고, 고기잡이나 사냥하는 도구 일체를 불태워서 쓰지 못하도록 하였다.

이듬해 경신[600]에 승려 30명을 출가[得度]시키고, 왕흥사를 세우려 그때의 서울인 사비성에 지금 부여이다 건물을 세우고 담장을 쌓기[立栽] 시작하다가 승하하니, 무왕[재위 600~641]이 왕위를 이어받았다. 아버지가 닦은 터에 아들이 집을 짓기를 수십 년이 지나 마침내 마쳤으니, 그 절을 미륵사라고도 하였다. 산을 등지고 물을 마주했으며 꽃과 나무가 빼어나고 고와 사철의 아름다움을 다 갖추었다. 왕은 항상 배를 타고 물길을 따라 절에 건너가서 그 경치의 장려함을 구경하였다. 고기의 기록과 조금 다르다. 무왕은 가난한 어머니가 못의 용과 관계하여 태어났다. 어릴 때 이름은 마[薯蕷]이고, 즉위 후 무왕으로 시호 하였다. 즉위한 처음에 왕비와 함께 창건하였다

찬한다.

들짐승 돌본 그 은혜 온 산에 미쳤고
가축 물고기에도 어진 마음 가득 적셨네
덧없이 가신 성군이라 말하지 말라
하늘 위 도솔천은 꽃 피는 봄이 한창이거늘

부여 왕흥사지 발굴 후 전경

해 설

백제 후기에 법왕이 불교를 크게 융성시켰던 이야기이다. 살생을 일체 금하는 칙령을 내리고 국력을 기울여 왕흥사라는 대찰을 짓기 시작했으나, 완성하기 전에 죽어 그의 아들 무왕이 대를 이어 완성했다. 일연은 인용한 기록이 무엇인지 밝히지 않았으나 내용으로 볼 때《삼국사기》로 보인다. '법왕을 이은 무왕이 수십 년에 걸친 왕흥사 공사를 마쳤다'라는 말도《삼국사기》〈무왕〉에 나온다.

그런데 일연은 흥미롭게도 본문과는 매우 다른 이야기를 주석에 적어넣었다. 일연은 법왕이 세운 왕흥사가 일명 미륵

왕흥사 목탑지에서 출토된 사리기

사였다는 말을 반박하고, 법왕을 이은 무왕은 민가에서 태어난 신비롭고 기이한 인물이라고 하였다. 이 말은 오늘날 미륵사·선화공주 등 무왕과 관련한 행적에 관하여 숱한 논의가 나오게 되는 배경이 되었다. 이 〈법왕금살〉은 비교적 짧은 글이지만, 이를 바탕으로 하여 오늘날에도 백제 후기의 역사와 관련한 주장이 끊이지 않고 나오게 하는 원동력이 되고 있다.

법왕과 무왕

법왕의 이름은 선宣 또는 효순孝順이며, 혜왕의 맏아들이고 무왕의 아버지임은 《삼국사기》에도 나온다. 중국의 《수서隋書》에는 법왕이 '창왕昌王의 아들'이라고 나오지만, 창왕이 곧 위덕왕이며 혜왕의 형이니 법왕에게는 백부가 되므로 이 기록은 잘못되었다. 혜왕부터는 적자가 왕위에 올라 이후 법왕, 무왕, 의자왕까지 4대가 직계로 이어진다.

법왕의 '살생 전면 금지'는 불교의 계율에 따라 모든 종류의 살생을 금지하는 불교의 가르침을 실천하려는 정책이다. 하지만 실생활과 동떨어진 처

익산 미륵사지 석탑 출토 사리장엄

사이기에 실제로 효과가 있었는지는 모르겠다. 그보다는 불교 신도로서 왕의 의지를 밝힌 상징적 의미에 그쳤을 수도 있다. 법왕은 즉위 후 불과 2년 만에 죽어서 그에 관한 역사는 별로 많이 남아 있지 않다. 다만 위덕왕의 〈창왕명 사리감〉(567)과 〈왕흥사 사리기〉(577), 무왕의 미륵사 〈사리봉영기〉(639) 등 백제 후기의 왕들이 직접 관여한 유물들이 1,400년이 지난 오늘날 하나하나씩 나타났다. 이들은 백제 후기의 역사와 불교를 연구하는 데 중요한 자료가 된다.

'왕흥사를 일명 미륵사라고 한다.'라는 데에다 일연은 주석을 달아 '고기 古記'의 기록과 조금 다르다'라고 했다. 그가 언급한 고기가 무엇인지 모르지만, 무왕은 과부 어머니가 용과 관계하여 태어나 어릴 때 '마'로 불렸으며, 즉위한 해에 왕비 선화공주와 함께 미륵사를 창건했다고 하니 왕흥사와 미륵사는 전혀 다른 사찰일 것이라고 본 듯하다. 일연은 무왕에 대해 관심이 많았는지 〈기이〉 〈무왕〉에도 무왕과 미륵사에 관한 아주 자세한 이야기를 적어넣었다.

왕흥사를 누가 지었는가 하는 의문은 800년 뒤에야 풀렸다. 2007년 부여 왕흥사 터를 발굴할 때 목탑지에서 사리장엄구를 찾았는데, 그중 청동 사리기에 왕흥사가 577년(위덕왕 24)에 완공되었다는 글자가 새겨져 있었던 것이다. 이에 따르면 불사리를 봉안한 이는 법왕도 무왕도 아니니, 김부식이나 일연 모두 잘못 알고 있었던 셈이다.

익산 미륵사 터에서도 이와 관련하여 중요한 유물이 나왔다. 미륵사지 석탑을 해체 복원하던 2009년에 맨 아래 심초석에서 금동 판에 새겨진 〈사리봉영기〉가 나왔는데, 여기에 법왕의 이름은 없고, 무왕이 왕비와 함께 창건했다고 적혀 있었다. 그런데 왕비의 이름은 나오지 않았으나 '사택 가문의 따님'이라 하였기에 〈무왕〉에 실린 '선화공주'와는 확실히 다른 사람으로 보인다. 백제 후기 여러 왕의 건탑 사실이 기록에 엇갈려 나온 것인데, 이 글의 일연이 단 주석이나 〈무왕〉, 그리고 〈사리봉영기〉 등으로 볼 때 법왕은 왕흥사를, 뒤이은 무왕은 미륵사를 지었음이 지금으로서는 맞아 보인다.

원 문

法王禁殺

百濟第二十九主法王諱宣 或云孝順 開皇十[十九]年己未即位 是年冬 下詔禁殺生 放民家所養鷹鸇之類 焚漁獵之具一切禁止 明年庚申 度僧三十人 創王興寺於時都 泗沘城 今扶餘 始立栽而升遐 武王繼統 父基子構 歷數紀而畢成 其寺亦名彌勒寺 附 山臨水 花木秀麗 四時之美具焉 王每命舟泝河入寺 賞其形勝壯麗 與古記所載小異 武王 是貧母與池龍通交而所生 小名薯蕷 即位後諡號武王 初與王妃草創也 讚曰 詔寬□狁千丘惠 澤洽豚魚四 海仁 莫遵聖君輕下世 上方兜率正芳春

보장왕이 노자를 숭상하므로
보덕 스님이 승방을 옮기다

고려[고구려] 본기에 나온다. 고구려 때인 무덕[618~626]과 정관[627~649] 사이에 나라 사람들이 오두미교를 다투어 믿었다. 당나라 고조가 이를 듣고 보낸 도사가 천존상[노자의 상]을 전하고 《도덕경》을 강의하자 왕이 나라 사람들과 함께 들었다. 곧 제27대 영류왕 즉위 7년, 무덕 7년 갑신[624]의 일이다. 이듬해에 사신을 당나라로 보내 불교와 도교 배우기를 청하니, 당나라 황제가 고조라고 한다 이를 허락하였다.

보장왕[642~668]도 즉위하고서 정관 16년 임인[642]이다 3교를 함께 흥하게 하고자 하였다. 그때 신임받던 재상 개소문蓋蘇文이 왕에게 유교와 불교는 함께 성하였으나 도교[黃冠]는 그렇지 못하니, 특별히 당나라에 사신을 보내 도교를 구하자고 설득하였다.

그때 보덕 화상은 반룡사에 머무르고 있었는데, 올바르지 못한 가르침[左道]이 바름에 맞서기에[匹正] 국운이 위태함을 걱정하여 여러 번 간했으나 듣지 않았다. 이에 신통력으로 방장[승방]을 날려 남쪽 완산주 지금의 전주이다 고대산으로 옮겨갔다. 곧 영휘 원년 경술[650] 6월이었다. 또한 본전에는 건봉 2년 정묘[667] 3월 3일이라고 하였다 그 뒤 얼마 안 되어 나라가 망하였다. 총장 원년 무진[668]에 나라가 망했으니, 경술과는 19년 차이가 있다 지금 경복사에 있는 '비래방장'이 바로 이것이라는 등등의 이야기가 있다. 이상은 국사에 나온다.

진락공[이자현]이 남긴 시가 방[堂]에 남아 있고, 문열공[김부식]은 전기를 지어 세상에 남겼다.

또한 《당서》에 따르면 이러하다. 이보다 앞서서 수나라 양제[재위 604~618]가 요동을 정벌할 때 양명羊皿이라는 하급 군관[裨將]이 있었다. 적군에게 밀려서 죽게 되자 맹세하기를 "반드시 임금이 총애하는 신하[寵臣]가 되어서 저 나라를 멸망시킬 테다."라고 하였다. 개씨[연개소문]가 조정을 멋대로 하였는데, '盖(개)'를 성으로 삼았으니 곧 '羊皿'과 서로 통한다.

또한 고려의 고기에 따르면 이러하다. 수나라 양제가 대업 8년 임신[612]에 30만 명의 군사를 거느리고 바다를 건너서 쳐들어왔고, 10년 갑술[614] 10월에 고구려왕이 _{이때는 제36대 영양왕 즉위 25년이었다} 항복을 비는 문서[表]를 바쳤다. 그때 어떤 사람이 몰래 작은 활을 품속에 감추고서 문서를 가져가는 사신을 따라 양제가 탄 배에 들어갔다. 양제가 문서를 쥐고 읽을 때 활을 쏘아 양제의 가슴을 맞혔다. 양제가 군대를 돌리며 주위에 말했다.

"내가 천하의 주인으로서 작은 나라를 친히 정벌하다가 이기지 못하였으니 만대의 웃음거리가 되겠구나!"

이때 우상 양명이 아뢰었다.

"신이 죽어서 고구려의 대신이 되어 반드시 나라를 멸망시켜 임금님의 원수를 갚겠습니다."

황제가 죽은 후 고구려에 태어났는데 15세에 이미 총명하고 무용이 뛰어났다[神武]. 그때 무양왕[영류왕]이 그가 현명하다는 소문을 듣고 _{국사에는 영류왕의 이름이 건무 혹은 건성이라고 하는데 여기에는 무양이라고 하므로 잘 모르겠다} 불러들여서 신하로 삼았다. 스스로 성을 '개'라고 하고 이름을 '금'이라고 하였다. 지위가 소문蘇文에 이르니, 곧 시중의 직위이다. _{《당서》에는 '개소문이 스스로 막리지라고 했으니, 마치 중서령과 같다.'라고 나온다. 또 〈신지비사〉의 서문에 '소문 대영홍大英弘이 서문과 함께 주석을 달았다.'라고 하여 소문이 곧 직위의 이름인 게 문헌으로도 증명된다. 그러나 전기에는 '문인文人 소영홍蘇英弘의 서문'이라고 하여서, 어느 게 옳은지 모르겠다}

금이 아뢰었다.

"솥에는 세 개의 발이 달려있듯이 나라에도 3교가 있어야 합니다. 신이 보니, 나라 안에 다만 유교와 불교가 있을 뿐 도교가 없기에 나라가 위태합니다."

왕이 그러하다고 여겨 당나라에 청하니 태종이 서달 등 도사 여덟 명을 보냈다. 국사에는 '무덕 8년 을유에 사신을 당나라에 보내 불교와 도교를 청하여 당나라 황제가 이를 허락하였다.'라고 나온다. 이에 따라 양명이 갑술[614]에 죽어서 이곳에 다시 태어났다면 나이가 겨우 열 살 남짓일 터이다. 그러나 재상으로서 사신 파견을 청하자고 왕을 설득했다니, 그 시기가 둘 중 하나는 분명히 잘못되었다. 지금 두 기록을 다 남겨둔다

왕이 기뻐하여 절을 도관[도교의 사원]으로 삼고, 도사를 높여 선비[儒士]의 윗자리에 앉혔다. 도사들은 국내의 유명한 산천에 가서 지세를 눌렀다. 옛 평양성의 지세는 신월성이었는데, 도사들이 주문으로써 남하의 용에게 명하여 쌓게 하여 만월성을 만들고는 용언성[용이 쌓은 성]이라고 이름하였다, 참언을 지어 용언도[용이 막은 담장]라고 하고, 또 천년보장도[천년토록 보배를 간직할 담장]라고도 하였다. 혹은 신령한 바위[靈石]를 땅에서 캐내기도 했는데, 속설에 이를 도제암[황제가 올라탄 바위] 또는 조천석이라고도 하였다. 대개 옛날에 성제聖帝가 이 돌에 올라 상제에게 조회하러 다녔다고 하기 때문이다. 개금이 다시 아뢰어 동북 서남에 장성을 쌓게 하므로 이에 남자들은 부역에 나가고 여자들이 농사를 지었다. 공사는 16년 만에 끝났다.

보장왕 대에 이르러 당나라 태종이 친히 6군을 거느리고 와서 공격했다가 또 이기지 못하고 돌아갔다. 고종 총장 원년 무진[668]에 우상 유인궤[602~685]와 대장군 이적[594~669]과 신라의 김인문[629~694] 등이 침공하여 나라를 멸망시키고 왕을 사로잡아 당나라로 돌아갔고, 보장왕의 서자[安勝]는 4,000이 넘는 가호를 거느리고 신라에 항복하였다. 국사와 조금 다르나 함께 기록해 둔다

대안 8년 신미[1091]에 우세승통이 고대산 경복사 비래방장에 이르러 보덕 성사의 진영을 뵙고 시를 남겼다. '열반 방등의 가르침은 우리 스님으로부터 이어져 왔네' 하여서, '애석하구나, 방장을 날려온 후에는 동명왕의 옛 나라가 위태로워졌구나'로 이어진다. 발문에는 이렇게 썼다.

'고구려의 보장왕이 도교에 감동해 불법을 믿지 않아 스님이 방을 날려 남쪽의 이 산으로 왔다. 후에 신인이 고구려 마령馬嶺[위치 불명]에 나타나서 "너희들 나라가 망할 날이 며칠 남지 않았다."라고 사람들에게 알렸다. 모두 국사와 같고, 나머지는 본전과 승전에 자세히 기록되어 있다

스님에게는 11명의 훌륭한 제자가 있었다. 무상 화상은 제자 김취 등과 함께 금동사[평안남도 안주 오도산에 있던 절]를 세웠고, 적멸과 의융 두 스님은 진구사[전라북도 임실에 있던 절]를 세웠으며, 지수는 대승사를 세웠고, 일승은 심정·대원 등과 함께 대원사[전라북도 전주 모악산에 있던 절]를 세웠으며, 수정은 유마사[전라북도 정읍 칠보산에 있던 절]를 세웠고, 사대는 계육 등과 함께 중대사를 세웠으며, 개원 화상은 개원사[충청북도 단양군 금수산에 있던 절]를 세웠고, 명덕은 연구사를 세웠다. 개심과 보명도 전기가 있는데, 모두 본전과 같다.
찬한다.

불교는 넓고 넓은 마르지 않는 바다이나
유교 도교는 백 갈래 하천을 으뜸으로 알았네
고구려 왕 가소로이 웅덩이나 막았으니
와룡이 바다로 옮길 줄 살피지 못하였구나

해 설

고구려 말기에 보장왕이 도교에서 갈라져 나온 오두미교를 지나치게 숭배하고 불교를 배척하자 고승 보덕이 박해를 피해 백제 지역으로 떠났다는 이야기이다. 삼국 중 가장 앞장서서 불교를 흥성시켜 나갔던 고구려가 그로부터 300년 뒤에는 오히려 불교를 배척하였으니, 역사의 아이러니라고 해야

할까. 이 글에는 고구려가 멸망하게 된 원인 중 하나가 불교 탄압이었다는 암시가 깔려 있다.

보덕은 완주 고대산으로 옮겨 경복사를 짓고 머물렀다. 훗날 신라의 불교를 크게 끌어올린 원효와 의상도 이곳에서 공부했다고 전한다.

이 글은 제목대로 보장왕이 도교를 숭상하여, 보덕 스님이 고구려를 떠났다는 이야기가 주제이다. 그런데 주제에서 약간 벗어나 보이는 연개소문과 수나라 장수 양명에 얽힌 전설, 그리고 도교 도사들이 저지른 무도한 행패가 상당한 분량을 차지한다. 당시 고구려가 정치와 종교가 얽히면서 정치와 사회가 혼란스러웠고, 나아가 왕과 귀족들이 도교를 맹신하던 상황을 말하려고 했던 것 같다.

일연은 보장왕이 연개소문의 권유로 도교의 도사들이 절을 운영하게 하고 승려들을 박대했던 당시 상황을 말했다. 도사들이 평양성을 함부로 개축하고 신비한 바위를 숭앙하는 등, 도교의 폐단을 열거하고 연개소문[연개소문을 '개금'이라고 지칭]이 16년에 걸쳐 천리장성 축성을 하는 바람에 민간의 생활이 피폐해짐으로써 결국 당과 신라의 연합군에 무너진 것이라고 분석했다. 이는 오늘날 역사적 평가와 대체로 부합한다.

이 글에는 연개소문과 수나라 장수 양명에 얽힌 이야기, 수나라 양제가 몸소 고구려에 쳐들어왔을 때 고구려의 암살자가 몰래 잠입해 활을 쏘아 양제를 저격했던 일 등 다른 데서는 안 나오는 이야기들이 실렸다. 다만 이 부분의 문장이 약간 못하고 문맥도 흐트러져 있는 등 흠이 있다.

일연은 우세승통祐世僧統이 보덕에게 바친 큰 존경과 찬사를 소개하며 이 글을 마무리했다. 우세승통이란 문종의 넷째 아들로 고려 불교에서 교종敎宗이 발전하는 데에 크게 이바지했던 대각국사 의천義天(1055~1101)을 말한다. 이미 고려 불교계의 중심에 섰던 1091년에 경복사로 가서 보덕의 진영眞影에 인사하고, 그를 찬미하는 시문을 지었다. 일연은 그 시문 일부를 여기에 소개하고, 무상·적멸·의융·지수·일승·수정·사대·개원·명덕·개심·보명 등 보덕의 제자 11명의 이름과 그들이 지은 절들도 함께 적었다.

보덕과 비래방장

　보덕普德 스님은 평양성에 있을 때 《열반경》 40권을 강의하는 등 열반종의 대가로 이름이 높았다. 자기 뜻과 달리 이름을 날리게 된 것을 후회하고는 평양 대보산으로 가서 수행에 전념하였는데, 이때 신인의 계시로 팔각 칠층석탑을 찾고 그 자리에 영탑사를 지었다. 이 일은 〈탑상〉 〈고려 영탑사〉에 자세히 나온다. 그 뒤 평양 반룡사에 머물렀다. 아마 보덕은 이곳에서 끝까지 수행만 하고 싶었을 듯하다. 하지만 역사의 모진 풍파가 그를 가만두지 않았다. 보장왕이 신비한 도술을 구사하는 도사들에게 휘둘려 불교를 억누르는 것을 보다 못한 보덕은 왕에게 몇 번이나 건의했다. 하지만 받아들여지지 않자, 신력을 발휘해 자기의 승방을 남쪽 땅 완산의 고대산으로 날려 보내니, '비래방장飛來方丈'의 고사는 이렇게 생겨났다. 새로 옮긴 암자는

합천 해인사 대적광전의 보덕화상 비래방장 벽화

경복사景福寺라고 불렸다. '경복'이란 《시경》에 나오는 단어로 '커다란 복'이라는 뜻이니, 고구려의 복이 백제 땅으로 넘어갔다는 의미도 된다. 이후 원효·의상 등이 경복사에서 《열반경》·《유마경》을 공부했다고 전한다. 지금 전라북도 완주 고덕산에 있는 절터를 바로 이곳으로 본다.

　한편, 일연은 대각국사 의천의 보덕을 향한 커다란 존경심을 자세히 적은 일 외에도 의천과 같은 시대에 살며 춘천 청평사를 중창한 이자현李資玄(1061~1125)이 비래방장에 남긴 시, 《삼국사기》를 지은 김부식金富軾(1075~1101)이 보덕의 전기를 썼던 일 등도 상세히 소개함으로써 12세기 무렵 고려의 불교계 인사와 문인들이 보덕을 매우 존숭했던 분위기를 전했다.

보덕에 대해서는 일찍이 신라의 최치원崔致遠(857~908?)이 〈보덕화상전〉을 지었다고 알려져 있다. 그런데 일연이 이를 언급하지 않은 까닭은 일연 당시에 이 글이 전하지 않았기 때문으로 보인다. 고려의 이규보李奎報(1168~1241)가 〈남행월일기〉에 쓴 보덕의 행적은 1530년에 나온 《신증동국여지승람》에도 인용되었다. 이렇게 신라부터 조선에 이르기까지 두루 높게 평가받았던 보덕이었으나, 실제론 그에 관한 기록이 많지 않다. 일연이 이 글을 남겨주었음은 고마운 일이다.

보덕의 제자 적멸과 의융이 창건한 임실 진구사지 석등(보물 제267호. ⓒ한국민족문화대백과사전)

보장왕과 고구려의 도교

불교를 내치다가 결국 나라까지 잃은 보장왕寶藏王(재위 642~668)이지만, 사실 도교에 휘둘린 건 그의 뜻이 아니었을 수 있다. 《삼국사기》 등에 그런 정황이 보인다. 연개소문이 실권을 쥐고 흔들다가 이를 견제하는 영류왕을 죽이고 보장왕을 왕위에 올렸다. 그러다 보니 보장왕은 재위 내내 연개소문의 꼭두각시 역할만 하다가 급기야 나라까지 잃은 왕이 되고 말았다. 도사들을 중용했음도 연개소문의 강권이었다고 한다. 고구려 사회나 연개소문이 당시 도교를 크게 받든 이유가 분명하지 않으나, 오두미교五斗米敎의 도사들이 구사하는 비술에 빠졌을 수 있다.

고구려 도교의 자취가 보이는 '깃발을 든 오녀도'(덕흥리 고분벽화)

일부 계층에서 도교 사상이 생활 속에 녹아 있었음을 보여주는 백제 도교의 모습, 사택지적비

사실 도교는 6세기 무렵에 백제나 신라에서도 어느 정도 자리 잡고 있었다. 백제 무령왕릉에서 나온 청동거울 3점 중 하나에 새겨진 '천상에 선인이 있어 늙음을 알지 못하니, 목마를 때 옥천을 마시고 배고프면 대추를 먹는다네(上有仙人不知老 渴飲玉泉飢食棗)'라는 글귀 속에는 도교에서 추구하는 신선 사상이 백제 사회에서 상당히 매력적으로 받아들여졌던 상황이 엿보인다. 또한 백제의 귀족 사택지적이 세운 〈사택지적비〉에 나오는 시에도 자연에 회귀하려는 도교적 갈망이 짙게 깔렸다. 신라에서는 화랑도가 조직될 때 목적 중 하나가 신선이나 자연에서의 풍류를 지향함에 있다고 나온다. 고구려에서는 이 글에서처럼 영류왕이 624년에 중국에서 온 도사들을 맞이하고 환대함으로써 도교가 왕실에 큰 영향력을 갖게 되었다. 보장왕은 불교와 동등하게 대하고 싶었으나 연개소문의 강한 권유로 도교 위주의 정책을 펴게 되었던 듯하다.

도사들의 무도함은 신비한 이야기를 동원해 사람들을 현혹하려 했던 '영석靈石' 이야기에 잘 드러난다. 땅속에서 영석이라는 바위를 파내어 이를 도제암都帝嵓 또는 조천석朝天石이라고 하면서 이를 오랜 옛날에 성제聖帝가 하늘의 옥황상제한테 인사드리러 타고 가던 바위라고 사람들을 현혹시켰다. '성제'는 옛날 문헌에 간혹 나오는데 정확히 누구를 가리키는가에 대해서 여러 가지 해석이 있다. 중국 태평성대를 이끈 요堯임금으로 보거나, 우리 측 시각에서 고구려 동명성왕이라고 말하기도 한다. 《삼국유사》에도 성제 또는 성왕聖王이라는 말이 자주 보인다. 한 예로, 〈기이〉 〈도화녀 비형랑〉에서 진지왕의 아들 비형랑이 부르는 노래에 등장하는 '성제'는 곧 진지왕을 의미한다. 그래서 《삼국유사》에 나오는 성제는 딱히 어떤 특정 인물을 가리킨다기보다는 '훌륭한 임금'이라는 의미로 보는 게 무난하다.

보장왕 대의 국정 붕괴는 도교 자체 때문이라기보다, 연개소문이 겉으로는 도교를 내세우고 안으로 정권을 농단한 데에 더 큰 문제가 있었다고 보인다. 한 나라의 재상이 과연 '쌀 다섯 말을 바치고서 들어가는 종교'에 빠져서 앞뒤를 가리지 못할 정도로 미욱한 짓을 했다고 볼 수 있을까. 여하튼 불교를 지나치게 탄압했음은 사실인 듯하고, 불교계의 신망을 받는 사람으로서 보덕이 이에 대한 시정을 강하게 요구했던 듯하다. 그 결과는 건의가 받아들여지기는커녕 오히려 연개소문과 그 주위를 에워싼 도사 등에게 미움을 크게 샀고, 급기야 외국으로 옮기지 않으면 안 될 지경이 되었다고 보인다. 이로써 고구려 불교의 보배 같던 존재가 나라 밖으로 나가버렸으니 고구려의 국운이 이때 쇠할 운명이었다고 할 수밖에 없을 것 같다.

연개소문과 양명

연개소문淵蓋蘇文(?~665?)의 성씨가 중국 기록에 '泉'으로 나오는 까닭은 당나라 고조의 이름에 '淵'이 있기 때문이라고 한다. 이에 따라 《삼국사기》에도 '천개소문'으로 나오지만, 오늘날 학계에서는 '연개소문'으로 쓴다.

그런데 이 글에는 《당서》 등을 인용해 그가 스스로 성과 이름을 개䒤와 금金으로 바꿨는데, 이는 수나라 양제를 보필하다가 고구려와 전투에서 전사한 장수 양명羊皿이 환생했기 때문이라고 했다. 실제로 《신당서》〈열전〉에 양명이 전사할 때 이와 비슷한 말을 했다고 기록되어 있다. 䒤를 나누면 '羊'과 '皿' 두 글자가 되니 이를 양명과 연관시킨 속설도 일연은 각주에 소개하였다. 그러나 䒤는 蓋의 이체자인데다가, 중국에서 고구려 왕의 성씨인 高와 혼동해서 蓋라고 썼다는 견해도 있다. 따라서 이 글에 나오는 이야기는 '수 양

중국 경극에 악역으로 등장하는 연개소문 가면
(국립민속박물관)

제의 요동 정벌'이라는 구체적 인물과 장소가 배경이기는 하지만, 양명이 연개소문으로 환생했다는 말은 훗날 첨가된 전설로 보아야 할 듯하다.

'소문蘇文'도 이름인지 직함인지 확실하지 않다. 이에 대해서 일연은 주석에서 〈신지비사神誌祕詞〉를 인용해 관직 명칭일 듯하다고 하면서도, 다시 아닐 수도 있겠다며 확신하지 못하는 모습을 보였다. 〈신지비사〉는 오늘날 전하지 않는데, 《조선왕조실록》 〈세조 3년〉에 언급된 '고조선비사古朝鮮祕詞'가 바로 이것 같다.

여하튼 연개소문은 이 〈보장봉로 보덕이암〉에 임금을 시해하고 국정을 농단한 권신權臣으로 묘사되어 있다. 중국의 《신당서》 등에는 이보다 더 극악무도한 인물로 나온다. 그래서 요즘 대중에게는 연개소문이 실제 이상으로 악인으로 그려져 있다는 느낌도 든다. 그러나 역사라는 큰 그림 속에서 복잡한 관계 속에 활동했던 한 인물을 오늘날의 관점에서 정의하기란 간단한 일이 아니다. 만주를 호령했던 과거는 이미 옛날의 일이고, 실은 속은 심하게 곪아 있는 고구려를 다시 일으키려 고심참담했던 모습도 엿볼 수 있다. 결과적으로 실패한 야망으로 인해 이런 행적이 다 까맣게 덧칠되었을 수도 있다. 그런 까닭에 신채호申采浩(1880~1936)는 《조선상고사》에서 연개소문은 진정한 영웅이며, 역신逆臣으로 묘사한 사서들을 강하게 비판하였다. 소설이나 드라마에서 그를 풍운아로 묘사함도 그런 이유로 보인다.

수 양제 암살 사건

일연은 고구려에서 전해오는 고기古記를 인용해 수나라 양제煬帝인 양광楊廣이 침공했을 때의 비화를 소개했다. 양제가 612년 30만 대군을 친히 이끌고 고구려를 침공해 시작된 전쟁은 2년간 이어졌다. 고구려는 처음엔 선전했으나 결국에는 세가 불리해져 영류왕이 양제에게 항복한다는 문서를 바치겠다고 했다. 항복 문서를 전달할 사신이 양제가 머무는 배에 들어갈 때 고구려의 암살자도 몰래 배에 올랐다. 숨어 있다가 양제가 문서를 드는 순

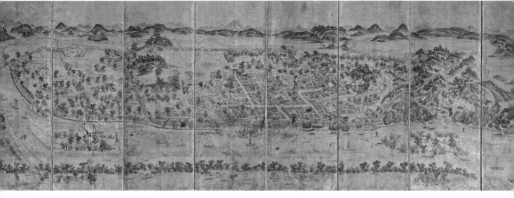

옛 평양성 지도(국립중앙박물관)

간 활을 당겨 양제의 가슴에 화살을 맞췄다.
크게 다친 양제는 어쩔 수 없이 철군을 결정
하고, 긴 탄식을 뒤에 남긴 채 돌아설 수밖에
없었다.

　양제는 실제 612~614년 사이 세 차례에 걸
쳐 대군을 거느리고 고구려를 침공했으니《수
서隋書》, 이 이야기는 대체로 역사 상황에 들
어맞는다. 을지문덕 장군의 살수대첩도 612
년 7월 1차 침공 때의 일이다. 614년 3차 침공
때는 고구려에서 먼저 화친을 청하였음도 역
사서에 나오는데, 다만 이는 당시 수나라 군
대가 거듭된 전쟁으로 사기가 크게 떨어진 상
태임을 알고 자중지란을 노린 책략이라는 주
장이 많다. 여하튼 고구려의 제안으로 체면을

수양제 초상

세운 양제는 그만 철수하자는 주변의 권유에
못 이기는 척하며 공세를 풀고 돌아갔다. 그러나 중국이나 우리 측 사서에
고구려가 보낸 궁수가 양제를 암살하려 했다는 말은 나오지 않는다. 역사
서에 빠진 비화가 고구려의 고기에 담겼는지, 정황에 근거해 없는 이야기가
만들어졌는지 알 길이 없다.

양제 암살 시도라는 흥미로운 이 이야기는 사실 〈보장봉로 보덕이암〉의 주제에서 약간 벗어나 있다. 그러다 보니 제 자리가 아닌 다른 문장 속에 갑자기 끼어들었다는 느낌도 든다. 아마도 일연은 당시 금나라·요나라 등의 침공으로 바닥을 치고 있던 국가와 민족의 자존심을 끌어올리고 싶어서 이 이야기를 넣었는지 모르겠다. 사실 일연의 이런 우국충정은 [탑상] 〈전후 소장 사리〉에도 엿보인다.

7세기 중후반, 고구려는 수뿐만 아니라 당의 대군과도 격전을 치러야 했으나 이를 다 물리쳤다. 하지만 세계 최고의 막강한 군대는 잘 막아냈어도 정작 내부에서 일어난 분열은 막지 못하고 결국 멸망의 길로 들어섰으니, 내부 분열이야말로 가장 큰 적이라는 역사의 교훈을 다시 한 번 되새기게 한다.

원 문

寶藏奉老 普德移庵

高麗本記云 麗季武德貞觀間 國人爭奉五斗米教 唐高祖聞之 遣道士送天尊像來 講道德經 王與國人聽之 即第二十七代榮留王即位七年 武德七年甲申也 明年遣使徃唐求學佛老 唐帝 謂高祖也 許之 及寶藏王即位 貞觀十六年 壬寅也 亦欲併興三教 時寵相蓋蘇文 說王以儒釋並熾 而黃冠未盛 特使於唐求道教 時普德和尚 住盤龍寺 憫左道匹正 國祚危矣 屢諫不聽 乃以神力 飛方丈 南移于完山州 今全州也 孤大山而居焉 即永徽元年庚戌六月也 又本傳云 乹封二年丁卯三月三日也 未幾國滅 以摠章元年戊辰國滅 則計距庚戌十九年矣 今景福寺 有飛來方丈 是也 云云 已上國史 眞樂公留詩在堂 文烈公著傳行世 又按唐書云 先是隋煬帝征遼東 有裨將 羊皿 不利於軍 將死有誓曰 必爲寵臣 滅彼國矣 及蓋氏擅朝 以盖爲氏 乃以羊皿是之應也 又桉[按]高麗古記云 隋煬帝 以大業八年壬申 領三十萬兵 渡海來征 十年甲戌十月 髙麗王 時第三十六代嬰陽王 立二十五年也 上表乞降 時有一人 密持小弩於懷中 隨持表使 到煬帝舡中 帝奉表讀之 弩發中帝胷

帝將旋師 謂左右曰 朕爲天下之主 親征小國而不利 萬代之所嗤 時 右相羊皿奏曰
臣死爲高麗大臣 必滅國 報帝王之讎 帝崩後 生於高麗 十五 聰明神武 時 武陽王
聞其賢 國史 榮留王名建武 或云建成 而此云武陽 未詳 徵入爲臣 自稱姓盖名金 位至蘇文 乃侍中
職也 唐書云 盖蘇文 自謂莫離支 猶中書令 又按神誌秘詞序云 蘇文 大英弘序并注 則蘇文乃職名 有文證 而傳云 文人
蘇英弘序 未詳孰是 金奏曰 鼎有三足 國有三敎 臣見國中 唯有儒釋無道敎 故國危矣 王
然之 奏唐請之 太宗遣叙達等道士八人 國史云 武德八年乙酉 遣使入唐永[求]佛老 唐帝許之 據此 則
羊血[皿]自甲戌年死 而托生于此 則才年十餘歲矣 而云 龍幸說王遣請 其年月必有一誤 今兩存 王喜以佛寺爲道館
尊道士坐儒士之上 道士等 行鎭國內有名山川 古平壤城勢 新月城也 道士等呪勑
南河龍加築爲滿月城 因名龍堰城 作讖曰 龍堰堵 且云 千年寶藏堵 或鑿破靈石 俗
云 都帝嵓 亦云 朝天石 盖昔聖帝 騎此石 朝上帝故也 盖金又奏 築長城東北西南 時 男役女耕 役至
十六年 乃畢 及寶藏王之世 唐太宗親統以六軍來征 又不利而還 高宗 總章元年 戊
辰 右相劉仁軌 大將軍李勣 新羅金仁問等 攻破國滅 擒王歸唐 寶藏王庶子 巒[率]
四千餘家 投于新羅 與國史小[少]殊 故并錄 大安八年 辛未 祐世僧統 到孤大山 景福寺 飛
來方丈 禮普聖師之眞 有詩云 涅槃方等敎 傳受自吾師 云云 至 可惜飛房後 東明古
國危 跋云 高麗藏王 感於道敎 不信佛法 師乃飛房 南至此山 後有神人 現於高麗馬
嶺 告人云 汝國敗亡無日矣 具如國史 餘具載本傳與僧傳 師有高弟十一人 無上和尚
與弟子金趣等 創金洞寺 寂滅 義融二師 創珎丘寺 智藪創大乘寺 一乘與心正大原
等創大原寺 水淨創維摩寺 四大與契育等創中臺寺 開原和尚創開原寺 明德創燕口
寺 開心與普明亦有傳 皆如本傳 讚曰 釋氏汪洋海不窮 百川儒老盡朝宗 麗王可笑
封沮洳 不省滄溟徒[徙]臥龍

경주 흥륜사 금당의 열 분 성인

동쪽 벽에서 서남 방향[庚方]을 바라보고 앉은 소조상은 아도·염촉·혜숙·안함·의상이고, 서쪽 벽에서 동북 방향[甲方]을 바라보고 앉은 소조상은 표훈·사파·원효·혜공·자장이다.

해 설

동경 흥륜사 금당에 신라 불교계의 성인으로 추앙받던 열 분의 소조塑造 좌상이 봉안되었음을 말한 글이다. 불보살상, 나한상, 신중상은 많이 있어도 금당에 사람의 조각상, 그것도 열 사람씩이나 봉안한 일은 우리나라에서 전무후무한 일이다. 동경東京은 고려 때 경주의 이름이니 이 글은 일연이 다른 기록을 인용하지 않은 채 직접 쓴 듯하다.

일연은 〈흥법〉의 맨 앞을 순도·마라난타·아도 등 삼국에 불교를 전한 인물들로 시작하여, 신라 불교를 이끌고 발전시킨 인물들을 열거함으로써 마무리하였다. '이분들이야말로 신라 불교를 대표하는 사람들이다.'라고 분명하게 선언하겠다는 의도 같은 게 느껴진다.

한편, 옛 책들은 현재의 편집과 달리 각 장章이 끝나더라도 페이지를 새로 시작하는 게 아니라 다음 장과 같은 페이지에 배치하곤 했다. 그래서 이 글은 〈흥법〉의 맨 마지막이자 다음 장인 〈탑상〉 바로 앞줄에 놓였다. 그래서 이 글을 〈탑상〉의 맨 처음으로 보는 이도 간혹 있으나, 내용으로 보나 체재로 보나 〈흥법〉에 속한다고 봐야 한다.

신라의 성인 열 분

10성을 연대순으로 보면 아도(5세기), 염촉(506~527), 안함(578~640), 혜숙(안함의 도반), 자장(590~658), 혜공(7세기 초중반), 원효(617~686), 사파(원효 시대), 의상(625~702), 표훈(의상의 제자) 등의 순이다. 아도가 가장 빠르고, 표훈이 가장 후대의 인물이다. 일연이 〈기이〉 〈경덕왕 충담사 표훈대덕〉에서 '표훈 이후로 신라에 성인이 나지 않았다고 한다.' 했음도 흥륜사 10성을 염두에 두고 한 말인지 모르겠다. 《삼국유사》에 이들 신라 10성의 발자취가 모두 나온다. 표훈 이후로 200년 가까이 신라에 성인이라 할 만한 사람이 없었다는 말은 한편으로는 신라 불교의 쇠락을 의미하여서 씁쓸하다.

흥륜사의 10성 좌상의 배치는 어떻게 했을까? 열 분이니 전각의 동서 벽에 각각 다섯씩 나란히 놓아 양쪽이 마주 보게 했을 듯하다. 남쪽은 출입문일 테고, 북쪽 벽에는 석가모니 상이 놓였다고 보인다. 그렇다면 조선시

원효 대사 진영(일본 고잔지高山寺 소장)

자장 율사 진영(통도사 소장)

의상 대사 진영(일본 고잔지 소장)

대 나한전에 석가상을 중심으로 좌우에 10대 나한상, 명부전에 지장보살상 좌우로 시왕상을 배치한 형식 등과 거의 비슷했을 듯하다. 나한상은 이름이 경전에 거의 일정한 순서대로 나오기에 이에 따라 동쪽 벽에 1·3·5·7·9, 서쪽 벽에 2·4·6·8·10 등으로 두는 게 배열 원칙이었다.

이를 참조해 흥륜사 금당에도 동서 벽에 10성을 배열했다고 가정하여, 일연이 열거한 순서대로 배치해 보면 이렇다.

(서)	표훈	아도	(동)
	사파	염촉	
	원효	혜숙	
	혜공	안함	
	자장	의상	

이를 보면, 보통 위계位階가 높을수록 북쪽에 가깝게 두는 게 불보살상 배치의 원칙이나, 신라 10성 상은 그와 다르게 서로 관련 있는 사람끼리 나란히 배치했음을 알 수 있다. 예를 들어 《삼국유사》에 아도와 염촉은 비록 활동연대의 차이는 크지만 비슷한 역할을 한 이들로 서술되어 있다(《아도기라》). 마찬가지로 혜숙과 안함은 함께 중국 유학을 다녀온 사이이고, 의상의 제자가 표훈이며, 사파와 혜공은 각각 원효와 돈독한 교유를 하였다. 서쪽 벽 맨 뒤쪽의 자장만이 다른 상과 특별한 연관성이 없을 뿐이다. 따라서 추정이기는 하나 이 10성 상의 배치는 서로 연관 있는 인물끼리 나란히 배치하였다고 생각된다.

불교의 성인

성인聖人이란 어떤 경지에 오른 사람을 말할까? 대승불교 관점에서 본다면 《화엄경》 〈십지품〉에 보살 수행의 열 단계로 초지 환희지歡喜地부터 십지

혜공이 머물렀던 항사사(포항 오천읍 오어사) 전경

법운지法雲地에 이르는 십지+地가 제시되어 있다. 여기에 모두 통달하면 드디어 불성佛性을 보게 되고 성자聖者가 되니, 바로 이들을 십성+聖이라고 하였다.

　일연이 말한 '십성'은 십지에 통달해서 '십성이 된 스님들'일 수 있고, 혹은 성인이라 할 만한 열 분을 뽑아 십성이라고 했을 수도 있다. 여기서는 후자에 가까울 듯하다. 여하튼 이들 모두 신라 불교에 지대한 영향을 끼친 인물들이다. 신라 사람이 자신들의 불교에 대해 얼마나 큰 자부심을 지녔는지 알게 해주는 대목이고, 또한 이 상들을 모신 흥륜사의 높은 사격도 더불어 높아 보이게 해주는 글이다.

원 문

東京 興輪寺 金堂 十聖

東壁 坐庚向泥塑 我道猒髑惠宿安含義湘 西壁 坐甲向泥塑 表訓虵巴元曉惠空慈藏

탑
상
편

가섭불 연좌석

〈옥룡집〉과 〈자장전〉, 그리고 여러 대가가 전하는 글 모두에 신라 월성의 동쪽, 용궁의 남쪽에 가섭불이 좌선했던 바위가 있다고 전한다. 그곳은 석가모니에 앞서 있었던 가람[절]들의 옛터이며, 지금 황룡사 땅이 바로 그 일곱 군데의 가람 중 한 곳이라고 한다.

국사《삼국사기》에 따르면, 진흥왕 즉위 14년, 개국 3년[553] 계유 2월 월성의 동쪽에 새로 궁을 짓는데 황룡이 나타나자, 왕이 이를 이상히 여겨 절로 바꾸어 황룡사를 세웠다고 한다.

연좌석은 불전 뒤에 있으며 전에 한번 보았다. 돌의 높이는 대여섯 자, 둘레는 세 주㣙쯤이고, 깃대처럼 우뚝하고 꼭대기가 평평했다. 진흥왕이 창건한 이래 거듭 불을 맞아서 돌에 갈라진 데가 생겼으나 절의 승려가 쇠를 붙여서 보호하였다. 이에 찬한다.

은혜로운 태양 뜨고 진 지 헤아릴 수 없건마는
연좌석 홀로 남아 의연도 하구나
뽕나무밭 푸른 바다 숱하게 바뀌어도
그 자리 그대로 우뚝함에 외려 애석하여라

서산의 대군[몽골군]이 쳐들어온 다음에 불전과 탑이 불타버렸고, 이 돌도 허물어지고 묻혀서 거의 땅처럼 평평해졌다.

《아함경》에 따르면 가섭불은 현겁의 세 번째 분이라고 한다. 사람 수명이 2만 살일 때 세상에 나타나셨다. 이에 따라 증감법으로 계산하면, 성겁마다 처음에는 수명이 무한했으나 점차 줄어들어 8만 살이 되는 때에 이르면 주겁의 처음이 된다. 여기부터 다시 백 년마다 한 살씩 줄어들어 열 살이 되는 때에 이르면 일감이 되고, 다시 늘어나서 수명이 8만 살에 되는 때에 이르면 일증이 된다. 이렇게 20감 20증이 지나야 비로소 한 주겁이 된다.

이 한 주겁 가운데에서 일천 불이 세상에 나타나시니, 지금 본사 석가께서는 바로 그 네 번째 분이다. 네 분 모두 제9감 중에 나타나셨다. 사람의 수명이 백 살이었던 석존 때부터 거슬러 올라가서 2만 살이었던 가섭불 때까지는 이미 200만여 년이 지나갔다. 만일 현겁 처음의 첫 분인 구류손불 때까지 거슬러 올라가면 다시 몇 만 년이 되는데, 구류손불 때부터 겁의 처음 수명이 무한했을 때까지 거슬러 올라가면 또 얼마나 오래되었겠는가? 석존으로부터 내려와 지금 지원 18년[1281] 신사년까지 이미 2,230년이 지났고, 구류손불부터 가섭불 때를 지나서 지금에 이르기까지는 몇만 년이 걸렸다. 우리 고려의 명사 오세문이 《역대가》에서 금나라 정우 7년[1219] 기묘에서부터 거꾸로 셈하여 4만 9,600여 년에 이르면 반고가 천지개벽한 무인년이 된다고 하였다. 또 연희궁 녹사 김희령은 《대일역법》에서 개벽한 상원 갑자년에서 원풍 갑자[1084]까지가 1백 93만 7,641년이라고 했다. 또 《찬고도》에서 개벽부터 획린[477]에 이르기까지가 276만 년이라고 했다.

여러 경전에 의하면, 가섭불 때부터 지금에 이르기까지가 바로 이 연좌석의 수명이라고 보아야 할 듯하다. 겁의 처음에서 개벽 때까지 시간은 어린아이 정도일 뿐인데 앞서 세 사람의 설로 보면 이 어린아이 나이 정도인 돌에도 미치지 못하는 셈이다. 개벽까지는 아주 멀고 먼 이야기로구나.

영흥사지(삼천기). 신라 칠처 가람 중 하나로 최초의 비구니 사찰. 현재의 신라초등학교 자리다.

신라 칠처 가람 중 하나인 담엄사지(서청전). 당간지주가 지금의 오릉 앞에 남아 있다.

해 설

신라의 명찰 황룡사가 전불前佛 시대에 있었던 일곱 개 사찰 중 하나였고, 여기에 전하는 가섭불迦葉佛 연좌석宴坐石은 가섭불이 앉아서 선정에 들던 자리였다는 이야기이다. 일연은 헤아리기 어려울 만큼 오래전 가섭불이 설법하던 시대를 《아함경》에 의거해서 풀이했다. 하지만 경전에 나오는 시간 개념은 오늘날의 시간 개념과 차원이 다르다. 일연은 1281년 현재를 기점

경주 황룡사지 전경

공주 마곡사 영산전 내 과거칠불상

으로 하여 연대를 계산했다. 그러면서 중국과 고려의 세 명의 학자가 쓴 글에 하늘이 열린 개벽開闢부터 현재까지가 50만~300만 년으로 나온다고 소개했다. 일연은 비록 인간이 수백만 년을 살아왔으나, 겁劫이라는 시간과는 비교조차 할 수 없을 만큼 짧은 시간일 뿐임을 말하려 한 듯하다. 사실 불교에서 '겁'으로 설명하는 시공간은 너무나 광대해 상상하기조차도 쉽지 않다. 일연이 말한 대로 이는 불교의 시간에 비하면 어린아이밖에 안 된다. 여하튼 1281년은 그가 이 글을 쓴 시기일 테니《삼국유사》 집필 과정을 추정하는 데에도 도움이 된다.

일연은 이 전설의 가섭불 연좌석을 찾아가 그 크기까지 재어서 자세히 적어놓았다. 돌의 형태가 일부 부서진 건 1238년 몽골군의 침략 때문이라고 고증도 했다. 지금 황룡사지 목탑 자리 한가운데에 커다란 바위 하나가 놓여 있어 이를 일연이 말한 가섭불 연좌석이라고 말하기도 한다. 하지만 정말 일연이 가섭불 연좌석이라고 믿었던 그 바위인지는 알 수 없다.

불교에서는 싫든 좋든 내게 일어나는 모든 일은 인연에서 말미암는다고 본다. 인연이야말로 생활에서 일어나는 여러 이들의 원인이자 중요한 가치인 셈이다. 일연이 〈탑상〉의 처음을 광대무변한 우주의 나이와 개벽이 나오는 이야기부터 시작했음도 드넓은 이 세상에서 인간을 비롯한 만물은 모두 인연으로 태어나고 살아감을 말하고 싶었기 때문일까? 여하튼 신라에 가섭불이 좌선했던 자취가 있으니 여기가 불교와 큰 인연이 있는 땅임을 강조하려 했음은 분명히 알 수 있다.

겁

불교의 시간 관념에서 가장 큰 단위가 겁劫이다. 태초에 천지가 개벽하여 무수한 시간이 흐르고, 그중에 또 무수한 생명과 일이 생겨났다가 사라진다. 이렇게 한 겁이 다하고 나면 다시 천지개벽이 이루어져 새로운 겁이 시작한다. 과거에 이런 한 겁이 있었고, 지금 한 겁이 진행 중이며 또 미래에도 마찬가지로 이런 겁이 하나 있다고 본다. 이를 과거·현재·미래의 3겁이라 하는데, 사람의 체감으로는 사실상 무한대에 가까운 시간이다.

〈가섭불 연좌석〉은 이런 시간관념을 바탕으로 하여 옛날 여러 부처님이 이 세상에 나타났던 시기를 설명했다. 달력을 보고 계산할 만한 시간은 아니다. 그러나 일연은 이 거대한 우주의 시간 속에서 지금 우리가 어디쯤 자리하는지 말함으로써 우리 인식 내에 있는 시간의 좌표를 느껴보라고 하고 싶었던 모양이다.

2023년 7월 유럽우주국이 렌즈를 단 우주 로켓 '아틀라스'를 쏘아 올렸다. 아틀라스는 100억 광년 이내 우주에 가득 찬 암흑물질을 관측한다고 한다. 불교의 시간 개념과 우주의 공간은 그야말로 끝이 없는 무량한 세계이다. 수억만 년씩을 오가는 시간의 광대무변함을 우리 인간의 시간 개념으로 파악하기에는 너무 벅차다.

가섭불 연좌석

가섭불 연좌석으로 추정되는 황룡사 목탑지 심초석 위의 바위

일연은 가섭불 연좌석의 위치를 여러 기록을 인용하여 '월성의 동쪽, 용궁龍宮의 남쪽'이라고 했다. 〈황룡사 장륙〉에도 이와 똑같은 표현이 나오고, 〈흥법〉의 〈아도기라〉에도 비슷한 말이 있다. '용궁'이 무엇인지 이해하기 어려운데, 건물 명칭 혹은 절을 가리키는 말로 보기도 한다. 여하튼 당시 위치를 나타내는 데 중요한 이정표로서 지금 황룡사지에서 가까운 거리였음은 분명하다.

황룡사지 목탑지 한가운데에 커다란 바위 하나가 놓여 있다. 어떤 사람은 이를 일연이 말한 가섭불 연좌석이 아닐까 추측하거나, 또 어떤 사람은 1238년에 몽골군의 침략으로 목탑이 불타버린 후 사리장치를 보호하기 위해 설치했던 이른바 진호석鎭護石으로 보기도

아소카왕 석주(인도 바이샬리)

한다.

하지만 일연의 '깃대처럼 우뚝하고 꼭대기가 평평하다(幢立而平頂)'라는 묘사는 지금의 부정형 모습과 분명 어울리지 않는다. 또한 그 크기도 조금 문제가 된다.

일연은 연좌석의 크기를 '높이 5~6척, 둘레[圍] 3주肘'라고 했다. '척尺'이 지금은 30cm이지만, 옛날에는 나라나 시기마다 조금씩 달라서 22~35cm에 걸치는 등 일정하지 않았다. 그런데 신라에서는 29.5~31cm에 해당하는 당 대척唐大尺을 사용했고, 이를 기반으로 석굴암 건설에서 29.706cm, 불국사 석가탑에서 30.024cm를 1자로 썼음이 확인되었으므로 대략 그 중간인 30cm를 적용하면 연좌석의 높이는 150~180cm가 된다.

'肘'는 팔꿈치를 뜻하는 글자이면서 한편으로는 길이를 재는 단위로도 썼다. 하지만 우리나라에서 잘 안 썼던 척도여서 지금 환산하면 1척 반~3척 등 편차가 크다. 일연이 어느 설을 따랐는지 알 수 없으나, 그 중간으로 보고 45cm라고 가정하면 둘레 3주는 135cm가 된다. 이를 '둘레 나누기 3.14' 수학 공식으로 지름[徑]으로 환산하면 약 43cm이다.

따라서 일연이 쟀던 크기를 지금 단위로 환산하면 높이 150~180cm, 지름 43cm이다. 사람이 참선하기 위해 올라앉아 있을 수 있으나 그렇다고 아주 넉넉한 크기도 아니다. 그런데 지금 목탑지 한가운데에 놓인 바위의 크기는 대략 높이 100cm, 길이 156cm, 너비 130cm쯤이다. 일연이 잰 연좌석의 크기보다 꽤 차이가 난다. 윗면이 비스듬히 부서져 있어서 정확한 지름을 재기는 어렵지만, 200cm쯤으로 보인다. 또 윗면 중앙에 인위적으로 판 작은 구멍도 하나 나 있다. 그래서 학계에서는 대체로 이 바위를 목탑 심초석 아래에 별도로 마련된 사리 장엄을 위한 시설의 일부이며 뚜껑 돌[蓋石] 위에 놓였다고 본다.

이 바위가 가섭불 연좌석이 아니라면, 일연이 말한 가섭불 연좌석은 정확히 어떤 형태였을까? 비록 실물이 없어서 일연의 묘사에 의지해서 추측해 보아야 하지만, 그래도 오늘날 몇 가지 견해가 나와 있다. 예를 들어 '幢立'이라는 표현에 주목하여, 아소카왕 석주처럼 높다란 형태였다고 추정한다. 지금까지 인도에 20개쯤 남아 있는 아소카왕 석주는 평균 높이 12~15m이고, 무게 50~60톤쯤이다. 인도를 여행한 신라의 혜초慧超(704~787)는 《왕오천축국전》에 이를 '당幢'이라고 표현했다. 이만한 크기는 아니어도, 우리나라 절에도 7세기 이후 당간지주·석당 등 길고 높이 올라간 석조물이 들어섰다. 그래서 황룡사의 가섭불 연좌석 역시 이 같은 형태였다고 본다.

한편, 근래에 황룡사와 마주해 있는 분황사 주변에서 지석묘를 받치던 지하 시설이 나와서 황룡사 일대에 청동기시대의 지석묘군이 있었다고 추정되었다. 또한 이 바위와 금당의 주존 불상의 대좌 아래에 놓인 받침돌[臺石]의 성분을 분석해보니 둘 다 지석묘를 가공해서 만들었다는 결과도 나왔다. 이에 따라 이 바위가 황룡사를 지을 때 주변에 많던 선돌[立石]을 활용해서 만들었다는 주장이 힘을 얻고 있다.

일연이 인용한 책들

이 글에는 황룡사 창건 인연을 비롯하여 황룡사에 자리한 가섭불 연좌석, 가섭불의 시대, 개벽부터 지금까지 흘러온 시간 등이 역사서와 불교 경전 그리고 역법서 등을 근거로 하여 풀어져 있다. 일연의 이런 박람강식과 객관적 묘사는 《삼국유사》 전체에서 곳곳에 드러나 있다. 이런 서술 형태야말로 이 책을 읽는 이들의 공감을 얻고 또한 역사서로의 가치를 높여주는 미덕 가운데 하나이다.

이 글에 인용된 참고 서목은 〈옥룡집〉, 〈자장전〉, 《국사》, 《아함경》, 〈역대가〉, 〈대일역법〉, 〈찬고도〉 등이다. 이중 《국사》[《삼국사기》]와 〈자장전〉을 뺀 다른 책들은 다른 어디에도 안 나온다.

〈옥룡집〉은 제목으로 보면 옥룡자 도선道詵(827~898)과 관련한 글로 보인다. 도선이 우리나라 사찰 풍수 이론을 정립하였으므로 이 글은 그가 직접 썼거나 그의 풍수와 도참을 다루었다고 추정된다.

〈자장전〉은 일견 중국의 《속고승전》과 《법원주림》에 실린 자장의 전기를 가리키는 듯하지만 여기에 가섭불 연좌석에 관한 이야기는 없다. 그래서 〈자장전〉은 전혀 다른 전기이거나, 혹은 《삼국유사》 〈의해〉에 실린 〈자장정률〉을 말하는 듯하다. 《삼국유사》에는 이 외에 〈대산 오만 진신〉, 〈황룡사 장

전남 영암 도갑사의 〈도선수미비〉

륙〉,〈황룡사 구층탑〉 등 자장과 관련한 이 야기 여러 편이 실렸다. 일연이 이렇게 자장에 관해 지면을 많이 할애한 까닭은 그의 활동 이 불교사에서 매우 중요했다고 여겼기 때문 으로 보인다.

오세문吳世文이 지었다는 〈역대가〉는 제목으 로 보면 역대 왕조나 주요 인물을 시가 형식 으로 쓴 글 같다. 그는 의종(재위 1146~1170) 대 에 형 오세공吳世功과 더불어 과거에 급제하여 높은 벼슬에 올랐다고 알려져 있는데, 은퇴 후인 13세기 초에 이 글을 쓴 듯하다.

〈대일역법〉을 지은 김희령金希寧에 대해서는 전혀 알 수가 없다. 연희궁延禧宮 녹사錄事 직함 으로 볼 때 11세기 초반에 관청의 중하급 벼 슬을 하였다고 추정된다.

〈찬고도〉는 5세기 무렵에 쓰였는데 이승휴李承休(1224~1300)의 《제왕운기》 서문에 '삼가 찬고도에 근거하고, 여러 경전과 역사서에서 뽑아 넓혔다(謹據 纂古圖, 採諸子史而廣焉).'라고 나와 고려에서 중요한 문헌으로 여겨졌던 책으로 보인다. 《십칠사찬고금통요十七史纂古今通要》 중 17권 〈지리세계등십삼도地理世 系等十三圖〉로 보기도 한다.

역법서曆法書인 〈역대가〉,〈대일역법〉,〈찬고도〉 모두 개벽부터 당시까지 연 도를 제시하고 있다. 〈역대가〉에는 반고가 개벽한 무인년부터 1219년까지 49,600여 년, 〈대일역법〉에는 개벽한 상원 갑자년에서 1084년까지 193만 7,641년, 〈찬고도〉에서는 개벽에서 477년까지 276만여 년이라고 했다. 그러 나 일연은 '이 가섭불 연좌석이 비록 오래되기는 했으나, 100~200만 년 전 의 개벽에 비한다면 아직 어린아이나 마찬가지이다'라고 했다. 《아함경》 등 에 따르면 현겁 초 가장 먼저 세상에 나타난 구류손불부터 가섭불의 시대까지 몇만 년이고, 여기에 가섭불 시대에서 다시 석존 시대까지 2만 년이 더 흘렀기에 그 정도는 긴 시간이라고 할 수 없다는 뜻으로 보인다.

원 문

迦葉佛宴坐石

玉龍集及慈藏傳與諸家傳紀皆云 新羅 月城東 龍宮南 有迦葉佛宴坐石 其地卽前佛時伽藍之墟也 今皇龍寺之地卽七伽藍之一也 按國史 眞興王卽位十四 開國三年癸酉二月 築新宮於月城東 有皇龍現其地 王疑之 改爲皇龍寺 宴坐石在佛殿後面 嘗一謁焉 石之高可五六尺來 圍僅三肘 幢立而平頂 眞興創寺已來 再經災火 石有拆裂處 寺僧貼鐵爲護 乃有讚曰 惠日沈輝不記年 唯餘宴坐石依然 桑田幾度成滄海 可惜巍然尙未遷 旣而西山大兵已後 殿塔煨燼而此石亦夷沒 而僅與地平矣 按阿含經 迦葉佛是賢劫第三尊也 人壽二萬歲時 出現於世 據此以增減法計之 每成劫初 皆壽無量歲 漸減至壽八萬歲時 爲住劫之初 自此又百年減一歲 至壽十歲時爲一減 又增至人壽八萬歲時爲一增 如是二十減二十增爲一住劫 此一住劫中 有千佛出世 今本師釋迦是第四尊也 四尊皆現於第九減中 自釋尊百歲壽時 至迦葉佛二萬歲時 已得二百萬餘歲 若至賢劫初第一尊拘留孫佛時 又幾萬歲也 自拘留孫佛時 上至劫初無量歲壽時 又幾何也 自釋尊下至于今至元十八年辛巳歲 已得二千二百三十矣 自拘留孫佛歷迦葉佛時至于今 則直幾萬歲也 有本朝名士 吳世文作歷代歌 從大金貞祐七年己卯 逆數至四萬九千六百餘歲 爲盤古開闢戊寅 又延禧宮錄事金希寧所撰大一歷法 自開闢上元甲子至元豐甲子 一百九十三萬七千六百四十一歲 又纂古圖云 開闢至獲麟 二百七十六萬歲 按諸經 且以迦葉佛時至于今 爲此石之壽 尙距於劫初開闢時爲兒子矣 三家之說 尙不及玆兒石之年 其於開闢之說 疎之遠矣

요동성의 아육왕 탑

《삼보감통록》에 고려[고구려]의 요동성 근방에 있던 탑에 관하여 실렸는데, 고로古老들이 전하는 이야기라고 한다.

옛날 고려의 성왕이 국경을 살피러 다니다가 이 성에 와서 오색구름이 땅을 덮고 있음을 보았다. 구름 안으로 들어가 보니 한 스님이 지팡이를 짚고 서 있어서 가까이 다가가니 문득 사라졌다가 멀찍이서 다시 나타났다. 곁에는 위에 가마솥을 엎어 놓은 모양을 한 삼층 토탑이 있는데, 그게 무엇인지를 몰랐다. 다시 다가가서 스님을 찾아보았으나 들풀만이 있었다. 땅을 한 길 쯤 팠더니 지팡이와 신발이 나왔다. 더 파보니 글자 새겨진 게 나왔는데 범어로 되어 있었다. 시종하던 신하가 그 글자를 알아보고 "이는 불탑입니다." 하고 아뢰었다. 왕이 그걸 어찌 아느냐고 나무라듯이 물으니, "한나라에 이런 게 있어서 '포도왕'이라고 부릅니다."라고 대답하였다. 본래는 '휴도왕'이라 하며, 하늘에 제사 지낼 때 쓰던 금인이다 그로 인해 믿음이 생겨 칠층 목탑을 세웠다. 훗날 불법이 처음 전해짐으로써 경과[顛末]를 자세히 알게 되었다.

지금은 세월이 많이 흘러 본래 탑은 썩어 사라졌을 듯하다. 육왕이 염부제주[인도]를 통일하고 곳곳에 탑을 세웠으니 괴이쩍은 이야기는 아니다.

또한, 당나라 용삭(661~663) 중에 요좌에서 일[전쟁]이 있어서 행군 설인귀가 수나라의 왕이 토벌했던 요의 옛 땅에 이르렀다가 산에 있는 불상을 보았다. 텅 비고 스산하며 왕래도 끊긴 곳이었다. 노인에게 물어보니 선대부터 보아왔던 불상이라고 말하였다. 그 자리에서 곧바로 그림으로 베낀 다음

서울로 돌아왔다. 약[위자함에 갖추어져 있다

서한과 삼국의 지리서에 의하면 요동성은 압록강의 바깥이고 한의 유주에 속했었다. 고려의 성왕이 어느 임금인지 알 수 없다. 어떤 사람은 동명성제라고 하지만, 아닌 듯하다. 동명은 전한 원제 건소 2년[기원전 37]에 즉위하여 성제 홍가 임인[기원전 19]에 승하하였다. 이때는 한나라에 아직 패엽[불교 경전]이 전해지지 않았을 때인데 해외의 신하가 범어로 된 글을 어떻게 알았겠는가? 그러나 부처님을 '포도왕'이라고 했음을 보면, 서한 때에도 서역 문자를 아는 사람이 간혹 있어서 범어로 된 글이라고 말했을 수 있다.

옛 전승에 따르면, 육왕이 귀신의 무리에게 명하여 사람 9억 명이 사는 곳마다 탑 하나씩을 세우라고 하여, 염부 땅 안에 8만 4천 개의 탑을 일으켜 세워 큰 돌 안에 숨겨두었다고 한다. 지금 곳곳에서 길조가 나타남이 한둘이 아니니, 이렇듯 진신사리의 감응은 헤아리기가 어렵다.

찬한다.

육왕의 보탑 세상에 두루 퍼졌으나
비 젖고 구름 덮여 이끼로 얼룩졌네
길 가는 나그네들이
부처님께 제 올렸던 자취를 알아보기나 할까

해 설

고구려에 불교가 공식 전래하기 이전에 이미 탑과 불상이 나타났던 적이 있었다는 이야기이다. 두 가지 일화를 소개했는데, 하나는 고구려 성왕이 요동에서 아육왕의 고탑을 보았음이고, 다른 하나는 당나라 장수 설인귀薛仁貴(614~683)가 요서에서 고불을 우연히 마주했던 일이다. 설인귀는 중국인이지만 요서가 당시 고구려 땅이었으므로, 이전에 이미 불상을 경배하고 있었다는 뜻이 된다.

이야기의 무대가 된 요동성遼東城은 중국 랴오닝성에 있던 고구려의 성城, 요좌는 오늘날 만주와 시베리아 일대인 요서遼西, 그리고 한漢의 유주幽州는 산둥성, 허베이성, 랴오닝성 일대이다. 다 고구려의 영토였으므로, 이 고탑과 고불 이야기는 결국 우리 생각보다 더 오래전 고구려에 불교가 전해졌을 수도 있었음을 시사한다. 글의 분량이 길지 않고 구조도 복잡하지 않지만, 내용 면에서 생각을 많이 하게 하는 이야기이다.

고구려 성왕이 본 '土塔三重'은 미술사에서 중요한 대목이다. 우리나라에서 불탑은 목탑

중국 닝보의 아육왕사 사리탑

을 거쳐 석탑으로 정착되었다는 게 정설이다. 대략 6세기 후반이나 7세기 초반부터 석탑이 목탑을 대체하기 시작했다고 본다. 그런데 이 글로써 목탑 이전에 토탑이 먼저 있었다고 볼 수 있다. 사실 이는 합당한 이야기이다. 재질 측면에서 토탑·목탑·석탑 등이 있는데 건축 기법 면에서 목탑이 가장 까다로운 편이다. 따라서 처음에는 비교적 쉬운 토탑이 먼저 나타났다고 추정해 볼 수 있다. 다만 6세기 이전의 토탑은 전하지 않는다. 신비하게 나타난 토탑을 보고 신심이 부쩍 일어난 고구려 성왕이 '목탑칠중木塔七重', 곧 칠층 목탑을 세우게 했음도 토탑에서 목탑으로 변천되는 과정을 보여준다.

고구려 성왕이 누구인지는 분명하지 않다. 일연은 이름이 비슷한 동명성왕東明聖王(기원전 58~기원전 19)이라는 말은 잘못이라고 분명히 했는데, 그의 말마따나 활동연대가 너무 달라서 그렇게 보기 어렵다. 그렇다면 누구일까? 그러나 일연도 딱히 누구라고 하지는 않았다.

그런데 신하가 왕에게 옛날 서한西漢의 일을 언급한 대목을 단서로 누구

일지 추정해 볼 수 있다. 서한은 곧 전한前漢(기원전 202~기원후 8)이므로 이 글에 나오는 성왕은 1세기 이후의 왕으로 볼 수 있다. 여기서 좀 좁혀보면《삼국사기》에 372년 중국 전진前秦에서 순도가 고구려에 와서 불교를 전했다고 나오니, 그 사이의 어느 때가 아닐까. 일연도 이렇게 생각했는지 알 수 없으나, 적어도 이 글과 〈가섭불 연좌석〉, 〈금관성 파사석탑〉을 보면 1~3세기 무렵에 인도 불교가 직간접적 경로로 해서 우리나라에 들어왔다고 본 듯하다.

아육왕 탑으로 보는 인도·중국의 불교

일연은 고구려 성왕이 봤던 토탑이 인도의 '육왕탑'이고 모양새를 '위가 솥을 뒤집어 놓은 듯하다'라고 했다. 이런 묘사는 1~3세기의 인도 사리탑을 떠올리게 한다. 산치 탑을 예로 들 수 있는데, 흙을 재료로 한 점도 같다. 그래서 인도 탑을 직접 모방했다고 보이는데, 어떤 형태로든 3~4세기 무렵에 인도 사리탑이 고구려에 소개되었을 수가 있다.

육왕育王은 인도의 아소카왕(재위 기원전 268~기원전 232)을 말한다. 그는

인도 아소카왕이 세운 산치대탑

석가모니의 진신사리를 8만 4천 개로 나누어 인도 전역에 불탑을 세웠고, 일부는 그의 뜻에 따라 외국에도 보내졌다 한다. 이 사리탑들은 5세기 이후부터 중국 문헌에 언급되기 시작했다. 동진의 혜달慧達(345~436)이 땅속에서 진신사리를 넣은 아육왕 탑을 처음 찾아냈으며, 양 무제(재위 502~549) 대에도 남경 장간사長干寺 땅 밑에서 아육왕 탑과 진신사리를 찾아냈다. 무제는 이 탑들을 극진히 공양하는 한편, 아소카왕을 본받아 불교가 더욱 융성해지도록 전국 각지에 불탑들을 잇달아 세웠다.

김명국의 〈달마절로도강도〉(국립중앙박물관)

　그런데 《벽암록》 등에 무제가 인도에서 온 달마대사를 만난 뒤로 불심이 더욱 깊어졌다고 나온다. 달마는 인도에서 중국에 건너와 선종을 전하여 중국 선종의 초조初祖로 추앙받았다. 달마의 여러 일화 중에서도 《당사唐史》에 나오는 '지리서귀只履西歸'가 널리 알려져 있다. 달마가 입적한 얼마 뒤였다. 중국의 사신이 인도에 갔다가 돌아오는 길에 총령葱嶺(파미르고원)을 지나다가 반대 방향에서 오는 달마와 마주쳤다. 그는 어깨에 신발 한 짝을 매단 지팡이를 걸친 채 걷고 있었다. 이상하게 생각한 사신이 귀국하자마자 달마의 무덤을 파보았더니, 시신은 없고 신발 한 짝만 남아 있었다고 한다.

　이 〈요동성 육왕탑〉에도 구름 속 스님이 서 있던 자리를 파봤더니 지팡이와 신발이 나왔다고 한다. '지팡이에 짚신 한 짝'을 매달았던 달마와 비슷한 이미지를 떠올리게 하는 대목이다. 또 무제와 고구려 성왕 모두 아육왕 탑과 관련 있다는 공통점이 있다. 〈요동성 육왕탑〉만 보면 중국뿐 아니라 고구려의 불교도 인도에서 영향받았을 가능성도 읽힌다.

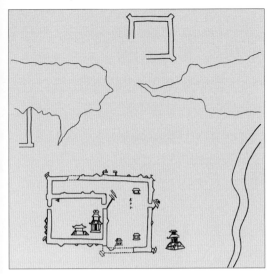

요동성총 〈요동성도〉 모사화

고구려 성왕이 본 삼층토탑

고구려의 성왕이 요동에서 봤다는 삼층 토탑은 실재했을까? 있었다고 하더라도 일연이 말한 대로 세월이 많이 지나서 이미 사라졌으리라. 그런데 원문의 '今更損高 本塔朽壞'을 대부분 '지금은 다시 높이가 줄었고 본래 탑은 썩어 허물어지고 있다'로 해석하는 사람이 많다. 하지만 그러면 탑 높이가 '여전히' 줄어들고 있다는 의미여서 앞뒤 두 구句의 흐름이 서로 호응하지 않고 어색해진다. '今更'을 '지금쯤'으로 보고 '(아주 오래된 일이라) 지금쯤 본래의 탑은 썩고 무너졌을 듯하다'라고 하면 앞뒤 문장이 잘 연결된다.

이와 관련하여 평안남도 순천시 용봉리 방촌에 있는 요동성총遼東城塚 벽화가 관심을 끈다. 요동성과 주변 모습을 그린 벽화인데, 성곽 옆 탑 하나가 눈길을 끈다. 이 탑은 기단이 아래에서 위로 올라가면서 줄어드는 사다리꼴이고, 탑신에 문비門扉도 표현되었다. 고구려 벽화에서 자주 나타나는, 일부러 기교를 부리지 않은 듯한 선묘線描가 은근히 사실적이다. 옥신이 2층까지만 그려진 걸 보면 그릴 당시에 탑 윗부분이 무너져 있었고, 층계가 있고 탑 기둥에 등불도 매달려 있는 모습이니 석탑은 아닌 듯하다. 형태나 재질이 이 글에 나오는 삼층 토탑을 연상시켜 흥미롭다.

일연이 고구려의 성왕이 동명성왕은 아니라고 한 이유는 시기가 중국에 불교가 전래하기 이전이어서다. 그러면서도 서한西漢(기원전 202~기원후 8) 대에 인도 문자를 읽을 줄 아는 고구려 사람이 있었을 수 있다며 여운을 남겼다. 일연은 내심 고구려 성왕이 1세기 무렵의 어느 왕이라고 보았을까? 만일 그렇다면 유리왕(재위 기원전 19~기원후 18)이나 대무신왕(재위 18~44)이 가장 근접해 보인다. 고구려에 불교가 공식 전래한 372년보다 400년 가까이 앞선 때다.

포도왕과 휴도왕

땅속에서 얻은 금동 판에 범어로 불탑이라고 씌어있다고 신하가 아뢰자, 왕은 '인도 글자인데 네가 그걸 어떻게 아느냐?'고 힐난했다는 묘사가 재미 있다. 탑을 처음 본 왕의 복잡한 심리가 짧은 글 속에 잘 포착되었다. 신하 는 중국 한나라에 이런 게 있어서 '포도왕蒲圖王'이라 한다고 급히 설명했다.

일연은 이 부분에서 포도왕은 본래 휴도왕休屠王이며, 이는 '제천금인祭天 金人'이라 한다고 주석을 달았다. 제천금인은 중국 역사서에 나오는 말이다. 《한서》〈곽거병〉 열전에 한나라 군대가 흉노를 공격하고 불상을 가져왔으 나 불교가 알려지기 이전이라 처음에는 무엇인지 몰라서 '흉노의 휴도왕이 하늘에 제사 지내던 금으로 만든 사람 상'이라는 뜻으로 '제천금인'이라 했 다고 나온다. 이렇게 '휴도왕'은 본래는 흉노를 가리키는 말이었다. 그런데 나중에 인도 범어로 된 경전을 한역할 때 '깨달은 이'라는 뜻인 'Buddha'를 발음이 비슷한 포도·휴도·부도浮屠·불도佛圖 등이라고 썼고, 나아가 불상도 뜻하게 되었다. 이 말들은 한참이 지나서야 '불타佛陀'로 통일되고 부도와 구 분하였다. 일연은 '포도왕'과 '휴도왕' 모두 불상이나 불탑을 함께 가리키던 용어임을 알고 있었기에 이렇게 설명했다고 보인다. 하지만 지금 여러 번역서 에 "일연이 '포도'가 불타임을 모르고 '휴도왕'으로 생각한 데서 붙인, 맥락 이 안 맞는 주석이다."라며 일연의 생각을 오해하고 있음은 아쉽다.

《삼보감통록》과 팔만대장경

일연은 고탑 이야기는《삼보감통록三寶感通錄》에서, 고불 이야기는 팔만대 장경에서 인용했다고 각각 출전을 밝혔다.《삼보감통록》은 664년 당의 도선도선宣(596~667)이 펴낸 책으로, 후한부터 당 초기까지 세간에 화제가 되었던 불교의 감통, 곧 이적異蹟에 관한 이야기 150여 가지가 실렸다.

　일연은 설인귀가 고불을 보았다는 이야기는 '팔만대장경의 우자함右字函 속에 있는 책에 나온다.'라고 하였다. 그러나 오늘날에는 그 서명이 정확히 무엇인지 모른다. 다만, 이 글대로 설인귀는 용삭(661~663) 연간인 661년에 행군 직에 올랐고, 이듬해에 튀르크 군대가 공격해와 방어전을 치른 적이 있었다. 그래서 일연이 말한 '용삭 연간에 일[전쟁]이 있었다.'라고 함은 역사 사실에 들어맞는다.

원 문

遼東城育王塔

三寶感通錄載 高麗遼東城傍塔者 古老傳 云 昔高麗聖王 按行國界次 至此城 見五色雲覆地 往尋雲中 有僧執錫而立 旣至便滅 遠看還現 傍有土塔三重 上如覆釜 不知是何 更往覓僧 唯有荒草 掘尋一丈 得杖幷履 又掘得銘 上有梵書 侍臣識之 云 是佛塔 王委曲問詰 答曰 漢國有之 彼名蒲圖王 本作休屠王 祭天金人 因生信 起木塔七重 後佛法始至 具知始末 今更損高 本塔朽壞 育王所統一閻浮提洲 處處立塔 不足可怪 又唐龍朔中 有事遼 充行軍薛仁貴 行至隋主討遼古地 乃見山像 空曠蕭條 絶於行往 問古老 云 是先代所現 使圖寫來京師 具在若[右]函 按西漢與三國地理志 遼東城在鴨綠之外 屬漢幽州 高麗聖王 未知何君 或云 東明聖帝 疑非也 東明 以前漢元帝建昭二年卽位 成帝鴻嘉 壬寅升遐 于時 漢亦未見貝葉 何得海外陪臣 已能識梵書乎 然稱佛爲蒲圖王 似在西漢之時 西域文字或有識之者 故云 梵書爾 按古傳 育王命鬼徒 每於九億人居地立一塔 如是 起八萬四千於閻浮界內 藏於巨石中 今處處有現瑞非一 蓋眞身舍利 感應難思矣 讚曰 育王寶塔遍塵寰 雨濕雲埋蘚纈班 想像當年行路眼 幾人指點祭神墦

금관성의 파사석탑

금관[김해] 호계사의 파사석탑은, 옛날에 이 고을이 금관국[금관가야]이었을 때 세조 수로왕의 비 허왕후 황옥이 동한 건무 24년[48] 갑신[무신]에 서역의 아유타국에서부터 싣고 온 것이다.

처음 공주가 부모의 명을 받들어 바다를 건너 동쪽으로 향하였으나, 파신波神의 노여움으로 막혀서 어찌지 못하고 되돌아왔다. 부왕에게 아뢰었더니 부왕이 이 탑을 싣고서 가라 하였고, 그제야 바다를 건너갈 수 있었다.

붉은색 돛[緋帆]에다 주옥으로 아름답게 꾸민 심홍색 깃발[茜旗]을 올려 남쪽 해안에 배를 대니, 이곳을 지금 주포라고 한다. 처음 비단 바지를 벗어놓은 산등성이 위를 능현이라 하고, 심홍색 깃발이 처음 모습을 드러낸 바닷가를 기출변이라 부른다. 수로왕이 맞이하여서 150여 년 동안 함께 나라를 다스렸다.

그러나 이때는 해동에서 절을 짓고 불법을 받드는 일이 아직 없었다. 대체로 상교[불교]가 아직 이르지 않았기에 사람들이 믿고 따르지를 않았고, 그렇기에 본기[〈가락국기〉]에 절을 지었다는 말이 나오지 않는다. 제8대 질지왕 2년[452] 임진에야 탑이 있는 자리에 절을 세웠다. 또 왕후사를 창건하여 ^아 도와 눌지왕 대로서 법흥왕 이전이다 지금까지 왕실의 복을 빌고, 겸하여 남쪽의 왜도 누르고 있다. 이는 이 나라의 본기에 자세히 보인다.

탑은 사방이 사각인 오층탑이고 조각이 매우 기이하다. 돌에 붉은색의 얼룩이 약간 있고 그 재질이 자못 부드러운 게 우리나라에서 나는 종류가 아니다. 《본초》에 닭 볏의 피를 찍어서 증험했다고 나오는 게 바로 이것이다.
금관국은 또 가락국이라고도 하며, 본기에 자세히 실렸다.
찬한다.

탑 실은 붉은 돛배가 깃발도 가벼이
신령에게 빌어 거친 파도 헤쳐 왔네
언덕에 마중 나옴이 황옥을 부축하기 위함만이랴
천고의 성난 고래 남녘 왜도 막기 위함이었네

해 설

김해 수로왕비릉(황후릉)의 파사석탑

가야 불교의 고고함을 상징하는 김해 파사
석탑의 유래를 서사적으로 풀어낸 이야기이
다. 인도 아유타국의 허황옥이 가야의 수로
왕과 혼인하기 위해 배를 타고 올 때 이 파사
석탑 덕분에 거친 파도를 헤치고 무사히 가야
에 닿았다고 한다. 멀고 먼 이국에서 온 젊고
아름다운 신부는 갓 왕위에 오른 젊은 수로
왕과 해로하며 함께 150년 동안이나 가야를
다스렸다. 그녀가 탄 배가 처음 김해의 포구
에 보인 뒤 육지에 첫발을 내디뎠던 자리, 무
사히 항해를 마쳤음을 감사하는 치성을 올린
자리, 예비 신부가 어서 배에서 내리기를 왕이
기다리던 언덕, 허황옥 일행이 왕궁으로 향하
던 길목 등등 그녀의 발길이 머문 자취마다
이를 기념하는 지명이 붙었다. 지도에서 이 지

명들을 눈으로 따라가 보면 역사의 순간과 장면들이 그대로 펼쳐지는 듯 실감 난다. 이 글이 오늘날까지 많은 사람의 마음에 와닿는 데에는 다 이유가 있다.

이 글의 파사석탑은 이른바 '가야 불교'를 설정하는 근거 중 하나가 되고 있다. 그런데 일연은 이 대목에서 당시 신라는 눌지왕(재위 417~458) 대라고 갑자기 신라를 언급했다. 신라에서는 법흥왕(재위 514~540) 대인 527년에야 불교 공인이 선포되었으니, 일연은 불교 전래 면에서 가야가 신라보다 한 수 위였음을 강조하고 싶었던 듯하다.

허황옥의 발자취

인도에서 시작된 길고 위험한 항해 끝에 허황옥이 마침내 가야 땅에 첫 발걸음을 내디딤으로써 새로운 역사가 시작되었다. 가야 사람들이 허황옥의 한 걸음 한 걸음마다 두고두고 기념할 만한 이름을 붙였음은 자연스럽고 당연한 일이었다.

해변에서 허황옥의 배가 언제 올지 목 빠지게 기다리고 있던 가야 사람들의 눈에 드디어 돛에 매단 깃발이 수평선 위로 나타나는 광경이 보였다. 서서히 솟아오르는 이 깃발을 보고서 기쁨의 환호성을 질렀을 당시의 상황이 눈에 선하다. 그들이 바다를 하염없이 바라보았던 자리는 기출변旗出邊이 되었다.

허황옥이 배에서 내린 포구는 주포主浦가 되었다. 《신증동국여지승람》에도 '주포는 김해부 남쪽 40리 지점이다. 명월산에서 발원한 물이 남쪽으로 흘러 바다로 들어간다.'라고 나온다. 창원시 진해구 가주동의 주포마을이나 풍유동과 명법동 일원의 조만강 부근이 여기라고 본다. 능현綾峴은 허황옥이 항해를 무사히 마쳤음을 감사하려고 입었던 비단 바지를 벗어 산신에게 바친 언덕이다. 《신증동국여지승람》에도 능현이 '부 남쪽 30리 지점이다.'라고 나온다. 〈가락국기〉에는 이 밖에도 허황옥의 자취가 담긴 망산도望山島,

허황옥의 배가 도착한 나루로 전해지는 망산도(부산 강서구 송정동 산188)

유주각 비석(부산 강서구 송정동 산188)

승점乘岾, 별포진別浦津, 고교高嶠, 만전幔殿 등의 지명이 더 나온다.

사실 이런 자리들은 아직 남아 있는 데도 있으나, 대부분 사라지고 바뀌어서 오늘날 정확히 어디라고 비정하기가 쉽지 않다. 예를 들어 능현은 '무점 고개'로 추정하지만, 이와 다르게 보는 주장도 있다. 그래도 이런 지명을 가지고 그 옛날 허황옥이 가야에 첫발을 내디딘 다음 수로왕을 만나러 궁에 들어가기까지 과정을 다음처럼 재구성해 볼 수 있다.

배는 수가동 조만강에 처음 그 모습을 드러내었다[기출변]. 그리고 조만강의 옛 갯골을 뱃길로 삼아 육지 가까이 진입한 다음 풍유동·명법동 부근에서 허황옥이 하선하였다[주포]. 육로로 이동해 무점 고개[능현]에서 잠시 쉰 다음, 무사히 도착한 데에 감사하는 제를 산신에게 올리고 나서 봉황대를 거쳐 왕궁으로 들어갔다.

신비한 파사석탑

파사석탑은 바다의 거친 파도를 잠재우고 허황옥의 긴 항해를 무사히 마치게 해 주었으니, 가야 불교의 인연은 이 탑에서 시작한다고 해도 지나치지 않는다.

파사婆娑는 범어를 소리대로 옮긴 말로, 원어와 그 뜻풀이에 대해서 두 가지 의견이 있다. 하나는 'bha'와 'sa', 곧 '진실한 도리(sa, 諦)가 있다(bha, 有)'라는 의미라고 한다. 다른 하나는 'vasa'로 '머문다'라는 뜻이라고 한다. 앞의 말은 불법을 상징하는 탑이라는 뜻, 그리고 뒤의 말은 인도에서 인연을 따라 머나먼 이곳까지 와 '머물게' 된 탑이라는 의미로 풀어도 된다.

이 탑은 452년 호계사가 창건될 때 그곳에 봉안되었다. 조선시대 어느 무렵엔가 폐사되고 그 자리에 김해 읍성이 들어서면서 이 탑도 훼손된 듯하다. 1802~1824년에 김해로 유배 온 이학규李學逵(1770~1835)가 '개울에 거꾸로 처박혀(溪中倒浸)' 있다며 탑의 참상을 묘사했기 때문이다. 다행히 19세기 중반 김해 부사로 온 정현석鄭顯奭이 "인도에서 허황옥과 함께 가야에 온 탑이니 마땅히 함께 있어야 한다."라며 지금 자리인 수로왕비릉 곁으로 옮겨 놓도록 한 덕분에 더 이상의 훼손은 일어나지 않았다.

일연은 이 파사석탑을 자세히 살피고 나서 '우리나라에서 나는 돌이 아니다.'라고 하였다. 이 말은 일찍이 2,000년 전 인도에서 우리나라로 불교가 곧바로 들어왔음을 시사하는 것 같다. 실제로 2019년 국립김해박물관·고려대학교 산학협력단이 이 돌을 분석해 한반도 남부지역에 존재하지 않는 엽납석을 함유한 석영질 사암이라고 발표하였다. 그렇다면 일연의 추정이 옳았고, 따라서 허황옥이 가져왔다는 말도 믿어야 할지 모른다.

인도 탑은 사각형 기단 위에 반원형 탑신이 올라간 이른바 복발형覆鉢形이 기본이다. 그런데 파사석탑은 기단은 사각형이지만, 탑신이 여러 층으로 되어 있고 또 위로 올라갈수록 크기 비율이 줄어드는 한국 석탑의 기본 형태와 비슷하다. 물론 지금은 여러 군데가 떨어져 나가 원형에서 많이 벗어나

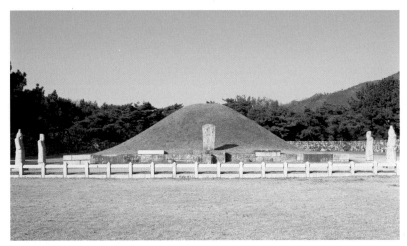

김해 수로왕릉

김해 허왕후릉

있기에 확신하기는 어렵다. 호계사가 폐사될 때 훼손되고, 지금 자리로 옮겨져 다시 조립될 때 본래 형태가 달라졌을 수 있다.

한편, 파사석탑의 사리공舍利孔 형태와 위치가 조선 전기 이후 나타났던 원구형 부도의 사리공과 일치한 데 주목해서 이 석탑 사리공이 조선시대에 만들어졌다고 보기도 한다(이거룡, 〈파사석탑의 유래와 조성과정에 관한 연구〉, 2018).

허황옥이 탄 배가 순항할 수 있었던 데는 석탑이 배의 무게중심을 잡아

주었기 때문이라고 말하기도 한다. 이를 조선학造船學 등 과학으로 설명할 수 있을지 모르겠으나, 이천 년 전 불교가 멀고 낯선 땅에 전해지며 일어났던 갖은 어려움이 파사석탑 이야기에 투영되었음은 분명하다.

호계사와 왕후사

수로왕과 허황옥의 후손 질지왕(재위 451~492)이 파사석탑이 있는 자리에 호계사虎溪寺를 세웠으나, 나중에 폐사되어 오늘날 그 정확한 위치를 모른다. 조선시대에 김해 읍성의 중심지가 호계사 터에 들어섰다고 알려졌지만 그중 어느 자리인지 꼭 집어내기가 어렵다.

절 이름으로 보면 '호계'라는 내川 부근에 있었다고 볼 수 있다. 그런데 호계는 《신증동국여지승람》에 '김해도호부 부성府城 한가운데에 있다. 분산盆山에서 발원해 남쪽 강창포江倉浦로 흘러든다.'라고 한다. 그리고 강창포는 같은 책에 '부에서 남쪽으로 6리이다'라고 나온다. 이 두 글을 종합하면 호계는 김해 중심에서 남쪽으로 흘러가 강창포에서 바다로 합류했다고 보인다. 그러나 지금 김해에 호계·강창포 등의 이름은 전하지 않는다.

왕후사王后寺도 위치 비정에 의견이 엇갈린다. 〈가락국기〉에 근거해 김해 장유면 불모산 장유사 근처, 《신증동국여지승람》에 따라 장유면 장유리 남쪽의 옥녀봉에서 가까운 응달리 태정마을 뒷산에 있던 임강사臨江寺나 태장사苔長寺, 진영읍 명월산 혹은 금병산의 북쪽에 있던 흥국사興國寺로 보는 등 다양한 견해가 있다. 여하튼 〈가락국기〉에 질지왕이 왕후사 부근의 밭 10 결을 절에 내렸다고 나오니 김해의 명찰 중 하나였음은 분명하다. 또한 《신증동국여지승람》에 '질지왕이 수로왕과 허왕후가 장막을 치고 합혼合婚한 데에다 절을 세우고 왕후사라 하였다. 뒤에 절을 없애고 장원莊園으로 만들었다.'라고 하였는데 정확히 언제 폐사되었는지는 안 나온다. 김해도호부 기능이 늘어나 김해진관金海鎭官이 설치되었던 1459년 무렵일 수 있다.

한편, 일연은 왕후사가 '지금도 왕실의 복을 빌고 있고, 겸하여 남쪽 왜

김해 명월산 흥국사 내 〈가락국태조왕영후유허비〉(부산광역시 강서구 지사동 478번지 흥국사 경내)

수로왕과 허왕후 사적을 전하는 〈명월사흥국사사적비〉(부산광역시 강서구 지사동 478번지 흥국사 경내)

도 누르고 있다.'라고 하여 고려시대의 힘든 상황을 은연중 내비쳤다. 이는 마지막 찬에서 '언덕에 마중 나옴이 황옥을 부축하기 위함만이랴 / 천고의 성난 고래 남녘 왜도 막기 위함이었네'라고 읊은 말과 일맥상통한다. 가야 불교의 자취인 파사석탑을 매개로 하여 왜(倭)의 침략으로부터 사람들이 잘 지켜지기를 염원하는 마음을 내비친 듯하다. 우리나라와 일본 양국의 기록을 보면 가야와 왜 사이 큰 마찰이 없었고 오히려 친밀했다고 할 만하다. 하지만 신라나 고려시대에는 수시로 출몰하여 노략질하는 왜가 커다란 근심거리였다. 일연이 살았던 12세기에는 피해가 더욱 커지고 있었기에 이 글에도 왜에 대한 반감과 우려가 노골적으로 드러나 있다. 그래서 일연을 포함한 고려 사람들은 불교 국가이자 해양 강국이었던 가야의 혼이 전해지기를 간절히 바랐던지 모른다.

원문

金官城 婆娑石塔

金官虎溪寺婆娑石塔者 昔此邑爲金官國時 世祖首露王之妃 許皇后名黃玉 以東漢
建武二十四年甲申[戊申] 自西域阿踰陁國所載來 初公主承二親之命 泛海將指東
阻波神之怒 不克而還 白父王 父王命載茲塔 乃獲利涉 來泊南涯 有緋帆茜旗珠玉
之美 今云主浦 初解綾袴於岡上處曰綾峴 茜旗初入海涯曰旗出邊 首露王聘迎之 同
御國一百五十餘年 然于時海東未有創寺奉法之事 蓋像敎未至 而土人不信伏 故本
記無創寺之文 逮第八代銍知王二年壬辰 置寺於其地 又創王后寺^{在阿道訥祇王之世 法興}
^{王之前} 至今奉福焉 兼以鎭南倭 具見本國本記 塔方四面五層 其彫鏤甚奇 石微赤班
色 其質良脆 非此方類也 本草所云 點雞冠血爲驗者 是也 金官國亦名駕洛國 具載
本記 讚曰 載厭緋帆茜旆輕 乞靈遮莫海濤驚 豈徒到岸扶黃玉 千古南倭遏怒鯨

고구려의 영탑사

승전에 나오기를 보덕 스님은 자가 지법이고, 전에 고려[고구려]의 용강현 사람이었다고 한다. 아래 본전에 상세히 보인다.

평양성에서 살고 있는데, 산방[산사]의 한 노스님이 찾아와서 경전을 강론해 달라고 부탁했다. 보덕은 완고하게 사양했으나, 결국 거절하지 못하여 가서 《열반경》 40여 권을 강론하였다.

강석을 마친 뒤 평양성 서쪽의 대보산에 이르렀다. 바위굴에서 선관禪觀을 닦는데, 신인神人이 와서 청하였다.

"이곳에서 지내시는 게 좋겠습니다."

그러고 나서 앞에다가 지팡이를 내려놓고는 땅을 가리키면서 말하였다.

"이 밑에 팔면칠급석탑이 있습니다."

그곳을 파보았더니 정말 그러하였다. 이로써 절을 세워 영탑사라 이름 짓고서 그곳에서 살았다.

해 설

고구려의 고승 보덕普德이 신인의 계시에 따라 땅속에 묻혀 있던 석탑을 찾아 영탑사靈塔寺를 지었다는 이야기이다. 여기서 '고려'는 고구려를 가리킨다. 《삼국사기》나 '연가 7년명 고구려 불상', '중원 고구려비' 등 고구려 유물에도 '고려'로 표기된 예가 많다. 《삼국유사》에 특히 많이 보이는 이유는 고려의 정체성을 고구려에서 찾으려는 당시 사회 분위기도 반영되어서로 보인다.

그런데 〈요동성 육왕탑〉에도 고구려 왕이 땅속에서 고탑古塔을 찾았다는 이야기가 나온다. 〈요동성 육왕탑〉의 시대 배경이 300~400년 더 빠르고 탑도 토탑인 점이 다를 뿐이다. 두 이야기에 모두 탑이 중요하게 언급된 이유는 탑이 불사리를 봉안하고 있어서다. 또한 감춰진 탑을 찾았음은 불사리로 상징되는 불교의 정수를 이어받았다는 의미가 된다.

이 글의 '팔면 칠급석탑'은 팔각 칠층석탑으로, 불탑의 변천을 연구하는 맥락에서 중요한 언급이다. 오늘날 고구려의 탑은 전혀 전하지 않으나 몇 군데 고구려 절터 유적에 탑이 있었던 흔적이 있다. 이 유적을 보면 기단부가 모두 팔각이라서 이 이야기에 나오는

연가7년명 금동불입상(고구려 539년경 평양 동사, 국립중앙박물관)

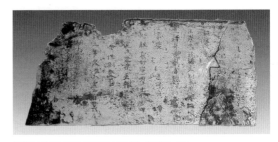

6세기 고구려 불교 상황을 보여주는 함경도 신포 오매리 절터에서 나온 금동판

모습과 일치한다. 이는 또한 중국 요遼(916~1125)의 탑과 관계에서도 흥미로운 부분이 있다. 요 탑의 특징 중 하나로 팔각형인 점을 꼽는다. 요는 당唐 외에 발해의 영향도 많이 받는데, 발해의 탑도 팔각형이 많았다. 그런데 발해는 곧 고구려의 후신을 자처했으니, 요 대에 팔각 탑이 많이 나타났던 배경에 고구려의 영향이 있었을 수 있다.

한편, 일연이 말한 승전僧傳이나 본전本傳은 《삼국유사》 〈흥법〉의 〈보장봉로 보덕이암〉인 듯한데, 보덕이 백제로 거처를 옮긴 과정이 자세히 나온다. '신통력으로 머물던 암자를 다른 데로 날려 보냈다'라는 뜻의 '비래방장飛來方丈'도 여기서 나왔다. 혹은 승전을 신라 최치원이 지은 〈보덕전〉이라고 보기도 하지만, 지금 전하지 않아서 확인할 수가 없다.

보덕과 영탑사

보덕이 선관을 닦은 대보산大寶山은 《신증동국여지승람》(1530년)에 '평양 서쪽 37리에 있다'라고 나온다. 그런데 이 〈고려 영탑사〉의 문장 일부가 《가람고》(18세기 중반)와 《범우고》(1799년)에도 거의 그대로 실려 있어 그때까지 영탑사가 존재했다고 보인다. 하지만 1990년대 이후 북한에서 출판된 사찰과 관련한 자료집에는 영탑사 이름이 보이지 않아서, 조선 후기에서 근대에 이르는 기간에 폐사되었다고 추측된다.

일연보다 약 200년 앞서 살았던 대각국사 의천義天이 보덕을 '열반종의 개창조'라고 한 것을 보면 보덕은 일연의 시대에 고구려의 고승으로서 큰 존경을 받았다고 보인다《고대산 경복사 비래방장 예보덕성사영孤大山景福寺飛來方丈禮普

德聖師影), 《대각국사문집》). 그래서인지 〈고구려의 영탑사〉에도 보덕에 대한 일연의 존경심이 잘 묻어나 있다. 보장왕이 도교를 지나치게 믿으며 불교를 억압하기에 보덕이 백제로 거처를 옮겼다는 이 이야기는 고구려 불교의 쇠락을 보여주는 상징적 사건이라고 볼 수 있다.

대각국사 의천 진영(선암사 소장)

원 문

高麗靈塔寺

僧傳云 釋普德字智法 前高麗龍岡縣人也 詳見下本傳 常居平壤城 有山方老僧 來請講經 師固辭不免 赴講涅槃經四十餘卷 罷席 至城西大寶山嵓穴下禪觀 有神人來請 宜住此地 乃置錫杖於前 指其地曰 此下有八面七級石塔 掘之果然 因立精舍 曰靈塔寺 以居之

황룡사의 장륙상

신라 제24대 진흥왕 즉위 14년[553] 계유 2월, 용궁 남쪽에 자궁[궁궐]을 세우려 하는데 그곳에 황룡이 나타났다. 이에 절로 고쳐서 짓고 황룡사라 하였다. 기축[569]에 이르러 주위에 담장을 두름으로써 마침내 17년 만에 마쳤다.

얼마 뒤에 바다 남쪽에 커다란 배 한 척이 들어와 하곡현 사포에 지금의 울주 곡포이다 정박했다. 조사해 보니 첩문[문서]이 실렸는데 이러하였다.

서축의 아육왕이 황철[구리] 5만 7,000근과 황금 3만 푼을 별전에 철 40만 7,000 근, 금 1,000냥이라고 했음은 잘못 같다. 혹은 3만 7,000근이라고도 한다 모아서 석가삼존 상을 주조하고자 하였으나 완성하지 못하였다. 배에 실어서 바다에 띄워 보내니 인연이 있는 나라에 닿아 장륙의 거룩한 모습이 이뤄지기를 기원한다. 아울러 1불 2보살상의 모양[模本]도 싣는다.

고을의 관리가 문서를 갖추어 아뢰었다. 왕이 보낸 사람이 점을 쳐 그 고을 성의 동쪽의 탁 트이고 밝은[爽塏] 자리에 동축사를 창건하고 삼존상을 모셨다. 황철을 서울[경주]로 날라와 대건 6년[574] 갑오 3월에 절의 기록에는 계사 [573] 10월 17일이라 한다 장륙존상을 주조했는데 단박에[一鼓] 이루어졌다. 무게가 3만 5,007근이고 황금 1만 198푼이 들어갔다. 두 보살상에는 철 1만 2,000근과 황금 1만 136푼이 들어갔다. 황룡사에다 모셨는데 다음 해에 상에서 눈물이 발꿈치까지 흘러내려 땅을 한 자나 적셨다. 대왕이 돌아가실 조짐이었다. 혹은 불상이 진평왕(재위 579~632) 대에 조성되었다고 함은 잘못이다.

별기別記에 나오기로는, 아육왕은 서천축의 대향화국[마가다국]에 살았는데 부처님보다 100년 뒤에 태어났기 때문에 진신을 공양하지 못하였음을 한탄하였다. 금과 철을 조금 모아서 불상을 조성하려 했으나 세 번이나 성공하지 못했다. 그때 태자 홀로 그 일에 참여하지 않아서 왕이 이를 책망하였더니 태자가, "저희 힘으로는 성공하지 못할 줄 이미 알고 있었습니다."라고 하였다. 왕도 그렇게 여기고서 배에 실어 바다에 띄워 보냈다. 남염부제[인도]의 열여섯 대국, 오백 중국, 십천 소국, 팔만 취락을 두루 돌아다니지 않은 데가 없었으나, 모두 주조에 성공하지 못했다. 마지막으로 신라에 이르렀고, 진흥왕이 문잉림에서 주조하여 불상을 완성했으니 이로써 상호를 다 갖추게 되었다. '아육'을 번역하면 '무우無憂'이다.

훗날 대덕 자장이 중국에 유학하여 오대산에 이르렀는데 문수보살이 감응하고 현신하여 기별을 주면서[授決] 당부하였다.

"그대 나라의 황룡사는 석가불과 가섭불이 가르침을 베풀던 곳으로 그때 앉으셨던 돌[宴坐石]이 지금도 남아 있다. 그런 까닭에 인도의 무우왕이 구리 약간 근을 모아 바다에 띄웠고, 1,300여 년이 지나 그대의 나라에 이르러서 그 절에서 모시게 되었다. 대개 위덕[부처님]의 인연이 그렇게 되도록 한 것이다." 별기에 실린 말과 부합한다

불상이 완성된 후에 동축사의 삼존상도 황룡사로 옮겨 모셨다. 절의 기록에 진평왕 5년[584] 갑진에 금당을 조성했다고 나온다. 선덕왕 대에 절의 첫 번째 주지는 진골인 환희 스님이었고, 두 번째 주지는 자장 국통, 다음은 국통 혜훈, 다음은 상률 스님이었다고 한다.

이번 전쟁[1238년 몽골군의 침략]으로 대상[장륙존상]과 두 보살상이 모두 녹아버렸으나, 작은 석가상은 아직 남아 있다.

찬한다.

티끌 같은 세상 어딘들 참 고향 아니랴만
향불 태우는 인연은 우리나라가 으뜸이네
육왕의 기술이 모자라서가 아니라
옛 자취를 따라 월성으로 온 것이었네

해 설

황룡사의 창건, 그리고 어떤 인연으로 해서 인도 아소카왕이 보낸 철과 구리 등을 받아 장륙의 삼존상을 봉안하게 되었는지를 소개한 글이다. 553년, 진흥왕이 대궐을 지으려던 자리에 황룡이 나타났다. 이에 대궐 대신에 절을 짓고 황룡사라고 이름했다. 그로부터 16년이 지나 진평왕 대였다. 지금의 울산광역시 태화동인 사포絲浦에 정체 모를 배 한 척이 들어왔다. 배 안을 살펴보니 사람이 없는 빈 배였고 문서 한 통이 놓여 있었다. 수백 년 전 인도의 아육왕이 석가 삼존불 조성을 발원했다가 실패하여, 인연이 닿는 다른 나라에서 완성되기를 바라며 황금·구리 등 재료와 삼존불상 모형 등을 배에 실어 보낸다는 내용이었다. 진평왕은 선대에서 황룡사를 완공한 선업善業에 대한 보답이라고 생각했다. 최고의 기술자를 동원해 당장 불상 주조에 들어갔고, 과연 좋은 인연 덕분인지 단박에 완성하였다. 진평왕은 이렇게 조성한 삼존불상을 황룡사에 봉안하였다.

이어서 자장 스님의 이야기가 짧게 나온다. 중국 오대산에서 문수보살을 친견하여 진신사리를 받을 때, 귀국하거든 황룡사에 구층탑을 지으라는 계시를 받았다고 한다. 이는 황룡사가 그 옛날 석가불·가섭불이 머물렀던 자리라는 〈가섭불 연좌석〉과도 연결되는 이야기이다. 이어서 고려시대에 몽골의 침략으로 인해 황룡사 장륙상은 사라져 버렸다는 말을 끝으로 황룡사의 서사敍事가 마무리되었다.

이 글은 569년에 황룡사가 완성된 시점부터 13세기 일연의 시대까지 600

황룡사 복원 모형

년 간을 중심으로 하여 구성되었으나 중간에는 그보다도 더 먼 시대의 전설 같은 인도 아육왕의 이야기도 등장한다. 그러다 보니 이야기의 구성이 〈탑상〉 중에서 비교적 복잡한 편에 속한다. 하지만 이 글의 초점이 황룡사와 장륙존상에 맞추어져 있음을 알면 글의 맥락을 파악하기 쉽고 내용을 더 잘 이해할 수 있다.

황룡사 장륙상은 진평왕이 하늘에서 받은 천사옥대天賜玉帶 그리고 황룡사 구층탑과 더불어 '신라 삼보' 중 하나였다. 이 보물 셋이 신라를 다른 나라로부터 지킨다고 생각했고, 이에 따른 자신감은 신라가 변방 국가에서 강국으로 발전하는 데에 큰 역할을 하였다. 《삼국유사》에는 이 신라 삼보가 하나하나씩 소개되었다. 이 글에 이어서 황룡사 구층탑이 나오고, 천사옥대는 〈기이〉에 실렸다. 삼보 중에서 두 개가 불탑과 불상, 곧 탑상이다. 일연이 이를 제목으로 삼은 이유를 여기서도 알 수 있다.

이 글 마지막에 1238년 몽골군에 의해 장륙삼존상이 불타 사라졌으나 '작은 석가상'만은 무사했다고 나온다. 이 작은 석가상이 어떤 상을 말하는지 분명하지 않지만, 맥락상 추측건대 창건 당시 금당에 봉안했던 주존불상으로 볼 수 있다.

황룡사의 창건

황룡사지 출토 보상화 용무늬전塼

처음에 왕궁을 지으려다가 바꾸어 황룡사를 완공했음은 《삼국사기》〈진흥왕〉에도 나온다. 다만, 위치에 대해서 《삼국사기》에 '월성의 동쪽'이라고 했으나, 이 글에는 '용궁의 남쪽'이라 한 게 다르다. '용궁'은 용왕이 사는 바닷속 궁전이니 기이한 표현이 아닐 수 없다. 이를 절의 다른 말로 보기도 하지만 근거가 뚜렷하지 않다. 혹은 왕을 용에 비유한 것으로 또 다른 궁궐로 볼 수도 있을지 모르겠다.

그래도 위치만큼은 분명해서, 오늘날 발굴을 통해 월성으로 추정된 자리를 기준으로 할 때 실제로 황룡사는 그 동남에 해당한다.

553년에 착공한 황룡사는 16년이 걸려 569년에 완공하였다. 시간이 너무 많이 걸린 듯도 하지만 같은 시기 백제에서도 비슷한 사례들이 있었다. 위덕왕의 명으로 지은 부여 왕흥사는 577년(왕흥사지 출토 사리장엄 명문)부터 600년(《삼국사기》·《삼국유사》)까지 23년이 걸렸고, 익산 미륵사는 600년(《삼국유사》)부터 639년(미륵사 석탑 〈사리봉영기〉)까지 무려 39년이나 걸렸다. 국왕이 중요한 사찰을 짓는 데 큰 관심을 기울였다면 몇십 년씩 걸린 게 이상한 일은 아니다.

이 글에는 처음에 '黃龍'이던 절 이름이 뒤에서는 '皇龍'으로 나온다. 이를 일연의 오기로 보는 사람이 많지만, 글을 잘 읽어보면 '黃龍'은 569년 완공 직후의 이름이고, '皇龍'은 574년에 장륙상을 봉안한 이후에 나온다. 처음에는 절을 지으라는 계시를 준 황룡을 기리기 위해 '黃龍'이라고 했으나, 장륙상을 조성하며 아육왕과 진흥왕을 기리기 위해 '皇龍'으로 바꾸었다고 생각하면 맥락이 맞는다.

사중기에 나오는 황룡사의 다른 역사

일연은 이 글 끝부분에서 사중기寺中記, 곧 황룡사에 전하는 기문의 내용 일부를 소개했다. 황룡사에 전해온다는 이 기록을 언제 누가 지었는지 밝히지 않았으나, 일연이 앞에서 말한 내용과 다른 이야기도 보여서 흥미롭다. 여기에 나오는 금당 조성 연도 및 초대 환희歡喜, 2대 자장, 3대 혜훈惠訓, 4대 상률廂律 등 초기 주지 명단은 다른 기록에서는 안 나오는 이야기라 중요하다. 4대가 전부 선덕왕 대임을 보면 이 사중기는 7~8세기의 기록일 수 있다. 그런데 그 외에 몇 가지 확실히 짚어 봐야 할 대목들이 몇 가지 더 있다.

먼저, '진평왕 5년인 584년에 금당이 조성되었다'라는 말이 창건 당시의 금당이라면 황룡사가 완성된 569년보다 무려 15년이나 뒤여서 이상하다. 창건 당시 절에 금당이 없을 리 없어서다. 혹시 574년에 조성한 장륙존상을 위한 금당을 584년에 지었음을 말한 게 아닐까? 그러나 이마저도 장륙존상을 완공하고 10년이나 뒤의 일이다. 그렇다면 장륙존상을 봉안한 금당과 다른 또 다른 금당이 있었는지 모르겠다.

역대 주지도, 첫 주지가 선덕왕(재위 632~647) 대에야 임명되었다면 황룡사가 완공된 569년보다 60년도 더 뒤이니 이 사이의 공백이 어떤 이유에서였는지 궁금하다. 이 사중기를 지은 사람은 황룡사의 실질적 창건을 자장이 구층목탑을 완성한 645년 이후로 보았을 수도 있다.

일연은 이 사중기를 비중 있게 다루지 않고 맨 뒤에 짧게 소개하는 데에 그쳤다. 크게 신뢰하지 않았거나 아니면 앞에서 보았듯이 설명하기가 어려워서였는지 모른다. 이 글 뒤에 배치된 〈황룡사 구층탑〉에도 '사중기'가 언급되었으나 그곳에서는 일연이 주석을 달아 〈찰주본기〉임을 분명히 밝혔다. 따라서 여기서의 사중기는 〈찰주본기〉와 다른 기록으로 봐야 한다.

여하튼 이 사중기에 대해 일연이 아무런 언급을 하지 않았으니, 정확한 이유는 새로운 자료가 나올 때까지는 기다릴 수밖에 없다.

진흥왕 순수비(국립중앙박물관)

아육왕과 진흥왕

황룡사를 창건하고 얼마 뒤, 장륙존상을 만드는 데 성공함으로써 수백 년 전 아육왕이 발원했던 소망을 이룬 이는 진흥왕(재위 540~576)이다. 그는 540년에 즉위하였으나 당시는 아직 여섯 살 어린 나이였으므로 첫 한 해는 큰아버지이자 외조부인 법흥왕의 왕후 보도부인이 대리로 섭정했고, 이후 10년은 어머니 지소부인이 섭정했다. 551년에야 비로소 그들의 그늘에서 벗어났고, 이를 기념하여 연호를 건원建元에서 개국開國으로 바꾸며 분위기도 새롭게 하였다. 황룡사 자리에 새로운 왕궁을 계획한 시기도 바로 이때였다.

아육왕은 마우리아 왕조의 세 번째 왕 아소카왕(재위 기원전 268~기원전 232)이다. 인도 전역을 통일하였으나, 결과적으로 자신이 너무나 참혹한 전쟁을 일으켰으므로 이를 크게 후회하여 기원전 261년에 불교에 귀의하였다. 이후 석가모니의 진신사리를 분배해 팔만 사천 기의 불탑을 짓는 등 불교를 세상에 널리 전파해 후대에 전륜성왕轉輪聖王으로 불렸다. 그는 인도뿐만 아니라 주변 나라들에도 불상이나 불탑을 보냈는데, 이에 따라 중국 등에도 아육왕과 관련한 불상과 불사리를 담은 불탑 관련 전설들이 많이 전한다.

이 〈황룡사 장륙〉과 〈요동성 육왕탑〉 모두 우리나라 왕과 인도 아육왕이 등장한다. 불교사상 최고의 치적을 쌓아 전륜성왕으로 불린 아소카왕의 명성이 고구려와 신라에까지 미쳐 전설의 형태로 전했다고 보인다. 특히 〈황룡사 장륙〉에서는 진흥왕을 신라의 전륜성왕으로 보려는 인식도 깔린 듯하다는 느낌이 든다.

황룡사 장륙삼존상의 대좌석

황룡사 장륙존상과 동축사 삼존불

몇백 년 전 일이기는 해도, 인도에서 여러 차례 실패했다는 석가불상 주
조를 신라는 단 한 번 만에 성공했다. 이 글의 숨은 주제처럼 숙연宿緣이 만
난 덕분일 수 있고, 또 무엇보다도 당시 신라의 주조 기술이 상당이 높은
수준이었기에 이뤄낼 수 있었을 것이다.

인도에서 보내온 모형대로 만든 높이 1장 6척의 장륙丈六 삼존상은 569년
황룡사에 봉안되었다. 그런데 575년 봄과 여름 사이에 장륙상이 눈물을 흘
려 바닥을 흥건히 적시는 기이한 현상이 일어
났다. 이 일은 《삼국사기》에도 기록되어 있다.
다음 해에 진흥왕이 서거하자 그제야 사람들
이 이 눈물이 이런 비보의 징조였음을 알았다
고 한다. 황룡사 장륙상을 사이에 둔 진흥왕
과 아육왕의 인연이 다시 한번 사람들의 입에
회자하지 않았을까.

황룡사 금당지에서 출토된 청동나발 파편(국
립경주박물관 소장). 장륙존상 머리로 추정된다.

아육왕이 재료와 함께 보낸 삼존불상 모형

은 573~574년 사이 울산에 동축사東竺寺를 짓고 봉안하였다. 인도를 서축西竺이라 불렀으니, 동축사는 '동쪽 불교 나라의 절'이라는 뜻이다. 신라 사람들의 자부심이 표현된 말이라고 볼 수 있다. 동축사는 현재 울산시 동구 동부동 마골산 중턱에 자리한다. 지대가 높아서 절 앞마당에 서면 국가산업단지가 조성된 미포尾浦, 조선시대에 일본에 개방했던 3포 중 하나인 염포鹽浦 등 주변의 포구와 푸른 바다가 잘 바라다보인다. 장륙상을 봉안한 다음에는 동축사의 삼존상도 옮겨와 황룡사에 함께 봉안했다. 모형이기는 해도 아육왕 대에 만들어졌다면 당시 이미 800년도 더 된 고불古佛이며, 3세기 인도 불상의 모습을 하고 있었다고 보인다.

황룡사 장륙상으로 보는 신라의 주물 기술

장륙상의 무게를 자세히 적은 일연의 기록을 당시 신라의 주물 기술을 이해할 실마리로 삼을 수 있다. 당초에 아육왕이 배에 실어보낸 재료는 황철[구리] 5만 7,000근, 황금 3만 푼이었다. 현대의 도량으로는 1근이 600g이고 푼[分]은 0.375g이므로 이를 환산하면 황철은 34,200㎏, 황금은 11,250g

황룡사 장륙상 복원 상상도(경주 황룡사 역사문화관)

이다. 황금은 청동으로 완성한 작품의 겉에 발라서 금동불로 하기 위한 재료다. 그런데 신라에서 완성한 장륙상은 35,007근, 곧 21,004kg이었다. 그리고 두 보살상에도 황철 12,000근 7,200kg이 들어갔다고 하므로, 장륙상과 두 보살상을 더하면 전부 황철 4만 7,000근, 33,004kg이 된다. 아육왕이 보낸 재료 34,200kg을 거의 100% 사용했음을 알 수 있다. 도금용 황금은 장륙상에 10,198푼 3,824g, 두 보살상에 10,136푼 3,801g이 들어갔으니 더하면 2만여 푼인 7,625g이다. 처음의 30,000푼 11,250g보다 30%쯤 덜 들었다. 이런 수치를 데이터로 해서 주물학鑄物學 방면에서 연구한다면 당시 신라 주조 기술의 일면을 좀 더 잘 이해할 수 있지 않을까.

장륙상은 문잉림文仍林이라는 숲에서 만들어졌다. 주조 작업에는 높은 수준의 과학기술과 그에 걸맞은 장비, 설비, 인력 등의 조건이 따라주어야 한다. 문잉림은 오늘날 산업단지처럼 이러한 시설들이 잘 갖춰진 데였다고 볼 수 있다. 원효와 같은 시대에 산 혜통惠通이 사람들에게 큰 피해를 주는 독룡을 항복시킨 장소이기도 하다《삼국유사》〈신주〉〈혜통 항룡〉). 그런 이유로 해서 신라 건국을 포함한 중요한 역사의 현장이었던 계림鷄林·천경림天鏡林·신유림神遊林 등과 함께 신라 사람들이 신성하게 여겼던 4대 숲의 하나가 되었다.

원문

皇龍寺丈六

新羅第二十四眞興王卽位十四年癸酉二月 將築紫宮於龍宮南 有黃龍現其地 乃改

置爲佛寺 號黃龍寺 至己丑年 周圍墻宇 至十七年方畢 未幾 海南有一巨舫 來泊於

河曲縣之絲浦 <small>今蔚州谷浦也</small> 撿看有牒文云 西竺阿育王 聚黃鐵五萬七千斤 黃金三萬分

<small>別傳云 鐵四十萬七千斤 金一千兩 恐誤 或云三萬七千斤</small> 將鑄釋迦三尊像 未就 載舡泛海而祝曰 願

到有緣國土 成丈六尊容 幷載模樣一佛二菩薩像 縣吏具狀上聞 勅使卜其縣之城東

爽塏之地 創東竺寺 邀安其三尊 輸其金鐵於京師 以大建六年甲午三月 寺中記云

癸巳十月十七日 鑄成丈六尊像 一鼓而就 重三萬五千七斤 入黃金一萬一百九十八分

二菩薩入鐵一萬二千斤 黃金一萬一百三十六分 安於皇龍寺 明年像淚流至踵 沃地

一尺 大王升遐之兆 或云 像成在眞平之世者 謬也 別本云 阿育王在西竺大香華國

生佛後一百年間 恨不得供養眞身 歛化金鐵若干斤 三度鑄成無功 時王之太子獨不

預斯事 王使詰之 太子奏云 獨力非功 曾知不就 王然之 乃載舡泛海 南閻浮提十六

大國 五百中國 十千小國 八萬聚落 靡不周旋 皆鑄不成 最後到新羅國 眞興王鑄之

於文仍林 像成 相好畢備 阿育此翻無憂 後大德慈藏西學到五臺山 感文殊現身授

訣 仍囑云 汝國皇龍寺 乃釋迦與迦葉佛講演之地 宴坐石猶在 故天竺無憂王 聚黃

鐵若干斤泛海 歷一千三百餘年 然後乃到而國 成安其寺 蓋威緣使然也 <small>與別記所載符同</small>

像成後 東竺寺三尊亦移安寺中 寺記云 眞平五年甲辰 金堂造成 善德王代 寺初主

眞骨歡喜師 第二主慈藏國統 次國統惠訓 次廂律師云 今兵火已來 大像與二菩薩皆

融沒 而小釋迦猶存焉 讚曰 塵方何處匪眞鄕 香火因緣最我邦 不是育王難下手 月

城來訪舊行藏

황룡사의 구층탑

신라 제27대 선덕왕 즉위 5년인 정관 10년[636] 병신에 자장 법사가 중국에 유학할 때 오대산에서 문수보살을 감응하여 법을 받았다. 본전에 자세히 보인다 문수보살이 또 말하였다.

"그대 나라의 왕은 천축 찰리종의 왕으로서 일찍이 부처님에게 기별을 받았다. 그것이 동이 공공의 족과 같지 않고 특별한 인연이 있는 까닭이다. 그러나 산천이 험한 탓에 사람들 성품이 거칠고 어그러져 삿된 말을 많이 믿어서 때로 천신이 재앙을 내린다. 하지만 나라 안에 다문 비구가 있는 덕분에 임금과 신하가 편안하고 백성들도 화평한 것이다."

말을 마치자 보이지 않으므로, 대성이 변하여 나타나서 말씀하였음을 자장이 알고서 피눈물을 흘리며 물러났다. 중국의 태화지 가를 지나고 있는데 갑자기 신인이 나타나서 물었다.

"어떤 일로 여기에 왔습니까?"

"보리菩提를 구하고자 왔습니다."

신인이 절을 하며 예절을 갖추고서 다시 물었다.

"그대의 나라에 무슨 어려움이 있습니까?"

자장이 말했다.

"우리나라는 북으로 말갈에 잇닿고 남으로 왜인과 접해 있는 데다가, 고구려와 백제가 침범하는 등 이웃 나라의 노략질이 끊이지 않습니다. 이것이 백성들의 근심거리입니다."

신인이 말하였다.

"지금 그대의 나라는 여자가 왕이 되었는데, 덕은 있으나 위엄이 없습니다. 이런 까닭에 이웃 나라가 노리고 있으니, 어서 본국으로 돌아가시는 게 좋습니다."

자장이 물었다.

"고향에 돌아가서 어떻게 해야 이익됨이 있겠습니까?"

신이 말하였다.

"황룡사의 호법룡은 나의 맏아들인데 범왕의 명을 받아 그 절을 지키고 있습니다. 본국에 돌아가서 구층탑을 절에 세우면, 이웃 나라들이 항복하고 구한이 와서 조공하여 왕실이 영원히 편안해질 겁니다. 탑을 세운 뒤에 팔관회를 베풀고 죄인을 사면하면 외적이 해를 끼치지 못할 것입니다. 또 나를 위하여 경기京畿[서울 주변] 부근의 남쪽 바닷가에 절 한 채를 두고서 저의 복도 함께 빌어주면 저 또한 그 은덕을 갚겠습니다.

말을 마치고 공손히 옥을 주고는 문득 사라지고 보이지 않았다. 사중기에는 탑을 세워야 할 연유를 종남산의 원향 선사에게서 들었다고 나온다

정관 17년[643] 계묘 16일에 당나라 황제가 내려준 불경·불상·가사·예물을 갖고 귀국하였다. 탑을 세울 일을 왕에게 아뢰니 선덕왕이 신하들과 의논하였다. 신하들이 "백제에 장인을 청한 다음에야 될 일입니다."라고 하여 보물과 비단으로써 백제에 청하였다.

장인 이름은 아비지阿非知로 왕명을 받고 와서 공사를 맡았다. 이간 용춘이 용수라고도 한다 소장인小匠人 200인을 거느리고 감독하였다.

처음 찰주를 세우려는 날, 아비지가 꿈에서 본국인 백제가 망하는 광경을 보았다. 이에 의아한 마음이 들어서 손을 놓고 있었다. 홀연 땅이 심하게 흔들리고 어두컴컴해졌는데 한 노승과 한 장사壯士가 금전문에서 걸어 나와 찰주를 세운 다음 노승과 장사 모두 사라졌다. 이에 장인이 뉘우쳐 그 탑을 완성하였다.

찰주기에 철반 위의 높이는 42자, 그 아래는 183자라고 나온다. 자장이 오

대산에서 받았던 사리 100립을 찰주와 통도사 계단, 대화사 탑에 나누어 안치하였다. 이는 태화지 용의 요청에 부응한 것이다. 태화사는 아곡현 남쪽에 있고 지금의 울주이다. 역시 자장 법사가 창건하였다 탑을 세운 후에 천지가 크게 열려 삼한이 하나가 되었으니, 어찌 탑의 영험함이 도와준 게 아니겠는가?

뒤에 고려[고구려] 왕이 신라를 정벌하려고 물었다.

"신라에는 세 가지 보물이 있어서 침범할 수 없다 하는데 무엇을 말하는가?"

"황룡사의 장륙존상과 구층탑 그리고 진평왕의 천사옥대입니다."

이에 그 계획을 거두었다. 주나라에 구정이 있어서 초나라 사람들이 감히 북쪽을 엿보지 못하였다고 함과 같은 말이다.

찬한다.

귀신이 돕고 신중이 붙들어 서울을 진호하니

눈부신 단청에 용마루는 나는 듯하여라

높이 올라 굽어보니 어찌 구한만이 항복할까

천지가 새롭게 열렸음을 비로소 알겠구나

또 해동의 명현 안홍이 지은 〈동도성립기〉에 나온다.

신라 제27대에 임금으로 여왕이 되었다. 비록 도는 있으나 위엄이 없어 구한이 침공하였다. 만일 용궁 남쪽의 황룡사에다 구층탑을 세운다면 이웃 나라로 인한 재난을 누를 수 있다. 제1층은 일본, 제2층은 중화, 제3층은 오월, 제4층은 탁라, 제5층은 응유, 제6층은 말갈, 제7층은 단국, 제8층은 여적, 제9층은 예맥이다.

또 국사와 절의 옛 기록에는 진흥왕 계유[553]에 절을 창건한 뒤 선덕왕 대 정관 19년 을사[645]에 탑을 처음 완성했다고 한다. 32대 효소왕 즉위 7년인 성력 원년 무술[698] 6월에 벼락을 맞아 절의 옛 기록에 성덕왕 대라고 했음은 잘못이다. 성덕왕 대에는 무술이 없다 제23대 성덕왕 대 경신년[720]에 두 번째로 수리하였다. 48대 경문왕 대 무자[868] 6월에 두 번째로 벼락을 맞아 같은 왕대에 세 번째로 중수하였다. 우리 왕조[고려]에 이르러 광종 즉위 5년 계축[953] 10월에 세 번째 벼락을 맞아 현종 13년 신유[1021]에 네 번째로 중수하였다. 또 정종 2년 을해[1035]에 네 번째 벼락을 맞아 다시 문종 갑진년[1064]에 다섯 번째로 중수하였다. 또 헌종 말년인 을해[1095]에 다섯 번째로 벼락을 맞아 숙종 병자[1096]에 여섯 번째로 중수하였다. 또 고종 16년 무술[1238] 겨울에 몽골군이 침략[西山兵火]하여 탑과 절과 장륙상과 전각 당우가 모두 불타버렸다.

경주 남산 탑골 마애조상군의 황룡사 9층목탑을 연상시키는 부조

해 설

황룡사 구층탑을 짓게 된 인연과 그 목적을 길고도 자세히 언급한 글이다. 탑 건립 이후 일연의 시대에 이르기까지 여러 차례 있었던 중수의 내력까지 잘 나온다. 이 글 첫머리에 나오는 본전本傳은 《삼국유사》〈의해〉〈자장 정률〉을 가리키는 듯하고, 이어서 사중기寺中記에 근거해 황룡사와 구층탑에 관한 많은 이야기들을 풀어나갔다. 그 밖에 안홍安弘이 지은 〈동도성립기〉와 《삼국사기》에서도 필요한 대목을 적절히 인용해 내용을 보완했다.

1960년대에 황룡사 목탑지에서 9세기에 탑을 중수하고 나서 그 과정

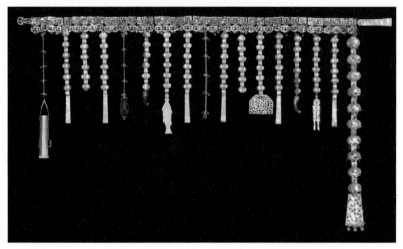

천사옥대를 연상시키는 금관총 출토 금제허리띠(국보 제88호)

등을 기록한 〈찰주본기〉라는 금속
판이 나왔다. 그런데 거기에 기록된
중요 내용이 이 〈황룡사 구층탑〉과
거의 일치하였다. 그래서 일연이 이
글에서 말한 사중기인 〈찰주기〉가 실
제로 확인되었고, 이로써 일연의 글
에 대한 신뢰도도 높아졌다. 한편으
론 그가 어떻게 이 기록을 보게 되었
는지도 궁금하다.

　황룡사 구층탑은 이른바 '신라
삼보'의 하나로(《황룡사 장륙》 참조),
1238년에 몽골군에 의해 사라져 버
릴 때까지 우리나라 국력과 위상의
최고 상징물이었다. 일연은 황룡사
구층탑이 웅장하게 서 있던 모습은
물론이고 불길 속에 사라지고 터만
남은 자취도 보았다. 그가 황룡사 구

황룡사 구층목탑 모형(황룡사 역사문화관)

층탑의 건립 유래와 관련한 여러 일을 자세히 기록한 이유도 이 탑에 서린 민족의 정기를 잃지 않아야 하겠다는 생각이었고, 또 언젠가는 다시 복원되리라는 큰 기대도 품고 있었다고 보인다. 덕분에 오늘날 우리는 이보다 더 자세하기는 어려울 유물의 연대기를 읽으며 역대 최고급 보물의 자취를 떠올릴 수가 있게 되었다.

황룡사 구층탑을 얘기할 때 빠지지 않는 인물이 건축을 책임졌던 아비지阿非知이다. 탑을 완성하기 직전 고국이 망하는 꿈을 꾸고서 큰 번민에 빠진 그의 복잡한 심경이 여기에 잘 묘사되어 있다. 〈찰주본기〉에는 '아비'라고 나오는데, '지'는 신라에서 관행에 따라 이름의 뒤에 붙이는 미칭美稱이라는 견해가 있다.

한편, 문수보살 혹은 원향 선사가 자장에게 황룡사에 구층탑을 지으면 주변의 구한九韓을 누를 수 있다고 했다는 얘기는 훗날에 덧붙여진 말 같다. 구한으로 열거된 나라 중에는 거의 존재감이 없어서 신라에 실질적 위협이 못 되었던 나라도 있기 때문이다. 따라서 이는 8세기 중반 〈찰주본기〉에 실린 탑의 층수에 맞춘 수사적修辭的 표현이라고 이해된다.

자장이 받은 문수보살의 계시

중국에 유학한 자장이 오대산 운제사로 향하는 도중에 문수보살을 친견하고 여러 좋은 말씀까지 들었다. 무엇보다도 '신라의 왕은 전생에 인도 찰리종의 왕'이라는 말은, 자장은 물론이고 나중에 이를 전해 들었을 신라 사람들에게도 커다란 자부심이 되지 않을 수 없었다.

'찰리종'이란 인도 사회를 구성하는 네 신분 중 두 번째 크샤트리아로 왕자로 태어났던 석가모니가 속한 계층이기도 하다. 신라 사람들로서는 '우리나라 왕이 석가족의 왕이었다면 우리도 당연히 선택받은 민족이 아닌가!'라는 뿌듯함을 느낄 만한 말이다. 더군다나 부처님께 수기授記까지 이미 받았다고도 하였다. '수기'란 범어 'Vyākarana'의 한역으로, 다음 세상에서 태

어날 곳, 혹은 미래세에 성불한다고 예정되어 있음을 미리 알려주는 말이
니, 불교 국가로서 이보다 더한 기쁨은 없다. 그렇지만 신라가 '동이東夷·공
공共工 같은 여타의 무리와 같지 않다'라는 말에서는 신라가 불교를 믿지 않
는 민족이나 국가는 아니지마는 아직 신실하지도 못하다는 어감이 느껴진다.
　문수보살은 그래서 신라 사람들이 불교를 돈독히 믿지 않아 성정이 거친
면이 있으나 신라에 '다문多聞' 비구가 많기에 희망이 있다고 말해준 듯하다.
다문 비구란 자장 같은 수행인들 그리고 불교를 적극적으로 전파하려는
사람들을 가리키는 말 같아 보인다.

자장과 호법룡

　문수보살을 친견한 자장이 태화지太和池 옆을
지나던 중 다시 한 번 이적이 일어나 이번에는
신인이 나타났다. 태화지는 중국 불교사에서 여
러 중요한 일들이 일어났던 명소로, 오늘날 오
대산 중대의 옥화지玉花池 연못이 그 자리라고
추정된다.

울산 태화사지 십이지상 사리탑

　신인을 만난 자장은 그와 긴 대화를 나누었
다. 자장이 고국이 처한 어려움을 토로하자, 신
인은 선덕왕이 여왕이라 이웃 나라가 업신여겨
서라고 짚어주었다. 그런데 신인은 왜 이런 진단
을 내렸을까? 이를 이해하는 데는 《삼국사기》
〈선덕왕〉에 나오는 당나라 태종이 신라 사신에
게 한 다음과 같은 말을 먼저 볼 필요가 있다.

황룡사 구층목탑 사리장엄에서 나온 사리

　"부인婦人이 왕이 되어 법도가 무너졌다. 우리
나라의 종친을 보낼 테니 그를 왕으로 모셔라. 호위할 군사도 함께 보내겠다."
　이 말이 나온 배경은 이렇다. 632년 선덕왕이 부왕 진평왕을 이어서 즉위

한 것은 당시 그녀 외에 왕위를 이을 성골 신분의 남성이 아무도 없었기 때문이다. 신라 최초의 여왕 즉위라는 새 역사를 쓰기는 했으나 재위 초반에는 왕으로서 위엄에 문제가 있었는지 왕권이 안정되지 못하였다. 또 7세기 중반은 삼국 사이에 군사적 긴장이 고조되던 시기이기도 했다. 하지만 선덕왕은 재위 동안 국내 정세를 안정시키고 국력도 키웠다는 게 역사의 평가다.

그러나 신인은 자장에게 귀국해서 황룡사에 구층탑을 세우면 나라가 평안해질 거라며 위기를 돌파할 대책도 알려주었다. 그런데 신인이 지금 울산광역시 지역에 해당하는 데를 콕 집어서 여기에다 자기를 위해서 절을 지어달라고 한 게 흥미롭다. 신라 국내 사정뿐만 아니라 신라의 지형까지 잘 알고 있었던 것이다. 신인을 신라에 초빙되어 황룡사와 관련한 일을 하고 있던 인물 또는 집단을 가리키는 말로 가정하면 이는 곧 당시 중국의 해상세력이 신라와 협력관계를 맺고 있던 상황을 시사한다고 볼 수 있다. 그런 맥락으로 볼 때 신인의 아들이 호법룡護法龍이라고 한 말도 어느 정도 신화적 상투어로 이해될 수 있다.

〈황룡사 구층탑〉과 〈찰주본기〉

자장은 문수보살에게서 신라가 선택된 민족이라는 계시를, 또 태화지의 신인에게는 황룡사 구층목탑 건립을 통한 국난 극복의 방책을 듣고 신라로 귀국하였다. 일연은 이 대목에서, 구층탑을 세우라는 조언을 한 이는 태화지의 신인이 아니라 종남산의 원향圓香 선사라는 일설이 사중기인 찰주기剎柱記에 나온다고 주석을 달았다. 그런데 1960년대에 황룡사 목탑지에서 이 찰주기 실물이 나왔다.

목탑의 여러 기둥 중 한가운데에 놓이는 가장 크고 높은 기둥이 찰주이고, 이 찰주를 받치는 초석이 심초석이다. 목탑에서는 중앙에 자리하는 심초석에 따로 공간을 마련해 사리장엄을 넣게 되는데, 복탑지 밑에서 심초석이 나타나는 사례들이 더러 있다.

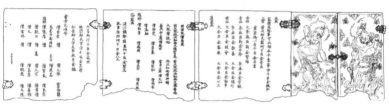

황룡사 구층목탑 찰주본기와 모사본

    일제강점기를 지나 근대에 이르기까지 황룡사 목탑지도 역시 심초석 일부가 땅에 드러난 채 전하고 있었다. 그러나 1964년에 도굴꾼이 땅에 묻힌 부분을 파내고 그 속에 들어 있던 유물을 꺼내 달아났다. 이 유물은 골동시장을 전전하다가 다행히 1966년에 당국에 회수되었다. 이어진 조사에서 얇은 금동판 6매의 겉면에 '황룡사 구층 목탑 찰주본기皇龍寺九層木塔刹柱本記'라고 새겨져 있음을 확인함으로써 이 유물들이 황룡사 구층목탑의 사리장엄인 게 확인되었다. 바로 일연이 말한 사중기였다. 금동판들은 모두 아래와 위 모서리마다 경첩이 달려서, 서로 연결하면 상자처럼 세워져 외함 역할을 하는 구조였다. 귀중한 보물을 얻은 동시에 《삼국유사》의 신빙성이 다시 한번 입증되었다.

    이 〈찰주본기〉에는 자장이 645년에 처음 목탑을 세운 일부터 이후의 중수 내력, 873년 중수 공사에 참여한 사람들의 이름과 역할 등이 자세히 적혀 있다. 황룡사와 신라사 연구에서 중요한 자료임은 물론이고 이 자체로 훌륭한 '공사 완공 보고서'라 할 만하다. 기문은 박거물朴居勿(?~?)이 짓고, 요극일姚克一(?~?)이 썼다. 요극일은 〈곡성 대안사 적인선사 탑비〉(872), 〈흥덕왕릉비〉의 글씨도 썼던 명필이었다. 또 《삼국사기》에 따르면 이 두 사람은 경주 삼랑사 비문을 짓고 쓰는 데도 함께 했다.

    그런데 이 찰주본기 중에는 자장이 귀국하기 직전 이야기가 다음과 같이 나온다.

> 왕 12년[643] 계묘에 본국으로 돌아가고자 남산의 원향 선사에게 인사하자, 선사
> 가 이렇게 말했다.
> "내가 관심觀心으로 공의 나라를 보니, 황룡사에 구층탑을 짓는다면 해동의 모든
> 나라가 그대의 나라에 항복하게 됩니다."

이 〈황룡사 구층탑〉과 찰주본기를 비교하면, 황룡사 구층목탑을 세우
는 목적이 국익에 큰 보탬이 되리라는 확신에 가까운 기대를 갖고 있다는
점에서는 거의 비슷하다. 그런데 이를 조언해 준 사람이 〈황룡사 구층탑〉에
서는 신인이고, 〈찰주본기〉에서는 원향 선사라는 점이 확연히 다르다. 또한
자장이 중국에 건너간 때도 〈황룡사 구층탑〉에는 636년이지만 〈찰주본기〉
에는 638년으로 나온다. 어느 한쪽을 믿어야만 한다면, 작성 시기가 훨씬
이른 〈찰주본기〉에 비중을 더 둘 수밖에 없다.

그렇지만, 〈황룡사 구층탑〉에 '용춘龍春이 소소장인 200명을 거느리고 공
사를 주관했다'라든가, '높이는 철반을 기준으로 그 이상은 42자, 그 이하
는 183자'라는 언급, 그리고 자장이 귀국한 때가 643년이라고 한 점 등은
서로 일치한다. 일연이 당시까지 전해오는 여러 자료를 섭렵해서 최대한 정
확하게 서술하려 했던 흔적이 엿보인다. 용춘은 용수龍樹라고도 하는데 진
지왕의 아들로 훗날 태종무열왕이 된 김춘추의 아버지이다.

원 문

皇龍寺九層塔

新羅第二十七善德王卽位五年 貞觀十年丙申 慈藏法師西學 乃於五臺感文殊授法
詳見本傳 文殊又云 汝國王是天竺刹利種王 預受佛記 故別有因緣 不同東夷共工之

族 然以山川崎嶮 故人性麁悖 多信邪見 而時或天神降禍 然有多聞比丘 在於國中

是以君臣安泰 萬庶和平矣 言已不現 藏知是大聖變化 泣血而退 經由中國太和池

邊 忽有神人出問 胡爲至此 藏答曰 求菩提故 神人禮拜 又問 汝國有何留難 藏曰 我

國北連靺鞨 南接倭人 麗濟二國 迭犯封陲 隣寇縱橫 是爲民梗 神人云 今汝國以女

爲王 有德而無威 故隣國謀之 宜速歸本國 藏問 歸鄉將何爲利益乎 神曰 皇龍寺

護法龍 是吾長子 受梵王之命 來護是寺 歸本國成九層塔於寺中 隣國降伏 九韓來

貢 王祚永安矣 建塔之後 設八關會 赦罪人 則外賊不能爲害 更爲我於京畿南岸置

一精廬 共資予福 予亦報之德矣 言已遂奉玉而獻之 忽隱不現 寺中記云 於終南山圓香禪師

處 受建塔因由 貞觀十七年癸卯十六日 將唐帝所賜 經像袈裟幣帛而還國 以建塔之事聞

於上 善德王議於群臣 群臣曰 請工匠於百濟 然後方可 乃以寶帛請於百濟 匠名阿非

知 受命而來 經營木石 伊干龍春 一云龍樹 幹蠱 率小匠二百人 初立刹柱之日 匠夢本

國百濟滅亡之狀 匠乃心疑停手 忽大地震動 晦冥之中 有一老僧一壯士 自金殿門出

乃立其柱 僧與壯士皆隱不現 匠於是改悔 畢成其塔 刹柱記云 鐵盤已上高四十二

尺 已下一百八十三尺 慈藏以五臺所授舍利百粒 分安於柱中幷通度寺戒壇及大和

寺塔 以副池龍之請 太和寺在阿曲縣南 今蔚州 亦藏師所創也 樹塔之後 天地開泰 三韓爲一 豈

非塔之靈蔭乎 後高麗王將謀伐羅 乃曰 新羅有三寶 不可犯也 何謂也 皇龍丈六幷

九層塔 與眞平王天賜玉帶 遂寢其謀 周有九鼎 楚人不敢北窺 此之類也 讚曰 鬼拱

神扶壓帝京 輝煌金碧動飛甍 登臨何啻九韓伏 始覺乾坤特地平 又海東名賢安弘撰

東都成立記云 新羅第二十七代 女王爲主 雖有道無威 九韓侵勞 若龍宮南皇龍寺建

九層塔 則隣國之災可鎭 第一層日本 第二層中華 第三層吳越 第四層托羅 第五層

鷹遊 第六層靺鞨 第七層丹國 第八層女狄 第九層穢貊 又按國史及寺中古記 眞興

王癸酉創寺後 善德王代 貞觀十九年乙巳 塔初成 三十二孝昭王卽位七年 聖曆元年

戊戌六月霹靂 寺中古記云 聖德王代 誤也 聖德王代無戊戌 第二十三聖德王代庚申歲重成 四十八

景文王代戊子六月 第二霹靂 同代第三重修 至本朝光宗卽位五年癸丑十月 第三霹

靂 顯宗十三年辛酉 第四重成 又靖宗二年乙亥 第四霹靂 又文宗甲辰年 第五重成

又憲宗末年乙亥 第五霹靂 肅宗丙子 第六重成 又高宗十六年戊戌冬月 西山兵火

塔寺丈六殿宇皆災

황룡사의 종, 분황사의 약사상, 봉덕사의 종

신라 제35대 경덕대왕 천보 13년[754] 갑오에 황룡사의 종을 주조하였다. 길이 1장 3촌, 두께 9촌이며 49만 7,581근이 들어갔다[入重]. 시주는 효정 이왕[이찬]과 삼모부인이고, 장인은 이상택의 하전이다. 숙종 대에 새 종으로 다시 만드니, 길이 6척 8촌이었다.

또한 이듬해 을미[755]에 분황사의 약사 동상을 주조했는데 무게 30만 6,700근이며, 장인은 본피부의 강고내미이다.

또한 황동 12만 근을 희사하여 돌아가신 아버지 성덕왕을 위하여 거종 하나를 주조하려 했으나 이루지 못하고 죽었다. 그 아들 혜공대왕 건운이 대력 경술[770] 12월에 담당 관청에 명하여 공인들을 불러 모아서 마침내 완성하여 봉덕사에다 두었다. 절은 효성왕이 개원 26년[738] 무인에 아버지 성덕대왕의 복을 빌기 위하여 창건했었다. 그러므로 종명鍾銘에 '성덕대왕신종지명'이라고 하였다. 성덕왕은 곧 경덕왕의 아버지 흥광대왕이다. 종은 본래 경덕왕이 아버지의 복을 빌기 위하여 시주했던 금으로 만들었기에 '성덕종'이라고 하였다. 조산대부 겸 태자사의랑 한림랑 김필오가 왕명을 받들어 종명을 지었는데, 글이 너무 길므로 여기에 싣지 않았다.

해 설

황룡사의 범종, 분황사의 약사불상 그리고 성덕대왕신종을 만든 유래를 말한 글이다. 서로 종류가 다른 세 개의 작품을 하나의 글로 엮은 까닭은 모두 신라의 뛰어난 주조鑄造 기술이 구사된 대작大作인데다가, 비슷한 시기에 왕과 왕실의 적극적 의지로 조성되었기 때문일 것이다. 일연은 이로써 신라 불교의 번성했던 자취를 얘기하고 싶었던 듯하다.

여기에 나오는 세 작품 모두 압도적 크기임이 이 글에 강조되어 있다. 크기만으로 예술성을 평가할 수 없으나, 8세기 신라에 불교문화가 극도로 번성했었기에 예술 면에서도 뛰어났을 거라고 추정된다. 실제로 세 작품이 잇달아 만들어진 754~771년은 신라 금속기술이 최고도로 발전한 시기로, 우리나라 과학기술 역사에서 특기할 만한 시대이다.

성덕대왕신종(국립경주박물관 소재)

일연이 살았던 시대는 몽골, 왜, 홍건적 등 외적의 잦은 침범 그리고 '최씨 무신정권'으로 불리는 국내 정세의 혼돈 등으로 백성의 삶이 훨씬 팍팍했던 시대였다. 고려 사람들은 번성했던 그 옛날을 떠올리며 위로를 느꼈을지 모르겠다. 지금 식으로 말하자면 '화양연화'를 읊조리는 기분 아니었을까.

한편, 황룡사 범종과 성덕대왕신종을 발원한 핵심 인물은 각각 삼모부인

성덕대왕신종의 천인상

과 만월부인이다. 이 둘은 잇달아 경덕왕의 왕비가 된 묘한 사이인데, 이 글의 행간에는 역사서에 나오지 않는 궁실 인사들의 은근히 복잡한 관계가 읽힌다.

아쉽게도 세 작품 모두 전하지는 않고 국립경주박물관 마당 한쪽의 종각 안에 자리한 성덕대왕신종만 남았다. 성덕대왕신종은 크기나 형태 그리고 세부 무늬에 이르기까지 최고의 아름다움을 보여주어 우리나라 범종 중의 범종으로 꼽는 작품이다. 또한 지금은 안전을 위해 타종하지 않지만, 1980년대까지만 해도 웅장한 종소리를 냈었을 만큼 기능적으로도 뛰어났다. 범종에 새긴 글, 곧 종명鍾銘을 지은 이는 한림랑 김필오金弼奧이다. 그가 지은 1,000자 넘는 글은 우리나라 한문학사에서 특기할 만한 명문이다.

이 글 자체는 그다지 긴 편은 아니지만, 신라의 고도로 발달했던 과학기술을 엿볼 수 있는 음미할 만한 대목이 많이 담겨 있다.

범종의 무게

황룡사 범종과 봉덕사 성덕대왕신종은 26년 차이밖에 안 되니 같은 시대의 작품인 셈이다. 하나는 사라졌으나 다른 하나는 잘 전하여서 지금 최고의 신라 범종이라는 칭송을 듣는다. 황룡사라는 사격寺格으로 볼 때 그 범종 역시 성덕대왕신종 못잖은 명작 범종이었을 텐데, 오늘날 모습을 볼 수 없는 게 아쉽다. 다만, 가장 오래된 상원사 범종(725년)을 비롯해 이후에 나온 여러 신라 범종의 형태가 일정한 편이라서 황룡사 범종 역시 비슷한 모습이었으리라고 추측된다.

일연은 그의 시대에는 이미 사라져버렸던 황룡사 범종, 500년 뒤에 이를 녹여서 새로 만든 범종, 그리고 성덕대왕신종에 들어간 재료의 무게, 높이, 두께까지 아주 자세히 적어놓았다. 이 범종들이 언젠가 옛날 모습 그대로 다시 만들어지기를 바라는 마음이었던 걸까. 성덕대왕신종은 다행히 우리 곁에 남아 있어서, 오늘날 사용하는 단위로 환산해 비교하면 옛날 황룡사 범종의 크기와 무게, 그리고 당시의 무게 단위를 추정할 수 있다.

오늘날 일연이 쓴 '입중入重'이라는 표현을 대부분 '무게'로 본다. 하지만 오늘날에도 성덕대왕신종의 무게를 정확히 재기 위해서는 특수 장비가 동원될 만큼 힘든 일이었는데, 천여 년 전에 수십 톤에 이르는 무게를 잴 기술이 있었다고 보기 어렵다. 따라서 성덕대왕신종을 만들 때 들어갔다고 한 '황동 12만 근'은 완성품의 무게가 아니라, 시주 등 그때그때 받은 대로 계량해 두었던 구리·주석 등 재료를 전부 더한 숫자라고 해야 할 듯하다. 그렇다면 '입중'은 '만들 때 들어간 총 재료의 무게'라고 할 수 있다.

이를 좀 더 자세히 설명해 보면, 1근은 오늘날 600g이므로 12만 근이면 72t쯤이다. 그런데 1997년 성덕대왕신종을 정밀 장비로 계측하니 높이 366cm, 두께 11~25cm에 18.9t으로 측정되었다(국립경주박물관 자료 참조). 곧 현대에 과학장비로 정밀계측한 결과, 72t의 36% 정도밖에 안 되어 이상하다. 수치를 잘못 적었거나, 신라시대 근의 단위가 지금과 크게 달랐거나, 혹은 우리가 잘못 생각하는 부분이 있다고 볼 수밖에 없다. 현재로서는 어느 쪽인지 확신할 수 없으나, 여러 가지 각도에서 생각해 볼 수는 있다.

예를 들어서, 신라 범종의 성분을 분석하면 대체로 구리 70~80%, 주석 10~15%, 기타 5~15% 비율을 보인다. 성덕대왕신종도 구리 비중을 80%로 가정할 때 전체 무게 19t 중에서 구리만 약 15t이 된다. 일연의 기록이 정확하다면 '황동 12만 근'은 15t이 된다. 당시의 1근은 오늘날의 약 20%인 120g 정도라는 얘기가 된다. 같은 단위라도 실제 무게나 길이에서 옛날과 지금

현존하는 가장 오래된 한국 종인 오대산 상원사 범종

황룡사지 출토 청동거울 (국립경주박물관)

차이가 크게 나는 건 척尺도 마찬가지다. 오늘날 1척은 30cm이지만 삼국에서 고려까지만 해도 22~36cm로 일정하지 않았다. 근도 그런 맥락으로 봐야 할지 모른다. 확인할 수는 없고, 물론 이런 추정이 잘못되었을 수 있으나 새로운 추론의 실마리는 될 수 있을 듯하다.

일연은 성덕대왕신종은 '황동 12만 근'이라고 구리 무게를 따로 언급했으나 황룡사 범종에 대해서는 '입중' 49만 7,581근(약 60t)만 적었다. 이는 들어간 재료 전부를 합한 수로 보인다. 그렇다면 황룡사 범종의 비율이 80%일 때 이 중에서 구리 무게는 40만 근(약 48t)이 되어 성덕대왕신종의 12만 근보다 3배쯤 더 많다. 전체 무게는 당연히 그 비율만큼 더 무겁게 된다. 다만 물리적으로 볼 때 투입된 재료가 주조 단계에서 손실되므로 완성품의 총중량은 처음보다 줄어든다. 그렇다고 하더라도 사상 최대의 웅장한 범종이었음에 틀림이 없다.

일연이 적은 수치가 얼마간 잘못되었더라도, 투입된 재료가 성덕대왕신종의 3배쯤이라는 비율 자체는 믿을 만하다. 실제로 황룡사지에서 발굴된 종각 터의 초석이 다른 데와는 달리 2줄로 배치된 게 확인되었다. 걸려 있던 범종의 무게가 어느 정도였는지 간접적으로 증명된 셈이다.

황룡사의 범종

신라 삼보 중 두 개가 있었다는 사실을 굳이 말하지 않아도, 황룡사의 높은 위상은 역사에 잘 나와 있다. 이런 명찰에 걸렸던 범종 역시 그에 걸맞은 크기와 품격을 지녔다고 보인다.

시주자도 효정孝貞, 삼모부인三毛夫人 등 신라 최고 신분들이었다. 효정은 진골로 신라 17관등 중 두 번째 이찬伊飡이었는데 이 글의 '이왕伊王'은 곧 이찬을 말한 듯하다. 효정은 그 이전 714~718년에 이미 신라 최고 관직 중시中侍를 지냈으니 신라 사회의 핵심 인물이라고 할 수 있다. 또 삼모부인은 이찬 김순정金順貞의 딸로 경덕왕의 첫째 왕비다. 여담이지만, 신라에서는 '부인'이라 불리는 신분 높은 여성들의 활약이 두드러졌고 특히 불교와 관련한 일화가 적지 않다. 삼모부인은 754년에 아들을 낳지 못했다는 이유로 궁에서 쫓기어 나가고 만월부인이 새 왕비가 되었다. 만월부인은 이듬해인 755년 성덕대왕신종을 조성할 때 핵심 발원자로 참여하였다.

황룡사 범종을 만든 장인은 이상택里上宅의 하전下典이다. 신라에서 최고 부유층의 고급 저택을 금입택金入宅이라고 불렀다(《백엄사 석탑의 사리》 참조). 신라 후기 경주의 인구가 17만 8,936호였고 이상택은 40채 가까이 있던 금입택 중 하나였다(《삼국유사》〈기이〉〈진한〉 참조). 하전은 궁중 소속의 기술 관청 벽전壁典·자원전莿園典의 하급 관직이니, 황룡사 범종은 궁중 소속의 장인이 고위층의 발원에 따라 완성했다고 볼 수 있다.

그런데 황룡사 범종은 350년쯤 뒤 고려 숙종(재위 1095~1105) 대에 녹여져서 6척 8촌으로 다시 만들어졌다. 길이로만 보면 원래 범종의 52%쯤으로 줄어들었다. 새로 만들게 된 이유는 나오지 않았지만 원래 범종이 크게 손상되어서로 보인다. 문맥상으로 볼 때 재료를 더 넣지 않고 원재료만 녹여서 만들었다고 보이기에 당연히 처음보다 줄어들었다. 그렇다고 해도 거의 반으로 준 건 조금 의아하다. 신라시대에 처음 만들었던 때보다 주조 기술과 정성이 많이 모자랐던 게 아닐까.

이 범종에 얽힌 전설이 하나 있다. 고려 말에 몽골족 또는 왜구가 이 범종을 싣고 가다가 감은사 앞 하천에 이르러 그만 빠트리고 말았다. 그로 인하여 '대종천'이라고 불렸는데, 큰비가 내리거나 센 바람이 부는 날이면 하천 밑바닥에서 종소리가 들렸다고 한다.

분황사 약사상

황룡사 범종의 완성은 우리나라 과학기술사에 한 획을 긋는 일이었다. 여기에다가 그로부터 얼마 지나지 않은 755년에 또 하나의 걸작이 주조되었으니, 분황사의 금동 약사불상이다.

그런데 분황사 바로 옆 황룡사에는 그 200년 전인 574년에 만든 장륙상이 이미 봉안되어 있었다. 이 불상은 구리 35,007근이 들어갔고, 표면에 바르기 위한 금만도 10,198푼이 들어간 대작이었다(《황룡사의 장륙상》 참조).

분황사 약사상은 이보다 약 10배 많은 구리 30만 6,700근이 들어갔다. 1근을 600g으로 보면 184t이고, 120g으로 보면 37t이다. 성덕대왕신종보다 두 배나 된다. 비록 이 약사상이 전하지는 않지만, 무게로만 볼 때 우리나라 역사상 가장 큰 불상으로 기록될 수 있다. 만든 이는 경주 인왕동 일대로 보이는 본피부本彼部의 강고내미強古奈未이다. '강고'가 이름이고, '내미'는 17 관등의 11번째 '내말乃末'이 잘못 인쇄되었다고 보인다. 그의 이름이 후대에 전할 정도로 명장이니 비슷한 시기에 조성한 석굴암 건립에도 참여했다고 추정하기도 한다. 그러나 이 불상은 조선시대에 일어난 정유재란(1597~1598) 때 불타 없어졌다.

지금 분황사 약사전에 봉안된 조선시대 약사불상 역시 높이가 354cm나 되는 거작으로, 삼국시대와 통일신라시대 장륙상의 전통을 잇는 작품이다. 상량문 기록에 따르면 1609년 5,360근의 구리로 만들었다고 한다. 조선시 대의 근 무게가 지금과 거의 같다고 할 때 5,360근이면 3.2t쯤 된다. 그런데 이는 구리만의 무게이고, 범종과 마찬가지로 여기에 주석 등 다른 금속이 더 포함되었을 테니까 전체 무게는 대략 4t이라고 보면 되지 않을까. 755년 에 만든 분황사 약사상과 비교하면 10배 가량 차이가 나는데, 황룡사 장륙 상의 크기도 이만했을 듯하다.

성덕대왕신종의 제작 과정

성덕대왕신종은 높이 366cm, 두께 11~ 25cm, 무게 18.9t으로 우리나라 범종 중 에서 가장 크고, 겉면에 장식된 조각의 예술적 가치도 뛰어난 걸작이다.

그런데 종의 몸체에 새겨진 1,000자

성덕대왕신종 구연부 문양

넘는 글과 《삼국사기》·《삼국유사》 등을 보면 과정에 꽤 어려움을 겪었다고 나온다. 또한 완성된 뒤 봉덕사奉德寺에 걸렸다가, 조선시대 이후에는 지금 자리에 놓일 때까지 여러 군데를 전전하며 순탄치 못한 여정을 거쳐야 했다.

처음 만든 동기는 742년에 왕위에 오른 경덕왕이 선친의 명복을 빌기 위 해서였다. 하지만 무슨 까닭인지 실패를 거듭했고, 결국 경덕왕은 완성을

성덕대왕신종의 발원문

못 보고 765년에 승하했다. 그의 아들 혜공왕이 즉위했으나, 아직 8살의 어린 나이었다. 한동안은 어머니 만월부인이 왕태후 자격으로 섭정한 데다가 강력한 귀족 세력의 견제도 받았고, 또 768년과 770년에는 반란까지 일어나는 등 정세가 매우 안 좋았다. 이런 상황이라 범종 제작이 잘 진행될 수가 없었을 듯하다. 하지만 이를 잘 견뎌낸 혜공왕은 770년 12월에 중단된 범종 불사를 재개하도록 지시했다. 여기에는 반란 진압을 기념하고 왕권도 강화하려는 의미도 담겼을 것이다. 여하튼 이번에는 순조롭게 진행되어, 재개 1년 만인 771년에 드디어 범종이 웅장한 모습을 드러내었다. 오래 걸렸으나 그만큼 정성도 들어갔기에 종소리가 얼마나 좋은지 봉덕사에서부터 멀리 백 리 밖까지 은은히 퍼져나갔다고 한다《신증동국여지승람》〈경주〉〈고적〉).

조선 초기 무렵의 대홍수 때 북천北川에서 넘친 물이 봉덕사 전각들까지 쓸어가는 바람에 폐사되고 말았다. 이후 빈 절터에 범종만 남았다가, 1460년에 영묘사靈妙寺로 옮겨졌다《신증동국여지승람》). 영묘사는 앞서 〈가섭불연좌석〉에 나오는 전불 시대에 신라에 있었다는 이른바 '칠처 가람' 중 하나인 명찰이다. 그러나 영묘사 역시 얼마 안 가 폐사되었다고 전한다. 그 뒤 봉황대鳳凰臺 아래에 지어진 종각에 보존되다가 경주읍성의 남문인 징례문徵禮門으로 옮겨졌다. 1915년 8월 '경주 고적 보존회'가 옛 경주박물관으로 옮겨두었고, 1975년 국립경주박물관이 지금 자리에 문을 열면서 현재 위치에 놓이게 되었다. 지금은 타종하지 않지만, 녹음된 소리가 매일 일정 시간에 울려 퍼져 국보 범종의 소리를 들을 수 있다.

원 문

皇龍寺鍾 芬皇寺藥師 奉德寺鍾

新羅第三十五景德大王 以天寶十三甲午 鑄皇龍寺鍾 長一丈三寸 厚九寸 入重
四十九萬七千五百八十一斤 施主孝貞伊王三毛夫人 匠人里上宅下典 肅宗朝重成新
鍾 長六尺八寸 又明年乙未 鑄芬皇藥師銅像 重三十萬六千七百斤 匠人本彼部强古
乃未 又捨黃銅一十二萬斤 爲先考聖德王欲鑄巨鍾一口 未就而崩 其子惠恭大王乾
運 以大曆庚戌十二月 命有司鳩工徒 乃克成之 安於奉德寺 寺乃孝成王開元二十六
年戊寅 爲先考聖德大王奉福所創也 故鍾銘曰 聖德大王神鍾之銘 聖德乃景德之考
典光大王也 鍾本景德爲先考所施之金 故稱云聖德鍾尒 朝散大夫前太子司議郎翰
林郎金弼粵奉敎撰鍾銘 文煩不錄

영묘사의 장륙상

선덕왕 대에 절을 짓고 불상을 빚은 인연은 양지 법사 전기에 다 갖추어 실었다. 경덕왕 즉위 23년[759]에 장륙상을 개금하였는데, 비용은 조租 23,700석이 들었다. 양지 전기에다 불상을 처음 만들 때 들었던 비용이라는 말도 적어 두 이야기 다 남겨 두었다.

해 설

영묘사靈妙寺는 칠처 가람 중 한 곳이어도 오늘날 정작 그 역사는 자세히 전하지 않는다. 본래 큰 연못이 있던 자리였는데 선덕왕善德王(재위 632~647) 대에 두두리頭頭里라는 귀신의 무리가 하룻밤 사이에 못을 메우고 절을 창건했다는 이야기가 《삼국유사》 〈기이〉 〈도화녀 비형랑〉에 전한다.

이 영묘사에 양지良志 스님이 만든 소조塑造 장륙상이 봉안되었고, 경덕왕景德王(재위 742~765) 대인 759년에 개금改金하였다는 이야기이다. 얼핏 지극히 평범한 이야기를 적어넣은 듯하지만, 일연은 〈의해〉 〈양지 사석〉에는 7세기의 걸출한 예술가 양지 스님의 전기를 썼고, 여기에는 그의 대표작이랄 수 있는 영묘사의 장륙상을 개금한 비용도 적어 넣었다. 〈양지 사석〉과 연결해 보면 서로 앞뒤가 잘 맞아떨어진다. 신라 경제사 연구로도 좋은 자료이다. 이런 자료까지 챙긴 일연의 꼼꼼함에 감탄하지 않을 수 없다.

영묘사지로 추정되는 현재의 흥륜사 내경

칠처 가람 영묘사

영묘사는 아주 오랜 옛날 '과거칠불' 중 하나인 구
나함불拘那含佛이 머물렀던 데라고 알려졌다(〈가섭불 연
좌석〉 참조). 신라에서는 왕실 원당願堂 사찰에 성전사원成
典寺院이라는 기관을 두어 왕실의 제사나 재를 관리하고 불교
계 행정도 맡도록 했는데, 영묘사가 그중 하나로 나온다(《삼국사
기》 〈직관지〉 〈성전사원〉). 신라 사회에서 당연히 비중이 꽤 높
았겠지만, 이 글과 《삼국사기》에 나오는 몇 가지 간접 기
록 외에 전하는 사실이 없어서 오늘날에는 사실상 베
일에 가려져 있는 절이기도 하다. 어디에 자리했는지
도 분명하지 않다. 지금까지 경주 시내 성진리 서
천 주변 당간지주가 있는 자리로 비정해 왔으나,
최근 흥륜사지에서 '靈廟'가 새겨진 기와가 출토됨
에 따라 이 자리가 영묘사였다는 주장이 힘을 얻는
다. 현 흥륜사는 흥륜사지 옆에 자리한다.

영묘사지에서 나왔다고 전하는 '신라의
미소' 수막새(국립경주박물관)

신라 최고의 조각가 양지

양지 스님의 작품으로 추정되는 사천왕사 녹유신장상(국립경주박물관 복원품)

양지 스님은 7세기에 활동한 예술가로, 그가 만들었다고 확실시되는 작품이 근래에 발굴되었다. 〈양지 사석〉에는 영묘사의 장륙삼존상·사천왕상과 전각과 전탑에 얹었던 기와, 사천왕사의 전탑 하부에 장식되었던 팔부신장상, 법림사의 삼존불상·금강신상 등이 그의 작품이라고 나온다.

앞에서 열거한 작품 모두 소조상인 듯해서 그는 특히 조소彫塑 분야에 탁월했다고 할 수 있다. 일연도 〈양지 사석〉에서 삼천불상이 조밀하게 배치된 작은 소조탑을 특별히 언급했다. 이 '작은 탑'의 크기는 안 나오지만, 다라

니 신앙에 따라 사리장엄으로 탑 내에 봉안했던 소조탑은 대체로 10cm 안쪽이다. 양지의 소조탑은 법당 안에 두었으니 1~2m로 보이는데, 이는 마당에 세우는 보통 석탑보다 훨씬 작다. 이렇게 좁은 탑신에다 삼천불을 배치하는 일은 보통 어렵지 않았을 테니 그야말로 신기神技를 지녔다고 할 만하다.

〈양지 사석〉에 이 영묘사의 장륙상을 만들 때의 일화가 나온다. 작품 제작에 앞서서는 늘 선정에 들었고, 그를 위해 소봉所封부터 하였다고 한다. 소봉이란 《유가사지론》 등에 나오는 말로, 정신활동을 고취하기 위한 유식唯識 고유의 수행 방법을 말한다. 따라서 승려로서 그를 유식학파로 분류하기도 한다. 조각 외에 영묘사의 편액 글씨도 썼다고 전한다.

고대의 조각가로서 그 이름이 전하는 예는 아주 드물어서, 양지 외에는 여기에 나오는 강고내미强古奈末 정도뿐이다. 양지는 조각이라는 전문 분야가 명확하고 개성도 강한 작품을 남겼으니 신라 미술사에서 최고의 반열에 둘 만한 예술가이다.

불상 제작 비용

일연은 영묘사 불상의 장륙상에 들어간 비용이 조租 23,700석石이라고 하고서 '이는 개금 비용이라고도 한다'라고 주석을 달았다. 〈양지 사석〉에 '제작 비용으로 조 2,700석이 들었다'라는 대목에 주석을 달고 '개금 비용이라는 말도 있다'라고 했음과 상응한다. 이는 그가 참조한 기록에 23,700석을 최초로 조성한 비용이라 하거나, 혹은 개금 비용이라고 하는 등 서로 달랐기 때문이다. 일연도 확실히 알 수 없어서 '두 이야기 다 남겨둔다'라고 한 것이다. 개금은 불상 표면에 금칠하거나 금분을 바르는 일인데, 제작 비용보다 10배 가까이 더 들었다면 이상하기는 하다.

'조'란 세금으로 내는 곡식이고, '석'은 곡식을 세는 단위로 '섬'이다. 요즘 단위로 환산하면 1섬이 150~200kg이니 23,700석이면 3,555,000~4,740,000kg에 해당한다. 오늘날 쌀 1가마가 80kg이니 대략 44,438~59,250가마에 해당한다. 쌀 1가마의 값을 환산하면 전체 비용이 산출된다. 물론, 같은 무게 단위라도 7세기 신라에서 사용하던 척도가 오늘날과 같지 않았을 테니 반드시 이와 같다고 생각하면 곤란하지만, 당시 불상 제작에 들었던 비용을 대략 짐작하는 데는 도움이 된다.

원문

靈妙寺丈六

善德王創寺塑像因緣 具載良志法師傳 景德王卽位二十三年 丈六改金 租二萬 三千七百碩 良志傳 作像之初成之費 今兩存之

사불산·굴불산·만불산

죽령 동쪽 100리쯤에 우뚝하고 높다란 산이 있다. 진평왕 9년[587] 갑신에 홀연히 커다란 바위 하나가 나타났는데, 반듯하고 길이가 1장이며 사방 여래가 새겨진 네 면 모두 붉은 비단으로 감싸져 있었다. 하늘로부터 이 산의 꼭대기로 떨어진 것이다.

왕이 이를 듣고는 몸소 찾아가[命駕] 우러러보고 공경하였다. 이윽고 바위 곁에 절을 창건하고 대승사라는 이름을 내렸다. 자기 이름을 드러내지 않고 [亡名] 오로지 경전만 읽는 비구를 청하여, 절을 맡아서 맑고 깨끗하게 하고 바위를 공양함에 향화가 끊어지지 않도록 하였다. 산 이름을 역덕산이라 했는데, 혹은 사불산이라고도 한다. 비구가 죽어 장사 지냈더니 무덤 위에 연꽃이 피어났다.

또한, 경덕왕이 백률사로 행차했을 때 산 아래에 이르자 땅속에서 염불하는 소리가 들려왔다. 파보게 하였더니 커다란 돌이 나왔고 사면에 사방불이 새겨져 있었다. 그로 인하여 절을 창건하고 '굴불'이라고 이름하였다. 요즘은 굴석사라고 잘못 부르고 있다.

왕은 또 당나라 대종 황제가 석씨[불교]를 존숭한다고 들었다. 장인에게 오색 구유를 짜고, 침단목을 조각하여 투명한 구슬과 예쁜 옥으로 꾸민 가산[假山]을 만들게 하였다. 높이가 1장이 넘었고, 이를 오색 구유 위에 올려놓았다. 산은 가파른 바위, 괴이한 돌, 개울과 동굴이 있는 구역으로 각각 나뉘었다. 그 안에다 노래하고 춤추며 악기를 연주하는 모습과 여러 나라 산천의 형상을 두었다. 미풍이 창문 안으로 불어오면 벌과 나비가 날아들고, 제비와 참새가 춤추며 날아다녀 얼핏 보아서는 진짜인지 가짜인지 분간할 수 없었다. 가운데에 일만 불상을 봉안했는데 큰 것은 사방 1치가 넘고 작은 것은 8~9푼이었다. 머리는 큰 건 기장만 하고 작은 건 콩알 반쪽만 했다. 나발과 육계, 백모[백호], 눈썹과 눈이 선명한 게 상호가 잘 갖추어져 비슷하기는 했으나 극히 정교하지는 않았다. 그로 인하여 만불산이라고 불렀다.

또 번개幡蓋의 수실을 금 알갱이[鑠金]와 옥으로 장식하고, 엄라와 담복, 꽃과 과일 그리고 백보百步(白㻲)[옥구슬]로 누각과 대와 전각과 승당과 정자를 장엄했다. 비록 모두 조그맣기는 해도 기운은 살아 움직이는 듯하였다.

앞쪽에는 각 불상 주위를 도는 천 개가 넘는 비구상이 있고, 그 아래에는 자금으로 만든 종 3개가 있는데, 모두 종각 안에 포뢰[용뉴]가 있고 고래 모양의 당목으로 종을 치는 형태를 하고 있다. 바람이 불면 종이 울리고 불상 앞에 둘러선 승상들은 모두 엎드려 머리가 땅에 닿도록 절을 하는데 은은히 범음이 들리니, 그 중심[關捩]은 이 종이 아니겠는가! 비록 만불이라고 하였으나 그 실제 모습을 다 기록할 수가 없다.

이윽고 완성하자 사신을 보내어 바쳤다. 대종이 이를 보고는 "신라의 기교는 하늘의 조화이지, 사람의 솜씨가 아니로다!"라고 감탄하였다. 이에 구광선九光扇[아홉 가지 색깔로 장식된 부채]을 바위 사이에 덧붙이고서 이를 불광佛光이라 하였다. 4월 8일에 양가兩街의 승도들이 내도량에서 만불산을 예불토록 하고, 불공 삼장에게는 밀교 경전을 1,000번 외어서 경축하게 하였다. 이를 보는 사람 모두 그 정교함에 탄복하였다.

찬한다.

하늘은 만월을 꾸며 사방을 비추고
땅은 명호를 솟구쳐서 밤을 열었네
교묘한 솜씨로써 만불을 새겼음은
불법을 천지간에 두루 퍼지게 함이었으리라

해 설

〈사불산·굴불산·만불산〉은 하늘에서 내려온 불상, 땅속에서 솟아 나온 불상, 그리고 일만 개의 불상 등으로 장식한 가산假山에 관한 이야기이다. 서로 다른 이야기들이지만 모두 인간이 아닌 하늘이 내린 불상이라는 뜻에서 한데로 모은 듯하다. 한 제목 아래 서로 다른 에피소드 세 개가 놓인 셈이다. 그래서 마치 한 대목이 끝나자마자 또 다른 대목으로 이어지는 옴니버스 영화를 보는 듯한 느낌도 든다.

'사불산'과 '굴불산'에 소개된 사방불四方佛은 지금도 그 자리에서 천여 년을 내려오기에 이 이야기가 더욱 실감 난다. 사방불은 '바위의 네 면에 새긴 불상'으로 신라 불상 조성의 한 형식이다. 이 글은 사방불이 어떤 이유로 신라에 자리 잡게 되었는지 역사 배경을 이해하는 데 도움이 된다. 또 사불산에서는 하늘로부터, 굴불사에서는 땅속에서 나타났다는 게 흥미롭다. 고대 불교 설화나 민간 전설에 이처럼 땅속이나 물속으로부터 불상이나 불탑이 나타났다는 이야기가 적지 않다. 이를 현실적으로 해석하자면, 오래된 불상이나 불탑이 폐사가 된 뒤로 세월이 많이 흘러서 사람들 기억에서 묻혔으나 어떤 일이 계기가 되어 다시금 화제가 되었던 일로 볼 수 있다. 종교적 영험함과 이적이 강조되면서 설화와 전설 특유의 서술 방식이 덧입혀졌다.

또한, '만불산'에서는 신라의 탁월한 기술과 공예 감각을 확인할 수 있고, 나아가 중국 사람에게도 큰 감명을 주었던 뿌듯한 얘기가 실려 있다. 이 글에서는 그 형상을 생생하고 섬세한 필치로 묘사하여 작품을 눈이 아니라 감각으로 감상하는 듯한 느낌을 준다. 일연 역시 실물을 못 보았을 텐데 마치 앞에 놓고 보고 쓰듯이 묘사했다는 게 놀랍다. 혹시 그의 시대에는 옛날에 그려두었던 만불산의 그림이라도 있었을까? 여하튼 이 글 덕분에 9세기 신라의 번성했던 문화의 일면을 그려볼 수 있다. 그런데 자구에만 치중해 번역하다보면 전체 모양이 그려지지 않아서 일연의 탁월한 묘사를 잘 이해하지 못한 채 무미건조하게 읽어나갈 수도 있다.

소백산 죽령길

사실 이 세 이야기 사이에 특별한 공통점은 보이지 않는다. 시대도 사불산은 진평왕(재위 579~632) 대이고 굴불산과 만불산은 경덕왕(재위 742~765) 대라서 차이가 크다. 그래도 사불산과 굴불산은 사방불이 나온 산이라는 점에서 연결되지만, 만불산은 자연의 산이 아니라 신라에서 만든 공예 작품이라서 사뭇 다르다. 그런데도 일연은 왜 이들을 하나로 묶었을까? 그 대답은 마지막 찬讚에서 찾을 수 있다. 1행은 사불산, 2행은 굴불산, 3행은 만불산을 각각 읊고, 마지막 4행에서 세 가지 모두 '불법을 널리 전하려 함이라'라고 하여 주제 의식을 드러냈다. 하나같이 인간이 흉내 내기 어려운 솜씨로 조각되었고, 또 이 불상들이 보여준 이적으로 인하여 불교가 세상에 널리 전해지게 되었다는 찬사이다.

사불산

죽령竹嶺은 경상북도 영주시 풍기읍에서 충청북도 단양군 대강면으로 이어지는 길고 험한 고개이다. 영남과 호서를 오가는 데에 가장 빠른 길목이다. 《삼국사기》에 58년 3월에 길이 처음 열렸다고 나오니 무려 2,000년 전의 까마득한 옛날이지만, 그 전에도 사람들은 이 길을 오갔으리라고 본다.

문경 사불산 전경

587년 죽령의 어느 산꼭대기에 커다란 바위 하나가 떨어졌다. 바위는 네 모반듯하였고 네 면마다 불상이 새겨져 있었다. 세간에 큰 화제가 되었는지 진평왕도 직접 찾아가 보고는 크게 감동했다. 사방불을 보호하고 또 잘 공양할 수 있게끔 곁에 절을 짓도록 하고 '대승사大乘寺'라는 이름도 내렸다. 이렇게 해서 지금 경상북도 문경시 산북면에 대승사가 창건되었다.

이 일이 일어났던 해가 진평왕(재위 579~632) 9년의 갑신년이라고 나온다. 그런데 진평왕 9년인 587년은 정미년이고, 갑신년은 한참 뒤 진평왕 24년인 624년이다. 재위 연도와 그 간지가 앞뒤로 1년 정도 차이 나는 일은 더러 있으나, 이처럼 37년씩이나 나는 일은 이례적이다. 중국 연호도 나오지 않았기에 어느 쪽이 맞는지 알 수 없지만, 일단 재위 연도에 무게를 두어 587년으로 보았다.

대승사 창건 이후 바위가 내려앉은 산을 역덕산亦德山 혹은 사불산이라 불렀다. 그런데 뒤에서 얘기할 〈유사불산기〉에는 공덕산功德山이라고 나온다. 처음에는 역덕산이었다가 얼마 뒤에 공덕산이 되었던 모양이다. 《노자》에 '도道는 이 세상 어디에도 있다'라는 의미로 '역덕'이 나오듯이 도교적 분위기가 나기에 좀 더 불교적 이름인 공덕산으로 바뀌었는지도 모르겠다.

문경 사불산 대승사 내경

대승사와 사방불

진평왕은 대승사를 맑게 가꾸고, 사방불에 공양을 여법하게 할 이로는 수행승이 적합하다고 보았다. 그래서 '망명亡名'한 스님을 청해 절을 맡겼다. 이에 대한 원문이 '請比丘亡名誦蓮經者 主寺洒掃供石'이다. 오늘날 대부분 '망명'을 고유명사로 해석한다. 하지만《화엄경》〈탐현기〉에 '이름을 드러내지 않고 은둔 수행하는 비구'를 가리키니, 이 글도 그렇게 보는 게 맞는다. 이름을 드러내지 않았기에 '망명 비구'라고 표현했다고 보인다. 또 한문의 끊어 읽기에서도 '主寺'를 앞글인 '蓮經者' 뒤에 붙이곤 하는데, 뒷글인 '洒掃供石'의 앞에 붙여야 자연스러운 해석이 된다.

진평왕이 내린 절 이름에는 대승 사상이 담겨 있다. 이는 진평왕이 초청한 망명 비구가 연경, 곧《법화경》만을 독송하였고, 그가 죽은 뒤 그의 무덤에서 연꽃이 피어났다는 이야기와 일맥상통한다. '법화경'은 '올바른 법이 설해진 연꽃 같은 경전'이라는 뜻이다. 이후 대승사는 신라는 물론이고 고려를 지나서 조선시대에 이르기까지 향화가 끊이지 않고 법등이 이어졌다. 진평왕의 바람이 잘 이루어진 셈이다.

대승사 윤필암 사방불

바위의 동서남북 방위 면마다 하나씩 불상을 새긴 형태를 사방불이라 하는데, 우리나라에서 현재 남아 있는 작품 대부분은 6~8세기에 조성되었다. 이 글에 나오는 사방불은 대승사 윤필암의 위쪽 산 정상에 자리한다. 높이가 약 295㎝이니 '길이 1장에 네모지고 반듯했다'라는 이 글의 묘사와 딱 들어맞는다. 너비는 약 150㎝이고, 동·서 면에 좌상, 남·북 면에 입상이 새겨져 있다.

지금은 조각된 면이 많이 닳아 있어서 불상의 모습을 알아보기 어렵고 윤곽선만 겨우 보인다. 보존 상태가 가장 좋은 동면에 새겨진 불좌상을 보면 조각 양식이 8세기로 추정된다. 이 글에 나오는 진평왕 대와는 시대 차이가 크다.

문경 사불산 사방불

천책 스님이 주석한 강진 만덕산 백련사 전경

또 하나의 사방불 친견기, 〈유사불산기〉

천책天頙(1206~?) 스님은 일연과 동시대 사람이다. 전라남도 강진 백련사에 주석하던 어느 해에 사불산을 유람하고 나서 〈유사불산기遊四佛山記〉를 지었다. 사방불을 보고 감동한 이야기가 잘 나온다. 그런데 글 중에 '신라의 옛 기록新羅古記을 보니'라고 한 대목이 나와, 일연이 참고했다는 자료를 천책도 보았던 듯하다. 그래서인지 '바위가 하늘에서 떨어졌다'와 같이 이 글과 엇비슷한 표현이 나온다. 다만 일연이 사불산에 사방불이 나타났던 해를 '진평왕 9년(587)'이라고만 했으나, 천책은 '진평왕 건복建福 5년이고 수나라 개황 8년 무신(588)'이라고 정확하게 썼다. 건복은 진평왕이 즉위 6년 차에 시행한 연호이다.

천책은 사불산 탐방 이후 백련사를 떠나 아예 이 산으로 옮겨왔다. 당시 대승사는 미면사米麵寺를 거쳐 백련사白蓮寺로 이름이 바뀌어 있었다. 그래서 그때 사람들이 강진 백련사를 남백련, 이곳 공덕산 백련사를 동백련이라고 불렀다 한다.

경주 굴불사 사방불

왼쪽 위에서부터 시계방향
으로 동쪽 약사여래좌상,
서쪽 아미타삼존불, 북쪽
보살상 2구, 남쪽 삼존입상

굴불산

    사불산에 사방불이 나타나고 나서 약 200년 뒤에 또 하나의 사방불이
경주에 나타났다. 경덕왕이 백률사柏栗寺를 탐방하다가 산 아래에 이르러
문득 땅속에서부터 흘러나오는 염불 소리를 들었다. 소리가 나오는 자리를
파보게 하니 사방불이 새겨진 커다란 바위가 나왔다.

    백률사는 그전 법흥왕 대인 527년에 불교 공인을 위해 순교한 이차돈異次
頓의 목이 날아가 떨어진 곳에다 세운 절이다. 신라에서 불교가 시작된 인연
깊은 자리 중 한 곳에서 사방불을 얻었으므로 경덕왕의 기쁨은 말할 나위
없이 컸을 것이다.

굴불사와 굴석사

경덕왕은 사방불을 얻은 일을 기념해 절을 새로 짓고, '땅을 파 불상을 얻었다.' 하여 절 이름을 굴불사掘佛寺로 지었다. 일연이 '요즘은 굴석사掘石寺라고 잘못 부르고 있다'라고 주석을 단 것은 '굴석사'라는 이름을 마땅치 않게 보았기 때문이다.

그런데, 최근 굴불사지를 발굴할 때 나온 고려시대 청동 금고金鼓의 표면에 이렇게 새겨져 있었다.

> 대정 23년 계묘 4월에 동경[경주] 북쪽 산의 굴석사에서 7근을 들여 만들었다. 발원한 이는 전 부호장 이백유, 동량도인[스님]은 효영, 장인은 의성이다.
>
> 大定二十三年癸卯四月日 東京北山屈石寺排入重七斤次知造前副戶長李伯兪棟梁道人孝英大匠義誠

대정 23년은 1183년이니 당시 사람들이 굴석사라고 불렀다는 일연의 말이 맞았다. 그런데 일연이 이를 와전된 이름이라고 강조했던 이유는 무엇일까? 경덕왕이 처음 지은 이름이어서이기도 하겠지만, 단순한 돌덩이가 나왔다는 느낌이 드는 '굴석사'보다는 부처님을 새긴 바위를 얻었다는 의미가 되므로 '굴불사'로 해야 한다고 생각한 듯하다.

만불산

신라 공예의 예술성과 정교함은 지금 전하는 여러 유물로 넉넉히 확인된다. 그런데 실물이 없고 기록에만 있으나 상상만으로도 신라 최고의 공예 작품이라 할 만한 것을 들라면 단연 '만불산萬佛山'이 첫손가락에 꼽히지 않을까.

만불산은 높이 약 30cm인 산 모양을 한 공예 장식품이다. 골짜기를 가득 만들어 놓고 여기에 절과 인물상들을 가득 배치했기에 이런 이름이 붙었다.

화려한 색으로 염색한 굵은 모직물 위에 전단 나무를 깎은 받침대를 올려놓고 그 위에 옥과 유리로 만든 산을 얹은 구조이다. 옥공예가 주를 이뤘지만, 그밖에 목공예·모직공예·염색공예도 나오는 종합 공예품이다.

경덕왕은 당나라 대종(재위 762~779)이 불교를 숭상한다는 얘기를 듣고 선물로 보내기 위해 이를 만들도록 지시했다. 당시 당은 755년 안사의 난에 이어 763년 토번의 침략까지 겹치며 몹시 어려운 상황에 내몰리던 시기였다. 대종이 이런 불안한 현실에서 벗어나기 위하여 불교에 유독 심취했었다고 역사서에 나온다. 경덕왕은 당의 국내 상황과 대종의 속마음을 읽고 양국의 우호를 더욱 증진하기 위하여 이를 선물로 보냈다고 보인다. 경덕왕은 탄탄한 내정을 바탕으로 하여 중국과 일본과 외교에도 공을 많이 들였고, 재위 내내 국제관계에서 큰 문제가 없었다. 이 '만불산'이 경덕왕의 섬세하고 민감한 외교 감각을 보여주는 듯하다.

만불산의 구조와 구성

만불산에는 갖가지 동물과 식물들, 절과 스님, 사찰의 전각과 범종 등 실제로 산속에서 볼 수 있는 모든 게 다 갖추어져 있었다고 한다. 이 모두가 실물을 방불할 만큼 조각이 섬세했다. 더욱이 바람을 동력으로 하여 이들 하나하나가 스스로 움직이게 장치했다는 데에서는 그 놀라운 정교함에 입이 딱 벌어지게 된다. 바람이 불어오면 스님은 경내를 돌기도 하고, 당목으로 범종을 쳐서 종소리도 내고, 또 그 주변으로 벌과 나비가 날아들도록 했다. 이를 본 대종 황제가 자기의 눈을 의심하며, '신라의 기교는 하늘의 조화이지, 사람의 솜씨가 아니로다!(新羅之巧 天造 非巧也)' 하고 감탄했다고 한다. 이어서 중국에서 가장 명망 높던 불공 삼장不空三藏 스님더러 이를 기념하는 독송을 해달라고까지 하였으니, 대종의 이 말이 전혀 과장이 아니라고 보인다.

만불산이 그 뒤 어떻게 되었는지 알 수가 없다. 중국의 황실 보물 창고 같은 데라도 있으면 좋을 텐데, 아직 나타났다는 소식은 없다. 그래도 일연의 묘사가 워낙 섬세해서 어떠한 모습이었을지 대략 짐작은 된다. 만불산의 존

재 자체가 우리나라 공예 기술의 높은 수
준을 말해주므로, 일연의 묘사에 근거해
구조를 재구성하고 형태를 추정해 본다.

종 위에 달린 포뢰(천흥사종 부분, 국립중앙박물관)

• 바닥 깔개 : 만불산 바닥에는 오색으로
물들인 구유氍毹가 깔렸다. 구유란 양탄
자나 카펫, 러그(Rug) 같은 모직물이다. 삼
국시대에 이런 모직 공예가 꽤 발달했었
다. 신라는 구유로 만든 화전花氈을 일본
과 교역했는데, 그중 하나가 지금 쇼쇼인
正倉院에 실물로 남아 있다. 양모 가공 양
탄자와 비슷하다고 한다.
• 대 : 구유 위에는 침단목沈檀木으로 만든
받침대가 놓였다. 침단목은 인도가 원산
지인 향나무라고 한다.
• 만불산 본체 : 침단목으로 높이 3m쯤
되는 산 모양을 만들고 주옥으로 장식하
였다. 여기에 수繡실이 달린 번幡, 유소流蘇
가 달린 천개天蓋[流蘇幡蓋], 엄라菴羅[망고]와
담복薝蔔[치자], 꽃과 과일, 그리고 백보百步

만불산의 모습을 연상시키는 백제금동용봉향로 뚜껑
의 산과 인물상 장식(국립부여박물관)

로 장엄한 누각과 대臺와 전각과 승당과 정자도 부착했다. '百步'는 의미가
통하지 않는 말인데, '수많은 구슬'이라는 뜻의 '百璇(백선)'이나 소라 모양의
옥구슬인 '白璇(백선)'을 인쇄 때 잘못 새긴 듯하다. 앞쪽에는 불상을 주변을
돌며 예불하는 천여 개 비구상, 아래에는 황금으로 만든 범종 3개가 배치
되었다. 범종 모두 종각과 포뢰蒲牢[용뉴]를 갖추었을 만큼 정교했다. 또 건
물 주변에는 사람들이 노래하고 춤추고 악기를 연주하는 모습, 새들이 날
아다니는 모습의 조각도 배치했다. 모두 살아 움직이는 듯 실물에 방불하

였다고 한다.

일연이 표현했듯이 이 만불산은 '가산假山'이다. 가산은 정원 등을 꾸미기 위해 돌과 흙을 쌓아 산 모양을 만들고 여기에 갖가지 장식을 더한 인공 조형물이다. 자연에서의 삶을 중요하게 생각했던 조선시대 사대부들이 가장 선망했던 장식물 중 하나였다. 정원에 커다란 바위를 놓고 여기에 작은 나무나 풀을 심고, 긴 대롱으로 물을 끌어와서 폭포도 만들어 놓곤 한 게 이런 예에 속한다. 우리나라가 오래전부터 이 가산으로 집안을 장식했음을 이 글로써도 알 수 있다.

당나라 사람들의 만불산 예찬

주변 나라의 문화는 잘 인정하지 않는다는 평을 듣는 중국 사람들도 이 만불산을 보고는 넋을 놓지 않을 수 없었던 모양이다. 대종의 반응이 이를 한마디로 보여준다. 당나라 사회에서 일대 화제가 되었음은 당연했으니, 그런 상황이 《두양잡편杜陽雜編》에 나오는 '오색 구유' 편에 잘 나온다.

> 대력[766~779] 연간에 신라국에서 오채 구유가 왔다. 만든 솜씨가 교묘하고 화려한 게 당대에 으뜸이었다. 사방 1치 되는 구획마다 노래하고 춤추고 악기를 연주하는 모습과 또한 여러 나라 산천의 모습이 다 들어 있다. 문득 바람이 안으로 불어오면 그 위로 벌과 나비가 날아다니듯 움직이고, 해오라기와 참새도 춤추며 난다. 눈을 바짝 대고 살펴보아도 진짜인지 아닌지 구별하지 못할 정도다.
>
> 大歷中 新羅國出五彩氍毹 製度巧麗 冠絶一時 每方寸之內 卽有歌舞伎樂列國山川之象 忽微風入室 其上復有蜂蝶動搖 鷰雀飛舞 俯而視之 莫辨眞假

《두양잡편》은 당나라 사회에서 전해지던 진기한 이야기들을 모아 문인 소악蘇顎이 876년에 펴낸 책이다. 그런데 여기에 나오는 명칭이나 표현이 일연의 이 글에도 보여서 일연이 《두양잡편》을 일부 인용해 썼다고 생각된다.

원문

四佛山 掘佛山 萬佛山

竹嶺東百許里 有山屹然高峙 眞平王九年甲申[丁未] 忽有一大石 四面方丈 彫四方如來 皆以紅紗護之 自天墜其山頂 王聞之命駕瞻敬 遂創寺嵒側 額曰大乘寺 請比丘亡名誦蓮経者 主寺洒掃供石 香火不廢 號曰亦德山 或曰四佛山 比丘卒旣葬 塚上生蓮 又景德王遊幸栢栗寺 至山下聞地中有唱佛聲 命掘之 得大石 四面刻四方佛 因創寺 以掘佛爲號 今訛云掘石 王又聞唐代宗皇帝優崇釋氏 命工作五色氍毹又彫沈檀木 與明珠美玉爲假山 高丈餘 置氍毹之上 山有嵬嵓怪石澗穴區隔每一區內 有歌舞伎樂列國山川之狀 微風入戶 蜂蝶翺翔 鷰雀飛舞 隱約視之 莫辨眞假 中安萬佛 大者逾方寸 小者八九分 其頭或巨黍者 或半菽者 螺髻白毛 眉目的皪 相好悉備 只可髣髴 莫得而詳 因號萬佛山 更鏤金玉爲流蘇幡蓋 菴羅薝葍花果莊嚴 百步樓閣臺殿堂榭 都大雖微 勢皆活動 前有旋遶比丘像千餘軀 下列紫金鍾三簴 皆有閣有蒲牢 鯨魚爲撞 有風而鍾鳴 則旋遶僧皆仆拜頭至地 隱隱有梵音 盖關捩在乎鍾也 雖號萬佛 其實不可勝記 旣成 遣使献之 代宗見之 嘆曰 新羅之巧 天造 非巧也 乃以九光扇加置嵓岫間 因謂之佛光 四月八日 詔兩街僧徒 於內道場 禮萬佛山命三藏不空念讚密部眞詮千遍以慶之 觀者皆嘆伏其巧 讚曰 天粧滿月四方裁 地湧明毫一夜開 妙手更煩彫萬佛 眞風要使遍三才

생의사의 돌미륵

선덕왕 때 생의 스님이 도중사에 상주하고 있었다. 꿈에 한 스님이 그를 이끌고 남산에 데리고 올라가서는, 풀을 묶어서 표시해 두도록 하였다. 산의 남쪽 골짜기에 이르자 "제가 이곳에 묻혀 있습니다. 스님께서 저를 꺼내어 고개 위에다 안치해 주십시오." 하였다.

꿈에서 깨자마자 벗들과 함께 표시해 놓은 자리를 찾아갔다. 그 골짜기에 이르러 땅을 파보았더니 돌미륵이 나와서 삼화령 위에 안치하였다. 선덕왕 12년[644] 갑진년에 절을 짓고 지내니, 훗날 생의사라 이름하였다. 지금은 성의사라고 잘못 전해진다. 충담 스님이 해마다 3월 3일과 9월 9일에 차를 달여 공양드렸던 게 바로 이 존상이다

해 설

선덕왕(재위 632~647) 대에 도중사道中寺의 생의生義 스님이 어느 날 현몽하여 남산에 묻힌 돌미륵상을 찾아냈다. 그는 꿈속의 계시대로 이 불상을 남산 남쪽의 삼화령三花嶺 고개 위에다 안치했다. 생의 스님은 이 불상 부근에 절을 새로 짓고 옮겨와 지냈으므로 이 절은 훗날 생의사로 불렸다. 일연은 글 끝의 주석에서 이 미륵상이 훗날 충담忠談 스님이 매년 3월 3일과 9월 9일마다 차공양茶供養 하던 바로 그 불상이라고 하였다. 충담은 여기에 짧게

석조미륵삼존상이 출토되어 생의사로 추정되고 있는 남산 전傳삼화령

언급되었으나, 〈기이〉 〈충담사〉에는 좀 더 자세히 나온다. 이들을 종합하면 그는 유명한 가인歌人이자 다인茶人으로 8세기 신라 사회에서 영향력이 꽤 있었다고 보인다. 그러한 그가 삼화령 미륵불상을 정성스럽게 공양하였으니 사람들 사이에 화제가 되었음은 당연하다. 다만 충담이 이 불상을 유독 정성스럽게 공경하게 된 인연은 알려지지 않는다.

땅속이나 물속에서 불상을 찾은 이야기는 불교의 전설·설화에 자주 나온다. 〈탑상〉에도 〈사불산·굴불산·만불산〉의 굴불사 사면불, 〈낙산 이대성 관음 정취 조신〉의 정취보살상 그리고 이 글에 보이는 생의사의 돌미륵상 등이 있다. 부처님 불사리를 봉안하고 있으므로 〈고려 영탑사〉의 팔각 칠층 석탑도 그런 사례의 하나로 볼 수 있다. 불교 전법傳法의 험난한 과정에서 피할 수 없었던 고난과 우여곡절이 후대에 이런 굴불掘佛·용탑湧塔의 신비한 어조로 재구성되었다고 생각한다.

생의 스님이 남산에서 미륵불상을 찾아 봉안한 이야기 자체는 구성이 단순하고 짧은 편이다. 그러나 일연이 글 끝에다 덧붙인 충담 스님에 관한 짤막한 설명으로 인해 오늘날 그에 관한 서로 다른 해석과 설명이 백출하는 등 굉장한 생명력을 갖게 되었고, 그래서 분량은 짧으나 뜻은 긴 글이 되었다.

경주 남산 장창곡 석조미륵여래삼존상(보물 제2071호, 국립경주박물관)

삼화령과 미륵상의 위치

국립경주박물관에 전시된 '경주 남산 장창곡 석조 미륵여래 삼존상'은 한때 '삼화령 미륵불상'으로 불렸다. 명칭이 바뀐 데는 이 불상을 찾은 자리가 과연 〈생의사 석미륵〉에 나오는 삼화령이 맞는가 하는 의문이 시원하게 해결되지 않은 이유가 컸다.

이 삼존상의 본존상과 두 협시상은 서로 다른 자리에서 나왔다. 1925년 남산의 북쪽인 상서장上書莊을 지나 금오산 중턱인 장창곡에서 본존상을 먼저 찾았고, 얼마 뒤에 그 자리에서 멀지 않은 데에서 두 협시상이 나왔다. 이렇게 찾은 시기와 장소가 서로 다르지만, 생김새와 형식 등 작풍作風은 한 사람이 만든 듯 닮았다. 그래서 지금처럼 삼존상 형식으로 놓이게 되었다. 본존상을 찾은 자리가 마을 사람들이 '삼화령'이라고 부르던 데여서 첫 명칭도 그렇게 붙었다.

그런데 '삼화령'은 공식 지명이라기보다 주변 사람들이 부르던 속칭이었다. 삼존상을 찾은 데가 속칭대로 삼화령이라면 이 〈생의사 석미륵〉에 따라 그곳이 생의사 자리여야 한다. 하지만 1925년 처음 찾았을 때나 1960년대

경주 금오산 남쪽 삼화령 연화대좌

에 주변을 조사할 때도 이렇다 할 절터 유적을 찾지 못했다. 그래서 조사단이 삼화령이라고 불리는 이유를 자세히 알아보았더니, 그 주변에 화랑들의 무덤으로 알려진 무덤 3기가 있어서였다. 그로 인하여 언제부터인지 모르지만 '화랑 세 명의 무덤이 있는 고개', 곧 삼화령으로 불러왔음을 알게 되었다. 당시 화랑은 문무를 수련하는 엘리트 집단이어서 이들의 일거수일투족이 사람들의 관심과 화제가 되었던 게 기록에 자주 보인다. 그에 따라서 자연스럽게 이들과 관련한 지명이 전국 곳곳에 생겨났기에, 이곳도 그중 한 곳으로 생각되었다. 또 화랑 집단 내에 미륵을 숭상하던 풍조가 컸기에 삼화령의 미륵상이 유명해진 일도 역사적 맥락에 부합해 보였다.

그런데 이곳 외에 예로부터 삼화령이라고 부르는 데가 또 한 군데 있다. 남산에서 가장 높은 축에 속하는 봉우리가 금오봉·고위봉인데, 이들과 함께 삼각형 꼭짓점에 해당하는 봉우리를 그렇게 불렀다. 이렇게 남산 전체로 보자면 삼화령이라는 데는 한 곳이 아니다. 그래서 지금은 충담이 차를 공양한 미륵불상이 있다는 삼화령이 어디라고 특정하기가 어렵다.

한편, 용장계로 올라가면 정상 가까이에 고개가 하나 나오는데 그 위에 커다란 바위 하나가 올려져 있다. 바위 윗면에는 잘 만든 연꽃무늬가 장식

'삼화령 삼존불상' 협시보살의 아기 미소(왼쪽)와 본존상 무릎의 소용돌이 무늬(오른쪽)

된 불상 대좌가 새겨져 있다. 대좌 지름은 약 60cm쯤인데, 여기가 바로 충담 스님이 공양했던 미륵불상이 봉안된 자리였다고 보는 사람도 있다. 불상이 언제 없어졌는지 알 수 없으나 연꽃 장식은 8~9세기 무렵의 형식이어서 시 대를 대략 가늠할 수 있다. 고개 이름이 따로 없다가 이 대좌석으로 인하여 근래에 '연화대곡'이라고 부르기도 한다.

참고로, 우뚝한 산봉우리 셋에다 특별한 이름을 붙이는 예는 어디든 있 는 일이고, 더러 그 아래에 불상 등이 놓이는 예도 적지 않다. 사찰의 입지 가 풍수와 연관되었다고 할 수 있다. 예를 들어 경상북도 구미 금오산의 현 월봉·약사봉·보봉을 '삼형제' 봉우리라 하고, 보봉 아래에 보물로 지정된 높이 5m쯤의 고려 초기의 마애 약사여래좌상이 있다.

삼화령 삼존상

국립경주박물관의 삼존불상을 생의사의 돌미륵상으로 보는 데는 반대 의견도 많다. 그래서 이 부분은 일단 젖혀두고, 우선 불상의 양식으로 제작 연대를 알아보는 게 더 좋다.

삼화령 석조미륵여래삼존상과 비슷한 양식을 지닌 경주 배동 석조여래삼존입상

이 불상에는 독특한 풍미가 넘친다. 얼굴이 둥글고, 불신佛身의 비례가 상체가 하체보다 훨씬 크고 손발도 큼직하게 표현되었다. 이는 6~7세기 고구려와 백제 불상에서도 나타나는 이른바 '시대적 특징'이다. 그런데 본존불이 의자에 앉은 자세는 아주 드물다. 또 삼존불 모두 두 무릎에 소용돌이 같은 무늬가 있는 점도 보기 드문 장식이다. 마치 이 불상만의 '시그니처 (signiture)' 같다고 할까. 학계에서는 일찍이 이 불상들을 7세기 혹은 그 직전의 불상으로 추정하여, "이 석상 3구가 모두 신라 조각사의 첫머리에서 매우 큰 비중을 차지하고 있다."(황수영 박사)라는 평가가 있었고, 오늘날에도 대체로 그렇게 보고 있다.

이 불상을 보는 사람들의 눈길이 유독 오래 머무르는 데가 얼굴이다. 온화하고 인자하기 그지없이 미소 띤 얼굴을 보면서 마음이 편해지고 따뜻해진다는 사람들이 많다. 본존상도 그렇고, 두 협시보살의 얼굴은 마치 천진난만한 아이의 얼굴에 퍼진 행복한 미소를 보는 듯하다. 그래서 언제부터인지 이 삼존상에 '삼화령 애기부처'라는 정겨운 이름이 붙었다. 학자들도 이에 공감해 이 삼존상을 설명할 때 '동안童顏'이라는 표현을 빼놓지 않는다. 그러나 정서적으로야 그러하겠으나 학술적 표현은 아니다. 불상은 성인成人

이 된 석가모니 또는 깨달음을 얻은 부처님의 모습을 형상화하였으므로 탄생불 말고는 불상을 동안으로 표현할 리가 없다. 따라서 그보다는 '건강하고 밝은 젊은이의 얼굴'로 보는 게 맞는다.

경주박물관의 삼존상이 만일 충담이 차를 공양하던 생의사 미륵상이라면, 무려 1,300년 만에 세상에 모습을 드러낸 셈이다. 그 시대 사람들의 보편적인 마음과 바람, 그리고 사회적 감수성이 작품에 투영되지 않은 명작은 없다. 명작에서 당시 사람들의 생각과 마음을 읽을 수 있기에 미술은 시대의 거울이고, 역사의 자료가 된다. 경주 삼화령 불상에서도 그런 면을 읽어낼 수 있다.

원 문

生義寺石彌勒

善德王時 釋生義常住道中寺 夢有僧引上南山而行 令結草爲標 至山之南洞 謂曰 我埋此處 請師出安嶺上 旣覺 與友人尋所標 至其洞掘地 有石彌勒出 置於三花嶺 上 善德王十二年甲辰歲 創寺而居 後名生義寺 今訛言性義寺 忠談師每歲重三重九 烹茶獻供者 是 此尊也

흥륜사의 보현보살 벽화

제54대 경명왕 때에, 흥륜사의 남문과 좌우 행랑과 곁채[廊廡]가 불에 탔으나 중수를 미처 못하였으므로, 정화와 홍계 스님이 모연하여 수리하고자 하였다.

정명 7년[921] 신사 5월 15일에 제석이 절 왼쪽의 경루로 내려와서 열흘 동안 머물렀다. 이에 전각과 탑, 그리고 풀과 나무와 흙과 돌 모두 기이한 향기를 풍겼고, 오색구름이 절을 덮었으며, 남쪽 연못의 물고기와 용이 기뻐서 뛰어올랐다. 이를 본 나라 사람들이 전에 없었던 일이라고 감탄하였다. 구슬과 비단과 곡식을 시주하니 산더미처럼 쌓였고, 장인들이 스스로 와서 일하니 얼마 안 되어 완성하였다.

공사가 다 끝나서 천제가 올라가려 하자 두 스님이 아뢰었다.

"제석천께서 천궁으로 돌아가려 하시면, 청컨대 성스러운 모습을 그림으로 그려서 지극한 정성으로 공양함으로써 은혜를 보답하고, 또한 이 영影이 남겨짐으로 말미암아 우리나라가 오래도록 지켜지게 해 주십시오."

제석천이 말하였다.

"나의 원력은 보현보살께서 두루 내려주시는 현묘한 교화를 받느니만 못하다. 그러니 그 보살상을 그려서 경건히 공양하기를 그치지 않는 게 더 마땅하다."

두 스님이 가르침을 삼가 받들어 벽 사이에 보현보살을 그렸다. 지금도 그 상이 남아 있다.

해 설

경주 흥륜사興輪寺에 보현보살 벽화가 그려진 연유를 소개한 글이다. 경명왕(재위 917~923) 대에 흥륜사의 남문과 곁채가 불탔다. 정화靖和와 홍계弘繼 두 스님이 중수 불사를 스스로 떠맡아 옷을 걷어붙이고 후원자를 모으는 일에 나서니, 그 정성에 감응하여 하늘에서 제석帝釋이 내려왔다. 그러자 사찰 경내에 여러 이적이 일어났고, 이에 따라 사람들의 시주가 몰려와 불과 열흘 만에 공사가 끝났다. 또 제석이 다시 하늘로 올라가면서 한 권유에 따라 보현보살 벽화도 그리게 되었다. 신행이 깊었던 이 두 스님이 누군지는 알 길이 없다.

설화라고 무심히 넘어갈 이야기일 수도 있으나, 흥륜사의 가람배치 면에서 중요한 말들이 많이 나온다. 남문, 좌우의 경루, 남지 등의 언급은 흥륜사 절 마당을 그대로 옮겨놓을 수 있을 정도로 자세하다. 또 '금당'이 대웅전이었다고 구체적으로 추정할 만한 대목도 있다.

흥륜사에 제석이 내려온 까닭

흥륜사는 신라 최초의 사찰이다. 불교가 금지되던 때에 이차돈이 불교 믿는 일을 허용해 달라고 간청하다가 죽임을 당했다. 하지만 그의 죽음이 계기가 되어 드디어 신라에 불교가 받아들여졌고, 그의 숭고한 넋을 기리기 위해 흥륜사를 지었다. 그로부터 얼마 뒤 중국에서 불사리가 처음 공식 전래할 때 진흥왕이 맞이하러 나와서 기다리던 곳도 여기이니, 흥륜사는 신라 불교의 시작과 흥성을 알린 곳이라고 할 수 있다.

제석은 본래 인도의 토속신이다가 불교를 지키는 신으로 자리 잡았다. 《삼국유사》〈고조선〉에 단군의 할아버지가 환인제석桓因帝釋이라고 나오듯이 우리나라 고유 신앙과 무속에 두루 등장한다. 고구려와 백제에서 제석을 형상화한 작품은 전하지 않지만, 신라에서는 조각상이 남아 있다. 그중

왼쪽부터 경주 석굴암 범천, 제석, 보현보살상(ⓒ국립문화재연구원)

하나가 석굴암 연도沿道 앞에서 무장한 채 문을 지켜선 제석상이다. 그 건너
편에는 역시 무장한 모습의 범천상이 함께 지키고 있다.

그런데 이 글은 마지막에 제석이 아닌 보현보살에 방점이 찍힌 게 반전이
다. 제석은 정작 자신이 아니라 보현보살의 상을 그리라고 한 것인데, 결국
제석이 자신이 따르는 보현보살을 대행해서 흥륜사에 내려왔음을 시사하
는 의미가 된다. 보현보살은 불교 수행의 두 가지 중요한 덕목 중에서 행원
行願을 상징한다. 그래서 석가불을 삼존상으로 봉안하면 석가불상의 왼쪽
에 지혜를 상징하는 문수보살상을 두고, 건너편 오른쪽에 보현보살을 놓는
게 원칙이다. 제석이 보현보살의 대리였다면 금당의 '왼쪽' 경루[左經]에 머물
렀다는 이유도 자연스레 설명된다.

흥륜사의 가람 배치

　석가상을 중심으로 좌우에 문수보살과 보현보살을 놓는 배치법으로 본다면, 보현보살을 따르는 제석이 흥륜사 금당의 왼쪽 경루로 내려왔다는 얘기는 다시 말해서 흥륜사 금당은 석가불상을 봉안하는 대웅전이었다는 의미로 볼 수 있다. 이는 흥륜사의 가람 배치를 추정하는 데에 하나의 단서가 된다. 참고로, 경루가 있는 신라 불교 초기의 절로는 황룡사가 있다. 발굴 결과 금당 아래 왼쪽에 해당하는 건물터가 경루로 추정되어 흥륜사와 비슷했다고 보인다.

현재의 경주 흥륜사에 있는 〈흥륜 염촉 순교 석당기〉

　사실 건축이나 불상, 불화에 나오는 상들의 좌우 배치 문제는 간단치 않다. 제석·범천만 해도 경주 석굴암에 복원된 제석과 범천이 본래는 지금과 반대 방향이라는 주장도 방위에 근거한다. 보는 사람이든 보이는 대상이든 어느 쪽을 기준으로 하느냐에 따라 방위는 정반대가 될 수 있다. 옛 기록에 나오는 '좌우'라는 표현도 금당에서 남쪽[아래]를 바라보아서인지, 혹은 바라보는 사람을 기준으로 했는지 그 관점이 뚜렷하지 않아서 오늘날 혼동이 많이 생긴다.

　글에 나오는 전각 이름과 위치로 가람 배치가 어떠했는지 추측해 본다. 낭무廊廡가 딸린 남문이

흥륜사의 건축양식과 비교되는 익산 미륵사 복원 모형(국립익산박물관, 공공누리)

있었으므로 그에 상응하는 북문도 있었을 것이고, 제석이 내려온 왼쪽 경루 맞은편인 오른쪽에도 경루가 있었다고 보인다. 낭무는 본래 행랑(낭)과 곁채(무)를 아울러 이르는 용어인데, 건축 사전류에서는 이를 하나로 보아 '궁궐이나 종묘의 정전正殿 아래에 동서로 붙여 지은 건물'로 정의한다. 민간 건축에서는 지붕이 있는 통로, 혹은 건물의 좌우 끝에 붙어서 별도 공간을 이룬 부속건물 또는 곁채 등을 가리킨다. 워낙 쓰임새가 많은 공간이라 행랑·행각·낭방·공랑·장랑 등 다양한 이름의 공간이 여기에서 파생했다. 사찰 건축으로서는《삼국유사》〈기이〉〈무왕〉의 익산 미륵사의 창건 규모를 설명하는 대목에서 '전각과 탑, 낭무를 각각 세 곳에 지었다(殿塔廊廡 各三所創之)'라고 나온다. 1980년대에 미륵사지를 발굴하였는데 기록처럼 실제로 가람의 동·서·중앙에 전각이 있었고 각각의 전각 앞에도 탑을 두었던 구역이 나란히 배치되었고, 각각의 구역 사이에 낭무인 회랑이 남북으로 좁고 기다랗게 놓여 있음이 확인되었다.

한편, 흥륜사 문은《삼국사기》에 657년에 '흥륜사 문이 무너졌다(興輪寺門自壞)', 674년에 '지진으로 흥륜사 남문이 흔들렸다(震興輪寺南門)' 등 이전에도 여러 차례 재난을 당했다고 나온다.

원 문

興輪寺壁畵普賢

第五十四景明王時 興輪寺南門及左右廊廡災焚未修 靖和弘繼二僧募緣將修 貞明

七年辛巳五月十五日 帝釋降于寺之左經樓 留旬日 殿塔及草樹土石 皆發異香 五雲

覆寺 南池魚龍喜躍跳擲 國人聚觀 嘆未曾有 玉帛梁稻施積丘山 工匠自來 不日成

之 工旣畢 天帝將還 二僧白曰 天若欲還宮 請圖寫聖容 至誠供養 以報天恩 亦乃因

玆留影 永鎭下方焉 帝曰 我之願力 不如彼普賢菩薩遍垂玄化 畵此菩薩像 虔設供

養而不廢宜矣 二僧奉敎 敬畵普賢菩薩於壁間 至今猶存其像

세 곳의 관음상과 중생사

중생사

신라의 고전에 나온다. 중화의 천자가 총애하는 여인이 있었는데, 아름다움과 요염함에서 견줄 만한 사람이 없었다. 사람들은 고금의 어느 그림들에서도 보기 드물다고 하였다. 이에 그림을 잘 그리는 자에게 똑같이 그리게 하였다. 화공은 그 이름이 전하지 않는다. 혹은 장승요라고 하는데. 그는 오나라 사람이다. 양나라 천감[502~519] 중에 무릉왕국의 시랑 직비각이 되어 그림에 관한 일을 맡아보았고, 우장군·오흥 태수를 지냈다. 그렇다면 이는 중국의 양과 진 사이의 천자일 것이다. 그런데 당나라 황제라고 전함은 우리나라 사람들이 중국의 여러 나라를 무릇 당이라고 부르기 때문이다. 실상 어느 시대 임금인지 자세하지 않아서 둘 다 기록해 둔다

그가 명을 받아 그리다가 실수로 붓을 떨어뜨리는 바람에 배꼽 아래에 붉은 점이 찍히고 말았다. 지우려고 했으나 잘 안 되어 마음속으로, '이는 틀림없이 태어날 때부터 있던 사마귀[赤誌(痣)]인가 보다'라고 생각하였다. 그대로 둔 채 마치고 그림을 바쳤더니, 황제가 그것을 보고 말했다.

"모습은 실제와 아주 비슷하구나. 배꼽 아래의 그 사마귀는 속에 감추어졌는데 어떻게 알고 그것까지 그렸는가?"

크게 노해서는 감옥[圓扉]에 가두고 벌을 주려 하였다. 승상이 그는 마음이 바른 사람이니 용서하고 놓아주시라고 하자 이렇게 말했다.

"그가 현명하고 정직하다면 내가 어제 꿈꿨던 형상도 그대로 그려낼 수 있으리라. 그러면 용서하겠다."

그가 이에 11면 관음상을 그려 바치니, 꿈에 본 것과 꼭 들어맞았다. 황제는 비로소 의심을 풀고 그를 놓아주었다. 이에 그는 박사 분절을 만나 약속하였다.

"내가 듣건대 신라에서는 불법을 믿고 공경한다고 하네. 그대와 함께 바다로 배를 타고 가서 우리가 같이 불사를 닦으며 인방仁邦[신라]을 널리 이롭게 한다면, 이 또한 유익한 일이 아니겠는가?"

마침내 함께 신라국으로 오게 되었고, 이로써 이 절에 대비상을 조성하였다. 나라 사람들이 우러러 공경하고 기도하여 복을 얻었음은 다 적을 수 없을 만큼 많다.

신라시대 천성[926~929] 중에 정보 최은함에게 오랫동안 자식이 없다가, 이절의 대자상[관음상] 앞에서 기도해 임신이 되어 아들을 낳았다. 석 달도 안되어 백제의 견훤이 경사京師[경주]에 쳐들어와 성안이 큰 혼란에 빠졌다. 은함이 아이를 안고 와서 아뢰었다.

"이웃 나라의 군대가 갑자기 들이닥쳐 위급하게 되었습니다. 어린 자식이 큰 부담이라 저희 모두 화를 면하기가 어렵습니다. 만일 정말로 관음 대성께서 내려주신 아이라면, 원하건대 큰 자비의 힘을 빌려주어 돌봐주시어 저희 부자가 다시 만날 수 있게 해주십시오."

눈물을 흘리며 슬퍼 한탄하면서 세 번 울고 세 번 아뢰었다. 강보로 싸서 예좌猊座[대좌] 밑에다 잘 놓아두고 몇 번을 주저하다가 돌아갔다. 반달 만에 적들이 물러가자마자 와서 보니 피부는 새로 목욕한 듯 깨끗하고 모습도 산뜻하며 좋았고, 입에서는 아직 젖 냄새도 났다. 안고 돌아와서 잘 길렀다. 장성하여서는 총명과 지혜와 슬기가 다른 사람보다 뛰어났다. 그가 바로 승로로 지위가 정광에 이르렀다. 승로가 낭중 최숙을 낳았고, 숙은 낭중 제안을 낳았다. 이후 후손이 끊이지 않고 이어졌다. 은함은 경순왕을 좇아서 우리 왕조에 들어와서 명문가[大姓]가 되었다.

또 통화 10년[992] 3월에 주지 성태 스님이 보살상 앞에 꿇어앉아 아뢰었다.

"제자가 오랫동안 이 절에 머무르며 밤낮으로 부지런히 향화 올리기를 게을

리하지 않았습니다. 하지만 절에 토지가 없어 소출이 없는 까닭에 이제 향 피우고 제사 지내는 일을 이어갈 수 없게 되었습니다. 다른 데로 옮겨야 해서 알려드리려 합니다."

이날 조는데 꿈에 대성이 나와 말했다.

"스님은 여기 머물고, 멀리 가려 하지 말라. 내가 인연을 모아[緣化] 재에 들 비용을 채우겠노라."

스님이 기뻐하며 감격하였고, 그대로 머물며 떠나지 않았다. 13일 뒤에 문득 짐 실은 말과 소를 끌고 온 두 사람이 문 앞으로 찾아왔다. 절의 스님이 나가서 어떻게 오셨는지 물으니 대답했다.

"저희는 금주金州[김해] 부근에 사는 사람입니다. 어디선가 한 스님이 와서 저희에게, '제가 동경東京[경주] 중생사에 머무른 지 오래됩니다. 사사四事공양을 올리기가 어려워져서 인연을 모으러 이곳에 오게 되었습니다.'라고 하였습니다. 그래서 마을 사람들에게 시주를 거두어 쌀 여섯 섬과 소금 넉 섬을 얻어서 싣고 왔습니다."

스님이 말하였다.

"이 절에서 시주 다녔던 사람이 없으니, 아마도 당신들이 잘못 들은 듯합니다."

그 사람이 말하였다.

"그 스님이 저희를 데리고 왔는데 이곳 신현정神見井 가에 이르러, '여기서 절이 멀지 않으니 제가 먼저 가서 기다리겠습니다.' 하여 저희가 뒤쫓아온 것입니다."

절의 스님이 법당 앞으로 데리고 갔다. 그들이 대성을 우러러보고 절하더니 서로 말하기를, "이는 바로 시주 왔던 스님의 모습이잖은가!" 하고 놀라며 감탄해 마지않았다. 이리하여 쌀과 소금을 가지고 오는 게 해마다 끊이지 않게 되었다.

또 어느 날 저녁에 절 문에 불이 나서 동네 사람들이 급히 달려왔다. 법당에 올라가 불상을 찾았으나 어디 있는지 알 수 없었다. 살펴보니 어느새 마당 가운데에 서 있었다. 밖으로 꺼낸 사람이 누구냐고 물었으나 모두 모른다고 하였다. 이에 대성의 영험한 위력을 알게 되었다.

또 대정 13년[1173] 계사 중에 점숭 스님이 이 절의 주지 자리를 얻었다. 글자를 몰랐으나 성품이 본디 깨끗하고 맑아서 향화 올리는 데 부지런히 하였다. 한 스님이 그의 자리를 빼앗기 위해 츤의천사[사찰 일을 담당하는 관리]한테 이의를 제기하였다.

"이 절은 나라에서 은혜를 빌고 복을 받드는 곳입니다. 마땅히 소문疏文을 읽을 수 있는 이로 가려서 맡겨야 합니다."

천사는 그렇다고 여겨 그를 시험하고자 소문을 거꾸로 해서 주었다. 점숭이 손으로 받아서는 물 흐르듯 읽어나가니 천사는 속으로 탄복하였다.

그 자리에서 나와 방으로 들어가 앉은 다음 다시 읽어보게 하니 점숭은 입을 다물고 말을 못했다. 천사가 말하였다.

"상인께서는 진실로 관음대성이 보호하시는 분입니다."

결국 그의 자리를 빼앗지 않았다.

그때 점숭과 함께 머무르던 처사 김인부가 마을의 노인들에게 알려서 글로써 전하게 되었다.

백률사

계림의 북쪽 큰 산이 금강령이고 산의 남쪽에 백률사가 있다. 절에 관음상 1구가 있는데 언제 처음 만들었는지 모르나, 신령하고 기이한 일이 자못 많았다. 중국의 뛰어난 장인이 중생사의 관음상을 빚을 때 함께 만들었다는 말이 있다. 세상에서 하는 말로는 옛날에 이 대성께서 도리천에 올라갔다 내려오면서 법당에 들어갈 때 섬돌을 밟은 자국이 아직도 남아 있다고 한다. 또는 부례랑을 구하고 돌아올 때 보인 자취라고도 한다.

천수 3년[692] 임진 9월 7일에 효소왕이 대현 살찬의 아들 부례랑을 받들어 국선으로 삼았다. 낭도[珠履]가 천 명이었고, 안상과 매우 친하였다.

천수 4년[693] 곧 장수 2년이다 계사 3월에 낭도를 데리고 금란에 놀러 가 북명 경계에 닿았을 때 적적狄賊이 붙잡아 달아났다. 다른 사람들은 어찌할 바를 몰라서 모두 되돌아왔으나, 안상만 홀로 남아 그 뒤를 쫓아갔다. 이때가 3

월 11일이었다.

대왕이 이를 듣고 놀라움을 이기지 못하며 말하였다.

"선군[신문왕]께서 신적을 얻어 내게 몸소 전해주셔서 지금 현금과 함께 내
고에 간직하고 있다. 그런데도 어떻게 국선이 갑자기 적의 포로가 되었는가?
이를 어찌해야 좋은가?" 현금과 신적의 일은 별전[만파식적]에다 갖추어 실었다

그때 상서로운 구름이 천존고 위를 덮었다. 왕에게 다시 두려운 마음이 크
게 일어나 내부를 검사해 보도록 하니, 현금과 신적 두 보물이 사라지고 없
었다. 이에 말하였다.

"짐을 어찌 하늘이 불쌍히 여기지 않으시는가? 어제는 국선을 잃더니, 오늘
은 또 현금과 신적을 잃고 말았구나!"

이에 천존고 관리 김정고 등 다섯 명을 가두었다. 4월에 나라 사람들에게
알려 현금과 신적을 찾아오면 1년 조세를 상금으로 주겠다고 하였다.

5월 15일에 부례랑의 양친이 백률사의 관음상 앞에 나아가 오랫동안 기도
하고 있었다. 갑자기 향탁 위에 현금과 신적 두 보물이 놓이더니 부례랑과
안상 두 사람이 관음상 뒤에서 나타났다. 양친이 크게 기뻐하며 어찌 된 까
닭인지 묻자 부례랑이 답하였다.

"제가 붙들린 뒤 저 나라의 대도구라大都仇羅 집안의 목동이 되어 대오라니
大鳥羅尼 들판에서 방목 일을 하게 되었습니다. 어떤 책에는 도구都仇 집안의 노비가 되
어 대마大磨 들판에서 방목 일을 했다고 한다 갑자기 한 스님이 나타났는데 용모와 거
동이 단정하였고, 손에 현금과 신적을 들고 있었습니다. 저에게 와서 위로하
며 '고향[桑梓]이 그립지요?' 묻기에 저도 모르게 그 앞에 무릎을 꿇고, '임금
과 어버이를 그리워함을 어찌 다 말로 할 수 있겠습니까!' 하였습니다. 스님
이 '그렇다면 마땅히 나를 따라오십시오.' 하더니 바닷가로 인도하기에 따라
갔다가 안상을 다시 만났습니다. 그리고는 신적을 쪼개어 둘로 나누어서 우
리 두 사람에게 주며 각각 한 쪽에 올라타게 하고, 자기는 현금에 올라탔습
니다. 바다 위를 떠서 돌아왔는데, 잠깐 사이에 여기 오게 되었습니다."

이런 사실을 갖추어 왕에게 아뢰었다. 왕은 깜짝 놀라 부례랑을 맞이하고,

현금과 신적도 궁 안에 들이게 하였다. 금과 은 각각 50냥을 들여 만든 그 릇 다섯 개 한 벌씩, 고급 비단으로 만든 가사[磨衲袈裟] 다섯 벌, 대초大綃 비 단 3,000필, 그리고 토지 만 이랑을 절에 시주함으로써 자비로운 은혜에 보 답하였다. 죄인들을 널리 사면해 주고, 일과 관련된 사람은 관작 3급을 내 려주었으며, 백성의 조세도 3년간 면제하였다. 절의 주지는 봉성사로 옮기도 록 하였다. 부례랑을 대각간에 신라의 재상 벼슬 이름이다 봉하고, 아버지 대현 아 찬은 대대각간, 어머니 용보 부인은 사량부 경정궁주로 봉封하였으며, 안상 스님은 대통으로 삼았다. 천존고 관리 5인은 모두 놓아주고 각각 관작 5급 을 내려주었다.

6월 12일에 혜성이 동쪽에서 나타났다가 17일에 다시 서쪽에서 나타나므로 일관이 아뢰었다.

"현금과 신적이 상서를 보인 데 대해 작[직위]을 내리지 않아서 일어난 일입 니다."

이에 신적을 책봉하여 '만만파파식적'이라 칭하였더니 혜성이 곧바로 사라 졌다. 후에도 신령스러운 이적이 많았으나, 글이 길어서 싣지 않는다.

세상에서 안상을 영랑의 뛰어난 낭도라 말하였으나 자세히는 알 수 없다. 영랑의 낭도로 진재와 번완 등의 이름이 알려져 있으나 이들 또한 어떤 사 람인지 알 수 없다. 자세한 이야기는 별전에 나온다

민장사

우금리에 사는 가난한 여인 보개에게 장춘이라는 아들이 있었다. 바다로 다니며 장사하는 사람을 따라 멀리 나갔다가 오랫동안 소식[音耗][편지]이 없 었다. 어머니가 민장사 이 절은 민장 각간이 집을 희사해 절로 삼았다 관음상 앞에 나 아가 7일 동안 정성스레 기도하였더니 장춘이 갑자기 돌아왔다. 자초지종 을 물으니 대답하였다.

"바다 한가운데에서 회오리바람이 불어와 배가 부서지고 말았습니다. 동료 들은 모두 죽음을 면하지 못하였으나 저 혼자 널판자 한쪽에 올라타서 오

나라의 해변에 닿게 되었습니다. 오나라 사람들이 저를 거두어 하인으로 삼아 들판에서 농사를 짓게 하였습니다. 이때 고향에서 온 듯한 기이한 스님이 저를 잘 위로해 주었습니다. 함께 길을 가다가 앞에 큰 도랑이 나오니 스님이 저를 겨드랑이에 안고 뛰어넘었습니다. 순간 머릿속이 점점 흐릿해졌고, 고향 말과 구슬피 우는 소리가 들려서 눈을 떠보니 제가 여기에 와 있었습니다. 포시哺時[오후 3~5시]에 오나라를 떠났는데 여기 오니 술시[오후 7~9시] 초였습니다."

이때가 천보 4년[745] 을유 4월 8일이었다. 경덕왕이 이를 전해 듣고는 절에 밭을 내리고, 또 재물과 폐백도 들이게 했다.

해 설

〈삼소관음〉은 중생사·백률사·민장사 등 세 곳에 각각 관음이 모습을 나타냈던 이적異蹟을 자세히 소개한 글로, 〈탑상〉 중에서 분량이 가장 길다. 《삼국유사》 목판본을 보면 '삼소관음' 제목 옆에 '중생사'가 나온다. 그래서 오늘날 모든 번역 및 해설서가 제목을 〈삼소관음 중생사〉라고 한다. 그러나 '중생사'는 '삼소관음'이라는 큰 제목 옆에 붙은 작은 제목이므로 정확히는 〈삼소관음〉이 맞다.

이 글의 주제를 간명하게 얘기하면 '관음보살상의 영험'이다. 그리고 관음상의 영험을 어떤 특정 계층만이 아니라 다양한 사람들이 경험했다는 점을 강조하고 있다. 중생사에서는 고위 관료 최은함과 승려 성태·점숭, 백률사에서는 사회 지도층 인사인 화랑 부례랑, 민장사에서는 가난한 서민 보개·장춘 모자가 관음보살상의 영험을 받았다. 정성이 지극하고 믿음이 깊다면, 신라의 모든 계층의 사람이 전부 다 관음의 가피를 받을 수 있다는 믿음이 핵심 주제이다. 이같이 신라 불교는 차별과 구분 없는 열린 분위기였던 점이 바로 신라 불교의 큰 강점 중 하나였다.

이 〈삼소관음〉에는 중생사·백률사·민장사 세 곳 절에 관음보살상이 등장하는 등 관음의 이적이 가장 풍성하게 소개되었다. 그런데 이 세 곳의 사찰에서 관음보살상이 일으킨 이적이 공통적으로 나오기는 하지만, 세 이야기마다 등장인물과 시기가 서로 달라서 사실상 독립된 이야기를 모았다고 할 만하다. 이런 구성은 〈사불산 굴불산 만불산〉과 마찬가지다.

〈탑상〉에 사람의 몸으로 현신한 '관음보살'이 나오는 이야기는 〈남백월 이성 노힐부득 달달박박〉, 〈낙산 이대성 관음 정취 조신〉, 〈대산 월정사 오류 성중〉이 있고, '관음보살상'에 얽힌 이적은 이 글 중의 '백률사' 부분과 〈민장사〉, 〈분황사 천수대비 맹아득안〉이 있다. 또한 문수보살은 〈대산 오만 진신〉에, 보현보살은 〈흥륜사 벽화 보현〉, 정취 보살상은 〈낙산 이대성 관음 정취 조신〉에, 그리고 미륵상은 〈생의사 석미륵〉, 〈미륵선화 미시랑 진자사〉에 나온다. 지장보살을 제외한 중요 보살에 관련한 이적이 〈탑상〉에 모두 나오는 셈이다. 참고로, 지장보살에 관해서는, 〈탑상〉에 〈대산 오만 진신〉에 보명태자가 오대산에 들어가《지장경》을 읽었다고 하여 그 이름이 보이고, 그 이적에 관하여서는 〈의해〉〈관동 풍악 발연수 석기〉 등 다른 편에 많이 나온다.

한편, 중생사·백률사·민장사의 관음상들은 오늘날 전하지 않지만, 글의 내용으로 추정해 보면 중국적 풍모를 한 소조상이었다고 생각된다. 고대 미술의 경우 현전하는 작품이 드물어서 기록을 바탕으로 그 모습을 추정하는 일이 불교미술의 다양한 면을 이해하는 데에 쓸모없지는 않다.

중생사

경주 중생사衆生寺의 관음상을 중국에서 유명했던 화가가 와서 조성하게 된 인연과, 이 관음상이 신라 말에서 고려 중기에 걸쳐서 보였던 네 가지 이적에 관한 이야기이다.

첫 번째 이적은 신라 말에 최은함崔殷誠한테 일어났다. 그는 오랫동안 자

경주 중생사 전경

식이 없다가 관음상에 기도하여 아들을 보았다. 하지만 곧이어 큰 난리가 일어나서 이 갓난애를 관음상에 의탁한 채 급히 파란을 떠나야 했다. 보름 만에 돌아와 봤더니 아이는 마치 지금 막 젖을 먹인 듯 건강하였다. 이 아이가 장성해 건국 초기의 고려가 기틀을 잡는 데에 큰 역할을 한 최승로崔承老(927~989)이다.

두 번째 이적은, 고려 초에 절이 곤궁해져 존폐를 걱정할 처지에 놓일 때 일어났다. 절의 스님이 절을 떠나야 할 만큼 어려운 상황이었는데 문득 김해 근방의 사람들이 찾아와서 시주하여 주었다. 바로 관음상이 이들을 인도하여 데려온 것이다.

세 번째 이적은, 고려 중기에 주지로 임명된 점숭占崇에게 일어났다. 그는 무식하지만 신실한 사람이었는데 그를 시기하던 사람으로 인해 자리에서 쫓겨날 뻔했다. 그러나 역시 관음보살의 영험으로 위기를 벗어났다.

네 번째 이적은 11세기 무렵에 일어났다. 중생사 문

신라 전傳 중생사터 출토 석조십일면 관음보살입상(국립경주박물관)

에 불이 나 전각 전체로 옮겨붙을 위급한 상황이었다. 절의 대중이 급히 금당에 들어가 관음상을 옮기려 했으나 상은 온데간데없었다. 연기 자욱한 마당을 둘러보니 어느새 관음상이 나와 있었다. 하지만 누구도 옮긴 사람이 없었다. 관음상 스스로 불길을 피해 금당에서 걸어 나온 것이다.

중국 명장이 만든 중생사 관음보살상

중국의 한 유명한 화가가 신라에 오게 된 사연이 흥미롭다. 자기의 그림으로 인해 큰 곤경에 처할 뻔했다가 관음보살의 보살핌으로 풀려났다. 이 일이 계기가 되어 그는 고국을 떠나 신라에 왔고 경주 중생사에 관음상을 조성하였다.

다만 그가 정확히 누구인지는 전해지지 않는다. 일연은 '당나라의 장승요張僧繇(480~557)'라는 일설을 소개하면서, 만약 그렇다면 그를 벌주려고 했던 황제는 양나라에서 진나라 사이의 임금으로 보았다. '당나라 황제'라고 전하는 이유는 우리나라에서 중국의 고대 국가들을 통칭해서 당나라라고 불렀던 관행 때문이라는 나름의 해석도 곁들였다.

그렇다면 그가 정말 장승요일까? 설령 아니더라도, 중국의 화가가 우리나라에 와서 작품 활동을 했을 수도 있을까? 여인의 배꼽 아래 점까지 그렸다가 큰 곤욕을 치렀다고 일연이 소개한 일화는 사실 《역대명화기》(847년)의 장승요 편에서 가져온 이야기다. 그런데 여기에는 장승요가 신라에 갔다는 말이 전혀 없다. 이를 보면 일연은 장승요가 신

당나라 시대의 인로왕보살도

라에 와서 작품을 했다는 전승을 말하기 위해《역대명화기》에 나오는 부분을 발췌했다고 보인다.

장승요는 당 이전인 남북조시대(386~589)의 화가로,《역대명화기》에 따르면 주로 남조의 양梁(502~557)에서 작품 활동을 하였다. 인물화, 불화, 동물·식물 그림을 잘 그렸는데 특히 인물화에서는 사실적 묘사가 아주 뛰어났다고 한다. 그때까지 중국 화단에서는 '전신傳神'이라 하여 인물의 정신세계 표현에 집중하는 경향이 많았는데, 장승요가 생김새 그대로 그리는 화풍을 개척함으로써 사람들의 큰 관심을 받았다. 사찰에서 불상을 조성할 때도 그가 그린 불화를 모델로 하여 만드는 일이 많았다고 한다. 그래서 〈삼소관음〉에 중국에서 온 화가가 중생사에 불상을 조성했다는 말도 이런 맥락에서 들어맞는다.

한편, 장승요 이후 그만큼 유명했던 화가가 당의 오도현吳道玄(685~758)이다.《당조명화록》에도 그가 불교 회화에 능하였고 생전에 300점 넘는 사찰 벽화를 그렸다고 전한다. 전라남도 강진 무위사의 〈무위사 사적기〉(1739년)에 법당의 관음·아미타·세지 벽화를 오도자가 그렸다는 말이 보인다. 그 바탕은 앞서 장승요의 예처럼 오도자도 우리나라에 왔었다는 전설인 듯하다. 설령 이 말이 전설일 뿐 장승요나 오도현 등 중국 최고의 화가가 신라에 온 적이 없었다고 하더라도, 전성기를 구가하던 당나라의 불화가 충분히 삼국시대와 통일신라시대에 영향을 주었을 수 있다.

사실 오도현은 말년에 종적을 감추어 아무도 그가 어디에서 생을 마쳤는지 모른다. 전설에는 자기가 그린 그림 속 안개를 헤치고 들어가 버려 종적을 감추었다고 하는데, 그 안개 뒤가 신라 땅이었나보다.

중생사와 경주 최씨

관음의 이적이 여러 차례 나타났으니 중생사는 신라 사회에서 제법 알려진 관음 도량이었을 듯하다. 하지만 이 글 말고 다른 기록에는 전혀 전하지

《고려사》 권93, 열전6 〈최승로〉

않아서 위치도 모른다. 다만, 이 이야기에 나오는 중국 화가가 활동한 시기나 신라에 관음신앙이 확산하던 시기가 7세기이므로 중생사도 대략 이 무렵에 창건되었다고 볼 수 있다. 또한 최은함이 촌각을 다투는 다급한 순간에 달려간 점을 들어서 경주 시내에서 가까운 낭산狼山 부근쯤에 있었다고 추정하기도 한다.

최은함은 《고려사》에 최은성崔殷誠으로 나온다. 육두품 출신이며, 최치원崔致遠(857~908?)을 시조로 하는 경주 최씨 '관가정공 청파'의 제2대조이다('경주최씨 관가정공 청파 족보도'). 935년에 아들 최승로崔承老(927~989)와 함께 고려에 합류하여 최승로는 최고 직위인 문하시중에 올랐고, 성종에게 〈시무 28조〉를 올림으로써 나라의 기틀을 세우는 데에 큰 공을 세웠다. 이 글에 나오듯이 이후 최숙崔肅·최제안崔齊顔(?~1046) 등으로 후손이 이어지며 집안도 번창했다. 이 가문은 중생사와 인연을 이어갔을 테고, 실제로 최제안은 천룡사의 중건에도 큰 힘을 보탰다(〈천룡사〉 참조).

하지만 이후 어쩐 일인지 중생사는 상당히 쇠락해졌다. 성태가 주지인 992년 무렵에는 절에서 하는 가장 기본 의례인 사사四事공양마저 할 수 없을 정도로 어려워졌다. 절박한 순간을 맞았으나, 갑자기 큰 시주를 베풀 사람들이 나타나 위기에서 구해주었다. 이들은 그동안 중생사와 전혀 인연이 없었던 김해

경주 낭산 출토 석조관음보살입상(국립경주박물관)

경주의 소금강산 전경

근방의 사람들이었다. 김해는 8세기까지 소경小京으로서 신라에서 중요시되던 지역으로서 고려 초에 972년 김해부, 995년 금주안동도호부로 승격되었다. 김해 사람들이 중생사로 찾아온 때가 바로 이 무렵이다. 이 얘기에는 당시 경주 지역의 경제가 상당히 침체했던 반면에 김해 지역은 비교적 윤택했던 상황이 반영되어 있다.

그로부터 100여 년 뒤에 점숭占崇이 중생사 주지가 되었다. 그런데 당시 중생사의 사격寺格이 낮아 그랬는지는 모르겠으나 그는 소문疏文, 곧 제문祭文도 제대로 읽고 쓰지 못하였다. 그 자리를 탐낸 사람에 의해 주지 자격에 의문이 제기되었고, 조사관인 츤의천사까지 내려오게 되었다. 하지만 점숭은 츤의천사가 내민 시험지를 거침없이 술술 읽어 내려가 자격 시비는 넘어가게 되었다. 츤의천사는 곧바로 이는 불심이 돈독한 점숭을 위해 관음상이 일으킨 이적임을 알아채고 그 영험함에 감탄하고 말았다.

백률사

효소왕(재위 692~702) 대인 693년 봄에 화랑 부례랑夫禮郎이 낭도들과 함께 수련 여행을 떠났다가, 북쪽 국경 부근에서 그만 적국에 납치되었다. 왕과 신

경주 백률사 금동약사여래입상(국보 제28호.
국립경주박물관)

하늘이 몹시 놀랐으나 구해올 방법이 없어서 전전긍긍하기만 했다. 그를 구해오면 큰 상을 내리겠다고 나라에 공고도 했으나 소용없었다. 그 사이 부례랑의 부모는 백률사 관음상 앞에서 자식의 무사 귀환을 지극정성으로 빌고 있었다. 그런데 두 달쯤 지난 어느 날, 만파식적萬波息笛이 날아가서 그를 태우고 돌아오는 이적이 일어났다. 만파식적을 날린 이가 글에 직접적으로 표현되지는 않았어도 문맥상으로 보면 백률사의 관음상임은 명확하다. 일연은 백률사 관음상이 중국의 조각가가 신라에 와서 만들었다는 일설을 소개했다. 이는 앞서 중생사 관음상이 중국 화가가 조성했다는 이야기와 일맥상통한다. 사실 여부를 떠나서, 백률사 관음상이 신라 사람들에게 깊은 관심을 받고 있었음을 알 수 있다.

대나무 피리인 만파식적을 신라가 비장하게 된 유래는 〈기이〉〈만파식적〉에 자세히 실려 있다. 신라 사람들의 절대적 믿음을 받는 신령한 보배로서 국민 정서상 국가 보위의 구심점 역할을 하고 있었다. 이러한 만파식적이 백률사 관음상과 함께 등장해 부례랑을 구하는 이야기는 드라마처럼 흥미롭다.

만파식적이 부례랑과 더불어 그를 찾기 위해 홀로 적진에 남았던 안상安常까지 함께 무사히 구출하고 돌아오자, 효소왕은 만파식적에게 '만만파파식적'이라는 관작을 내렸다. 만파식적을 의인화한 셈이라서 어색하게 들릴 수 있으나, 한편으로는 일찍이 이 만파식적을 내려주었던 문무왕과 김유신의 영혼에 감사했다는 의미로도 받아들일 수 있다.

신라화랑 영랑이 머물렀다는 속초 영랑호

부례랑과 안상

부례랑이 효소왕으로부터 국선國仙으로 임명받은 이듬해에 화랑 일행이 강원도 동해안으로 수련 여행을 떠났다. 금란金蘭(강원도 통천)을 거쳐 북명北溟(원산만 일대) 부근까지 갔을 때 적狄의 무리가 갑자기 나타나 부례랑을 붙잡아 가버렸다. 그런데 이 '적'의 정체가 불분명하다. 고대에 원산부터 강릉, 경상북도 북부 지역에 이르는 동해안 지역을 동예東濊가 차지하고 있었기에 그들로 추정해 볼 수 있다. 그런데 《삼국사기》에는 동예가 이때보다 약 100년 전 진흥왕 대에 이미 신라에 복속되어 이 지역이 하슬라주로 편입되었다고 나온다. 그렇다면 앞뒤 정황으로 볼 때 693년에 부례랑을 납치한 이들은 동예의 잔당이었을 수 있다. 혹은 이들을 말갈족 또는 고구려의 잔당으로 보는 견해도 있다.

이 이야기 외에 부례랑은 어느 기록에도 나오지 않는다. 납치되었다가 귀환한 뒤 대각간 벼슬을 받았고 아버지 김대현도 태대각간이 되었으니 명문 거족이었음이 분명하다. 명예직이어도 태대각간 칭호 수여는 이때가 처음이었다. 그 말고는 삼국통일의 영웅 김유신에게 사후 추증이 있었고, 또 신라

기마전사 신라 화랑

말 최유덕崔有德에게 내린 일까지 전부 세 번밖에 없었다.

일연은 부례랑을 구하려 쫓아갔던 안상은 화랑 영랑永郎의 문도였다는 일설을 소개했다. 이 이야기에 근거해 그가 화랑 안상安詳과 동일인이라는 주장도 나온다. 그는 영랑·술랑述郎·남석랑南石郎과 함께 신라의 사선四仙, 곧 4대 화랑 중 한 명으로 꼽혔다. 하지만 일연은 이는 분명한 얘기는 아니며, 또 영랑의 다른 문도라고 전하는 진재·번완 등도 누구인지 잘 모르겠다고 언급했다. 안상이 나중에 공을 인정받아 승직인 대통大統으로 임명되었으니, 승려도 화랑이 될 수 있었던 게 아니라면 그를 승려로 보는 게 자연스럽다. 여하튼 화랑과 불교는 서로 관련이 깊어서 일연도 평소 화랑에 관하여 관심이 남달랐다. 《삼국유사》에 화랑과 관련한 이야기가 적지 않게 나오는 이유이기도 하다. 한편, 사선 중에서도 영랑이 가장 유명하여 영랑호·삼일포·울산 천전리 서석書石 등 그의 자취가 오늘날에도 전한다.

민장사

신라 불교 문화의 전성기에 해당하는 경덕왕 대인 745년에 민장사敏藏寺 관음상이 나타낸 이적에 관한 이야기이다.

신라의 가난한 여인 보개寶開의 아들이 탄 배가 난파되어 표류하다가 간신히 중국 남쪽 해안에 닿았다. 그곳 사람들에 의해 노비처럼 들일을 하게 되었다가, 보개가 민장사 관음상에게 이레(7일) 동안 지성으로 기도한 끝에 무사히 귀환할 수 있었다. 사람마다 다르게 생각할 수 있으나, 여러 불보살 중에서도 관음보살은 우리나라 사람들이 가장 친근하게 느꼈던 존재인데, 이 〈삼소관음〉에 사람들의 그런 정서가 잘 드러나 있다.

민장사에 보이는 신라 역사의 일면

자기 집을 바쳐 민장사를 창건한 민장은 기록에 신분이 각간角干으로 나온다. 각간은 신라 17관등 중 최고위의 벼슬이므로, 민장사의 위치와 격이 처음에는 상당히 높았다고 추측된다.

그러나 절의 위치나 이후의 역사가 전혀 남아 있지 않고, 일연 역시 그에 대해 아무 언급도 없기에 일연의 시대에 꽤 쇠락되어 있었다고 짐작할 뿐이다. 일연이 이야기를 아주 간결하게 소개하느라 읽는 사람으로서는 장면이 이어지지 않고 어딘가 생략되었다는 느낌도 받을 수 있다. 이를 보완하기 위해 줄거리를 요약해 본다.

민장사 관음상의 모습을 추측케 하는 중국 수나라 관음보살상(메트로폴리탄미술관 소장)

745년의 일이었다. 경주 우금리에 사는 보개는 믿음이 깊었던 여인이었다. 하지만 농사지을 땅도 없을 만큼 가난했는지 아들 장춘이 해상海商을 따라 무역선을 타게 되었다. 당시는 해상 무역이 활발하여 이런 일이 충분히 있을 수 있었다. 오늘날에는 신라의 해상 무역으로 9세기 청해진으로 상징되는 장보고張保臯의 해상세력이 유명하지만, 이 글에서 그 외에 민간의 해양 무역도 신라시대에 상당히 활발하게 이루어졌음을 엿볼 수 있다.

바다 한가운데로 나갔던 장춘의 배가 그만 난파하였다. 겨우 혼자만 살아남아 뗏목에 의지한 채 표류하다가 '오吳'라는 지역에 닿았다. 오는 문맥

장보고 시절의 신라 선박 복원 모형

상 중국 같아 보이지만 구체적으로 어디인지는 나오지 않는다. 중국 역사상 세 개의 오나라가 있으나 모두 이 이야기의 시기와 맞지 않는다. 그런데 우리나라에서 옛날부터 양쯔강 아래, 혹은 강남 장쑤성 지역을 흔히 '오'라고 통칭하였으므로 일단 그렇게 봐야겠다. 그렇다면, 장춘이 경주 사람이므로 그가 탄 무역선이 울산항에서 떠났다고 가정하면 남해안을 지나 서해를 지나 중국 남쪽 지방을 오가던 배였다고 볼 수 있다.

원 문

三所觀音

衆生寺

新羅古傳云 中華天子有寵姬 美艷無雙 謂古今圖畫 尠有如此者 乃命善畫者寫眞 ^畫
工傳失其名 或云張僧繇 則是吳人也 梁天監中爲武陵王國侍郞直秘閣知畫事 歷右將軍吳興太守 則乃中國梁陳間之天子
也 而傳云唐帝者 海東人凡諸中國爲唐爾 其實未詳何代帝王 兩存之 其人奉勅圖成 誤落筆汚赤毁於臍下
欲改之而不能 心疑赤誌必自天生 功畢獻之 帝目之曰 形則逼眞矣 其臍下之誌 乃
所內秘 何得知之幷寫 帝乃震怒 下圓扉 將加刑 丞相奏云 所謂伊人其心且直 願赦
宥之 帝曰 彼旣賢直 朕昨夢之像 畫進不差則宥之 其人乃畫十一面觀音像呈之 協
於所夢 帝於是意解赦之 其人旣免 乃與博士芬節約曰 吾聞新羅國敬信佛法 與子乘
桴于海 適彼同修佛事 廣益仁邦 不亦益乎 遂相與到新羅國 因成此寺大悲像 國人
瞻仰 禳禱獲福 不可勝記 羅季天成中 正甫 崔殷誠久無胤息 詣玆寺大慈前祈禱 有
娠而生男 未盈三朔 百濟甄萱襲犯京師 城中大潰 殷誠抱兒來告曰 鄰兵奄至 事急
矣 赤子累重 不能俱免 若誠大聖之所賜 願借大慈之力覆養之 令我父子再得相見

涕泣悲惋 三泣而三告之 裹以襁褓 藏諸猊座下 眷眷而去 経半月寇退 來尋之 肌膚
如新浴 貌體嬽好 乳香尙痕於口 抱持歸養 及壯聰惠過人 是爲丞魯 位至正匡 丞魯
生郎中崔肅 肅生郎中齊顏焉 自此繼嗣不絶 殷誠隨敬順王入本朝爲大姓 又統和十
年三月 主寺釋性泰 跪於菩薩前 自言 弟子久住玆寺 精勤香火 晝夜匪懈 然以寺無
田出 香祀無繼 將移他所 故來辤爾 是日 假寐夢大聖謂曰 師且住無遠離 我以緣化
充齋費 僧忻然感寤 遂留不行 後十三日 忽有二人 馬載牛駄 到於門前 寺僧出問 何
所而來 曰 我等是金州界人 向有一比丘到我云 我住東京衆生寺久矣 欲以四事之難
緣化到此 是以 歛施隣閭 得米六碩 鹽四碩 負載以來 僧曰 此寺無人緣化者 爾輩
恐聞之誤 其人曰 向之比丘率我輩而來 到此神見井邊曰 距寺不遠 我先往待之 我
輩隨逐而來 寺僧引入法堂前 其人瞻禮大聖 相謂曰 此緣化比丘之像也 驚嘆不已
故所納米盐 追年不廢 又一夕寺門有火災 閭里奔救 升堂見像 不知所在 視之已立
在庭中矣 問其出者誰 皆曰不知 乃知大聖靈威也 又大定十三年癸巳間 有僧占崇 得
住玆寺 不解文字 性本純粹 精勤火香 有一僧欲奪其居 訴於襯衣天使曰 玆寺所以
國家祈恩奉福之所 宜選會讀文疏者主之 天使然之 欲試其人 乃倒授疏文 占崇應
手披讀如流 天使服膺 退坐房中 俾之再讀 崇鉗口無言 天使曰 上人良由大聖之所
護也 終不奪之 當時 與崇同住者 處士金仁夫 傳諸鄕老 筆之于傳

栢栗寺

雞林之北岳曰金剛嶺 山之陽有栢栗寺 寺有大悲之像一軀 不知作始 而靈異頗著 或
云 是中國之神匠塑衆生寺像時幷造也 諺云 此大聖曾上忉利天 還來入法堂時 所
履石上脚迹至今不刓 或云 救夫禮郎還來時之所視迹也 天授三年壬辰九月七日 孝
昭王奉大玄薩喰之子夫禮郎爲國仙 珠履千徒 親安常尤甚 天授四年[卽長壽二年]癸
巳暮春之月 領徒遊金蘭 到北溟之境 被狄賊所掠而去 門客皆失措而還 獨安常追
迹之 是三月十一日也 大王聞之 驚駭不勝曰 先君得神笛 傳于朕躬 今與玄琴藏在
內庫 因何國仙忽爲賊俘 爲之奈何 琴笛事具載別傳 時有瑞雲覆天尊庫 王又震懼使檢之
庫內失琴·笛二寶 乃曰 朕何不予 昨失國仙 又亡琴笛 乃囚司庫吏金貞高等五人 四
月募於國曰 得琴笛者 賞之一歲租 五月十五日 郎二親就栢栗寺大悲像前 禮祈累夕
忽香卓上得琴笛二寶 而郎常二人來到於像後 二親顚喜 問其所由來 郎曰 予自被掠

爲彼國大都仇羅家之牧子 放牧於大烏羅尼野 _{一本作都仇家奴 牧於大磨之野} 忽有一僧 容儀端正 手携琴·笛來慰曰 憶桑梓乎 予不覺跪于前曰 眷戀君親 何論其極 僧曰 然則宜從我來 遂率至海壖 又與安常會 乃批笛爲兩分 與二人各乘一隻 自乘其琴 泛泛歸來 俄然至此矣 於是 具事馳聞 王大驚使迎郎 隨琴笛入內 施鑄金銀五器二副各重五十兩 摩衲袈裟五領 大綃三千疋 田一萬頃納於寺 用答慈庥焉 大赦國內 賜人爵三級 復民租三年 主寺僧移住奉聖 封郎爲大角干 _{羅之冢宰爵名} 父大玄阿飡爲大大角干 母龍寶夫人爲沙梁部鏡井宮主 安常師爲大統 司庫五人皆免 賜爵各五級 六月十二日 有彗星孛于東方 十七日 又孛于西方 日官奏曰 不封爵於琴·笛之瑞 於是 冊號神笛爲萬萬波波息 彗乃滅 後多靈異 文煩不載 世謂安常爲俊永郎徒 不之審也 永郎之徒 唯眞才繁完等知名 皆亦不測人也 _{詳見別傳}

敏藏寺

禺金里貧女寶開 有子名長春 從海賈而征 久無音耗 其母就敏藏寺 _{寺乃 敏藏角干 捨家爲寺} 觀音前克祈七日 而長春忽至 問其由緒 曰 海中風飄舶壞 同侶皆不免 予乘隻板歸泊吳涯 吳人收之 俾耕于野 有異僧如鄕里來 吊慰勤勤 率我同行 前有深渠 僧掖我跳之 昏昏間如聞鄕音與哭泣之聲 見之乃已屆此矣 日哺時離吳 至此纔戌初 卽天寶四年乙酉四月八日也 景德王聞之 施田於寺 又納財幣焉

전후로 가져온 사리

국사에 나오기를, 진흥왕 대청 3년[549] 기사에 양나라 사신 심호가 사리 몇 과를 가져왔다고 한다. 선덕왕 대인 정관 17년[643] 계묘에 자장 법사가 부처님 머리뼈, 어금니, 불신의 사리 100과와 부처님이 입던 붉은 비단에 금박이 찍힌 가사[緋羅金點袈裟] 한 벌을 가지고 돌아왔다. 사리를 셋으로 나누어 하나는 황룡사 탑, 다른 하나는 태화사 탑, 또 다른 하나는 가사와 함께 통도사 계단戒壇에 두었다. 그 나머지는 어디 있는지 알 수 없다. 계단은 2단으로 되었고, 상단의 중앙에 돌을 안치하고 뚜껑을 덮어서 마치 엎어놓은 솥처럼 생겼다.

사람들 말에 전하기를, 예전 지금 왕조[고려]에서 두 안렴사가 연이어 와서 계단에 예를 올리고 석확을 열어 사리를 경배하려 했다. 처음에는 긴 이무기가 함 속에 똬리를 틀고 있었고, 두 번째는 돌의 불룩한 자리[石腹]에 거대한 두꺼비 한 마리가 웅크리고 있었다. 이로부터는 함부로 열어 보지 않았다고 한다.

근래에 상장군 김이생 공과 시랑 유석이 고종[재위 1213~1259] 대에 왕명을 받들어 강동[낙동강 동쪽]을 지휘하였다. 장절[왕이 준 신표]을 지니고 절에 와 뚜껑 돌을 열어서 불사리를 경배하고자 하였다. 절 스님들이 지난 일을 들어서 어렵다고 했으나 두 공은 군사에게 영을 내려 열도록 했다. 안에는 작은 석함이 있고 함 속에 유리통이 놓였으며, 통 안에 사리 4알이 있었다. 전하여 보이며 절하고 경배하였다. 통은 약간 상처가 나 있어서 금이 가 있었는데, 그때 마침 유 공이 수정함 한 개를 갖고 있어서 시주를 겸하여 넣어 두고 이를 적어놓아 알게 하였다. 임금께서 강화에 들어가신 지 4년째인 을 미년[1235]이었다. 옛 기록에는 '100과를 세 곳에 나누어 두었다'라고 하였는 데 지금은 오직 4개뿐이다. 안 보이다가도 사람에 따라 나타나면서 많거나 적거나 함이 그다지 괴이한 일은 아니다.

또 세상에 전하기를, 황룡사 탑이 불탄 날 석확의 동쪽 면에 큰 얼룩이 생 겨서 지금까지 또렷하다고 한다. 곧 대요의 응력 3년[953] 계축이고 이번 왕 조의 광종 임금 5년으로, 탑의 세 번째 재난이었다. 조계의 무의자가 시를 남겨 '황룡사 탑 불탄 날/ 잇단 불길 속 무간지옥 보였네'라고 말한 게 바로 이것이다.

지원 갑자[1264] 이래로 중국 사신과 이를 영접하는 우리나라 신하[皇華]들 이 다투어 와서 보고 경배하였고, 사방의 운수[승례]들도 모여들어 참례하 였다. 혹은 열어 보거나 열어 보지 않거나 하였다. 진신사리 4매 외에 모래 나 자갈처럼 부서진 변신 사리가 석확 바깥에 보였는데 묘한 향기를 짙게 풍기며 며칠을 그치지 않을 때가 가끔 있었다. 이는 말법 시대에 이 땅에 보 이는 기이한 일이다.

당 대중 5년[851] 신미에 중국으로 갔던 사신[入朝使] 원홍이 부처님 어금니를 가져온 바 있고, 지금은 있는 데를 알지 못한다. 신라 문성왕(재위 839~857) 대였다 후당 동광 원년[923] 계미, 지금 왕조의 태조 임금 즉위 6년에 중국으로 갔던 사 신 윤질이 가져온 오백 나한상은 지금 북숭산 신광사에 있으며, 송나라 선 화 원년[1119] 기묘에 예종 임금 15년이다 조공하러 갔던 사신 정극영·이지미 등 이 가져온 부처님 어금니는 지금 내전에 두어 받들고 있다.

이렇게 전해 내려온다. 옛날 의상 법사가 당에 가서 종남산 지상사 지엄 존 자가 머무는 데에 이르렀다. 근방에 있는 도선 율사는 늘 하늘로부터 공양 을 받아 매번 식사[齋] 때면 하늘의 주방에서 음식을 보내주었다. 하루는 율 사가 의상 공을 식사 자리에 불렀다. 의상이 와서 자리에 앉은 지 오래되었 으나 하늘에서 오는 공양이 시간이 지나도 오지 않았다. 이에 의상이 빈 발우인 채로 돌아갔고, 천사天使는 그제야 왔다. 율사가 오늘 무슨 일로 늦었느냐고 물으니, 천사가 "온 골짜기마다 신병들이 막아 지키고 있어서 들어올 수 없었습니다."라고 했다. 그제야 율사는 의상 공이 신의 호위를 받고 있음을 알았고, 그의 도道가 자신보다 높음을 승복하였다. 이에 받아 든 공양 그릇을 남겨두고, 다음날에 다시 지엄과 의상 두 스님을 식사에 불러서 그 일을 자세히 말해주었다. 의상 공이 도선에게 조용히 말하였다.

"스님께서는 이미 천제의 공경을 받고 있군요. 일찍이 듣기를 제석궁에 부처님의 40개 치아 중의 어금니 하나가 있다 합니다. 저희를 위해서 인간 세상에 내려주어 복되게 하도록 부탁하는 게 어떻습니까?"

율사가 후에 천사와 함께 그 뜻을 상제에게 전하자, 상제는 7일 기한으로 의상 공에게 보내주었다. 경배를 다 마치고 나서는 대궐 안에 모셨다.

훗날 대송 휘종[재위 1100~1125] 조에 이르러 좌도[도교]를 숭상하였다. 그때 나라 사람들한테 "금인金人이 나라를 망하게 한다."라는 도참이 퍼졌다. 황건의 무리가 일관을 움직여 "금인이란 불교를 이르는 말입니다."라고 하였다. 장차 나라에 이롭지 못하리라 여겨서 석씨[불교]를 파멸시키자고 논의하여 여러 사문을 땅에 묻고 경전을 불태워 버렸다. 이에 따로 만든 작은 배 한 척에 부처님의 어금니를 실어서 띄워 보내며 인연이 따르는 데로 떠내려가도록 하였다.

이때, 마침 우리 사신이 송나라에 갔다가 이 이야기를 듣고, 천화용[특산 버섯 또는 고급 비단옷] 50령, 모시와 베 300필을 배를 맡은 궁중 관리에게 뇌물로 주어 몰래 부처님 어금니를 받고는 빈 배만 띄워 보내게 했다. 부처님 어금니를 얻은 사신 등이 돌아와서 아뢰었다. 이에 예종이 크게 기뻐하며 시원전 왼편에 딸린 작은 전각에다 봉안하였다. 늘 자물쇠를 채워 문 닫아 놓고 바깥에다 향등을 달아 두었다. 임금이 친히 행차하는 날에는 전각을 열어서 우러르며 경배하였다.

임진년[1232]에 임금이 피난할 때, 내관들이 바쁘게 허둥대느라 잊어버려 거두어 살피지를 못하였다. 병신[1236] 4월에 이르러 임금의 원당 신효사의 온광 스님이 부처님 어금니에 경배드리기를 청하였다. 왕이 이를 듣고 내신에게 궁중을 두루 찾아보도록 하였으나 끝내 못 찾았다. 그때, 백대 시어사 최충이 설신에게 명하여 급히 알자謁者[왕명을 전달하는 관리]들을 불러들였으나 모두 어찌할 바를 몰랐다. 내신 김승로가 "임진년 피난할 때의 〈자문일기〉를 살펴봅시다." 하자 그렇게 하였다. 기록에는 '입내시 대부경 이백전이 불아함을 받았다'라고 되어 있어 이백전을 불러 추궁하니, "집에 돌아가서 제가 쓴 기록을 다시 살펴보게 해주십시오."라고 하였다. 집에 가서는 '좌번 알자 김서룡이 불아함을 받았다'라는 기록을 찾아와 보여주었다. 김서룡을 불러 물었으나 아무 말도 하지 못했다. 다시 김승로가 주장한 대로 임진년부터 그해 병신년까지 5년 동안 어불당 및 경령전에 당직 섰던 자들을 잡아 가두고 심문하였으나, 여전히 머뭇거리며 어떻게 해야 할지 결정하지 못하였다.

사흘 뒤 밤중에 김서룡의 집 담장 안으로 물건을 던져 넣는 소리가 나서 불을 밝혀 살펴보니 바로 불아함이었다. 본래 함 속에는 먼저 침향합을 넣은 다음 순금합으로 바깥을 싸고, 그 바깥을 백은함으로 싸고, 그 바깥을 유리함으로 싸고, 그 바깥을 나전함으로 쌌는데 각각의 너비가 잘 맞았다. 이때는 단지 유리함뿐이었다. 기뻐하며 궁궐에 가지고 들어가 이를 전하였다. 담당 관서에서 의론하여 김서룡 및 두 전각의 당직자 모두 죽이고자 하였으나, 진양부가 "불사로 인해 사람들이 많이 다치는 일은 옳지 않습니다."라고 아뢰어서 모두 이를 면하였다.

다시 왕명으로 시원전 앞마당에 따로 불아전을 잘 지어 봉안하도록 하고, 영을 내려 군사들이 이를 지키도록 하였다. 길일을 택해 신효사 상방[주지] 온광을 청하여, 30명을 데리고 궁에 들어와 재를 설하여 경배토록 하였다. 그날 승선 최홍, 상장군 최공연·이영장, 내시, 다방[궁내 의식을 담당하던 기구] 등이 궁에 들어와 시원전 뜰에 공손히 서 있다가 차례대로 머리에 이고서 공경하였다. 부처님 어금니에 난 작은 구멍 사이에 있던 수없이 많은 사리는 진양부가 백은합에 넣어서 봉안하였다. 그때 주상께서 신하들에게 말하였다.

"내가 부처님 어금니를 잃어버리고서 스스로 네 가지 의문이 들었었다. 첫 번째는 '천궁의 7일 기한이 다 차서 하늘로 올라갔는가?'이고, 두 번째는 '나라가 이처럼 어지러운 탓에 불아는 신물이라 인연 있는 평온한 나라로 옮겨 갔는가?'이고, 세 번째는 '재물을 탐낸 소인배가 함을 훔쳐내고서 도랑에다 버린 게 아닌가?'이고, 네 번째는 '진귀한 물건을 훔쳤으나 이를 드러낼 수가 없어 집 안에 숨기고 있을까?'이다. 이제 보니까 네 번째 의문이 맞았구나."

그러면서 소리 내어 크게 우니, 마당에 가득한 사람들 모두가 눈물을 흘렸다. 임금님의 장수[獻壽]를 빌며, 정수리와 팔에다 향을 태우는[燃頂燒臂] 사람이 헤아릴 수 없이 많았다. 이 실록은 당시 내전 분수승 전 기림사 대선사 각유한테 얻었다. 직접 눈으로 보았다며 나더러 기록해 두라고 하였다.

또한 경오[1270]에 이르러 강도를 떠날 때의 난리는 임진 때보다도 심했다. 시원전 감주 선사 심감이 위험을 무릅쓰고 몸에 지니고 나옴으로써 도적으로부터의 난을 면하고 궁궐에 잘 전해질 수 있었다. 그 공에 큰 상을 내리고, 명찰로 옮기도록 하여 지금 빙산사에서 머문다. 이 일 역시 그에게서 직접 들었다.

진흥왕 대의 천가 6년[565]·을유에 진나라의 사신 유사가 명관 스님과 함께 불경과 논서 1,700여 권을 싣고 왔다. 정관 17년[643]에 자장 법사가 삼장[경장·율장·논장] 400여 함을 실어 와서 통도사에 안치하였다. 흥덕왕 대의 대화 원년[827] 정미에 입학승 고려[고구려]의 구덕 스님이 불경 약간 권을 받아 오니 국왕과 여러 절의 스님들이 흥륜사 앞길까지 나아가 맞이했다. 대중 5년[851]에 입조사 원홍이 불경 약간 축을 받아왔다. 신라 말에 보요 선사가 오월에 두 번 갔다 오며 대장경을 실어 오니, 곧 해룡왕사의 개산조이다. 대송 원우 갑술[1094]에 어떤 이가 그의 진영에 찬을 지었다.

위대하신 초조
우뚝한 그 모습
오월에 두 번 가서

대장경의 공을 이루셨네
보요 호를 내리며
임금께서 네 번 봉했네
그 덕을 묻는다면
밝은 달 아래 불어온 맑은 바람이리다

또한 대정[1161~1189] 중에 한남관기 팽조적이 시를 남겼다.

수운 난야에 부처님 계시니
신룡도 숨어 있네
마침내 명람[불경]을 얻음은
남방[인도]에서 상교[불교]가 전래함과 같으리

발문도 있으니 이러하다.

"옛날 보요 선사가 처음 남월에서 대장경을 구하였다. 배를 타고 돌아오는 길에 갑자기 해풍이 일자 작은 배라서 파도에 크게 요동을 쳤다. 선사가 '생각건대 신룡이 경전을 머물게 하려는가 보다'라고 말하며 주문을 정성스레 외고, 용도 받들어서 함께 돌아오고자 하였다. 이에 바람이 멎고 파도도 잠잠해져 본국에 잘 돌아오게 되었다.
산천을 두루 다니며 안치할 데를 찾았다. 이 산에 이르자 갑자기 상서로운 구름이 산꼭대기에서 일어나는 게 보였다. 법을 이은 제자[高弟] 홍경과 함께 연사蓮社[절]를 잘 운영하였다. 그런즉 상교象教[불교]가 동쪽으로 전해 온 일은 실로 여기부터 비롯한다. 한남 관기 팽조적이 제題하였다."

절에 용왕당이 있는데 신령하고 이상한 일이 자못 많았다. 경전이 들어올 때 따라와서 여기에 머물러 지금도 남아 있다.

또한 천성 3년[928] 무자에 묵 화상이 당나라에 가서 역시 대장경을 실어 왔다. 지금 왕조 예종(재위 1105~1122) 임금 때에 혜조 국사가 왕명을 받들어 중국에 유학[西學]하여 요본 대장경[거란 대장경] 3부를 사 왔는데, 한 본은 지금 정혜사에 있다. <small>해인사에 한 본이 있고, 허참정 댁에 다른 한 본이 있다</small> 대안 2년[1086] 지금 왕조 선종(재위 1083~1094) 대에 우세 승통 의천이 송나라에 갔다가 천태의 교관[불경]을 많이 들여왔다. 그 외의 문적[方冊]들은 실어 오지 않았다. 고승과 신사들이 왕래하며 받아온 일들은 자세히 적지 못할 만큼 많다. 큰 가르침[大敎]이 동으로 흘러와 큰물이 되었으니 얼마나 경사스러운가! 찬한다.

중국의 달과 동이의 바람은 아득히 떨어져 있고
녹원[석가모니의 탄생]과 학수[석가모니의 열반]는 이천 년이나 되었네
바다 너머로 전하였으니 참으로 경사로다
동진[우리나라]과 서건[인도]이 모두 한 하늘 아래로구나

여기에 실린 의상의 전기에 의하면 영휘[650~655] 초에 당나라에 들어가 지엄을 뵈었다고 한다. 그러나 부석사 비석[浮石 本碑]에 의하면 의상은 무덕 8년[625]에 태어나 관세[丱歲][소년]에 출가하였다. 영휘 원년[650] 경술에 원효와 함께 중국에 가고자 하였으나 고구려에 이르러 어려움이 생겨서 돌아왔고, 용삭 원년[661] 신유에 당나라에 들어가 지엄에게 배움을 얻었다. 총장 원년[668]에 지엄이 입적하여 함형 2년[671]에 의상이 신라에 돌아왔고, 장안 2년[702] 임인에 입적하니 나이 78세였다. 그런즉 지엄과 함께 도선 율사의 처소에서 공양받고 천궁의 부처님 어금니를 부탁한 일은 신유년(661)에서 무진년(668)까지 7~8년 사이가 아니겠는가!
지금 왕조의 고종 임금이 강도에 들어간 임진년[1232]에 천궁에서 준 7일의 기한이 다 찼는가 하고 의심한 건 잘못이다. 도리천의 하루 밤낮은 인간 세상의 백 년에 해당한다. 또한 의상 공이 처음 당에 갔던 신유년부터 고종 임진

년에 이르기까지가 693년이다. 경자년[1240]이 되어야 비로소 700년이 차고 7일 기한이 다 찬다. 강도에서 나왔던 지원 7년[1270] 경오는 730년째이다. 만일 천제의 말에 따라 7일 후에 천궁으로 돌려보냈다면 선사 심감이 강도를 나올 때 갖고 나와 바친 건 진짜 불아는 아니지 않겠는가? 이해 봄에 강도에서 육지로 나가기 전, 여러 종파의 이름난 스님들을 궁궐에 불러서 정근하며 불아 사리를 찾고자 하였으나 1매도 얻지 못하였으니, 7일 기한이 차서 이미 천궁으로 올라갔던 게 맞는 듯하다.

21년 갑신[1284]에 국청사 금탑을 보수하고, 임금과 장목왕후께서 묘각사로 행차하여 대중을 모아 낙성을 경축[慶讚]하였다. 앞에서 말했던 부처님 어금니는 낙산사의 수정 염주, 여의주와 더불어 임금과 신하와 대중이 함께 우러르며 머리에 이고 경배[頂戴]를 드린 뒤에 모두 금탑 안에 봉안했다. 나 역시 이 모임에 참여하여 이른바 부처님 어금니라 하는 것을 직접 보았다. 길이가 세 치쯤이고 사리는 없었다. 무극이 적었다.

해 설

'전후 소장 사리前後所將舍利'라는 제목을 '앞뒤로 가져온 사리'로 푼다면 자장慈藏(590~658) 스님이 중국에서 불두골을 비롯해 불아佛牙와 불신佛身 사리 100과 등을 가져온 일과, 의상義湘(625~702) 스님이 천궁天宮에서 불아 사리를 빌려온 두 가지 일을 가리킨다고 봐야 한다. 그런데 이외에도 삼국시대에서 고려시대에 이르는 동안 불사리가 전래한 일들이 두루 소개되어 있으니, 꼭 이 둘에 한하지 말고 '잇달아 가져온 사리'라고 해도 이상하지 않다.

또한, 진신사리 외에 법신사리法身舍利인 불경이 전래한 일들도 자세히 나온다. 그래서 이 글은 곧 우리나라의 사리 전래사라고 할 만하다. 특히 사장이 불사리를 통도사 계단에 봉안했던 일화는 이 자체로 훌륭한 역사 자료이다.

송나라 휘종(재위 1100~1125)이 도교를 지나치게 숭앙하고 불교를 탄압해 궁내에서 모시던 불사리까지 배에 실어 멀리 보내려 하자, 마침 중국에 왔던 고려의 사신이 담당 관리를 매수해 이를 얻어 돌아왔다는 이야기가 흥미롭다. 다른 데에는 나오지 않고 여기에만 보이는데, 실제로 휘종 대의 불교 탄압이 극심했었기에 역사의 맥락상 개연성이 있다.

불사리가 불교에서 워낙 중요한 의미를 지니기에 우리나라 불교사에는 이와 관련한 갖가지 일화들이 많았다. 이 글은 이런 이야기들을 풀어내느라 글이 길고 또 구성도 약간 복잡하게 되었다. 자칫 문맥을 놓치거나 오독誤讀하기가 쉬워서 이 글의 난해함을 비판하는 사람도 많다. 하지만 이 글에 다음의 일곱 가지 내용이 담겨 있음을 알면 전체 맥락을 파악하는 게 그다지 어렵지 않다.

① 자장 스님이 통도사 계단에 진신사리를 봉안한 유래
② 고려의 유력자들이 통도사 계단을 열어서 진신사리를 친견하려 했던 일화
③ 신라·고려에 불아 사리가 들어왔던 역사
④ 의상 스님이 중국 도선 율사를 만나 천궁으로부터 불아 사리를 7일 동안 빌려온 일
⑤ 천궁에 있던 불아 사리가 고려에 전해져 궁중에 봉안되었고, 강화 천도 때 잃어버렸다가 4년 뒤 개경에 돌아와서 되찾은 일
⑥ 우리나라에 불경이 전래했던 역사
⑦ 의상 스님이 천궁에서 7일 동안 빌려온 불아 사리의 기한 재해석

①은 국사國史에 나오는 이야기, ②는 사람들의 입에서 입으로 전하는 이야기를 적었고, ③~⑥은 일연이 여러 자료를 참고해서 자신의 견해를 피력한 글이다. ①과 ②는 진신사리 전반, ③~⑤는 불아 사리에 특정한 글이다.

일제시기 양산 통도사 전경

양산 통도사 금강계단

그리고 마지막 ⑦은 일연의 제자 무극無極이 지은 일종의 후기인데, 통도
사 불아 사리①에 대한 후일담이 들어 있다.

이 〈전후소장사리〉에는 자장 스님이 통도사 금강계단에 봉안한 불아 사
리탑에 관한 여러 정보가 나온다. 그래서 '엎어 놓은 솥'처럼 생겼고, 꼭대기
에 뚜껑 놀이 덮여 여닫을 수 있는 방식이며, 불아 크기는 9cm쯤으로 여러
구멍 안에 아주 작은 사리알들이 숱하게 많이 달려 있었고, 불아함은 바깥

복원된 울산 태화사지의 태화루

에서부터 나전함→ 유리함→ 백은함→ 순금합→ 침향합 순으로 포개어
져 있었음을 알 수 있다.

자장과 통도사의 불사리

일연이 처음에 언급한 국사國史란《삼국사기》이며, 진흥왕 10년(549)에 중
국 양나라에서 신라에 사신을 보내 사리를 전해준 이야기가 나온다.《삼국
사기》에는 중국 사신 심호沈湖의 이름이 빠져 있는 반면에, 중국에 유학한
각덕覺德 스님이 귀국하면서 양나라 사신과 함께 불사리를 가져왔다는《삼
국유사》에 없는 이야기가 실렸다.

이후 643년에 자장 스님에 의해 100과가 한꺼번에 들어왔고, 이 일이 계
기가 되어 사리 신앙이 크게 일어났다고 보인다. 그래서 일연은 이 일을 강
조하기 위하여 제목으로 삼았고, 불사리 100과가 황룡사 구층 목탑, 통도
사 금강계단, 태화사 등 세 곳에 나뉘어 봉안된 일을 비중 있게 다루었다.

이 중에서 황룡사의 불사리는 몽골의 고려 침략으로 목탑이 불타버릴 때
사라졌고, 또한 태화사의 불사리도 이후 행방이 묘연해졌다. 그러나 통도사
불사리만큼은 몽골의 침입, 왜구의 침략, 임진왜란 등 커다란 국난 속에서

신라 각덕스님이 양나라에서 가져왔다는 사리를 봉안한 대구 동화사 금당암 서삼층석탑(왼쪽)과 석탑 사리함과 소탑(위)

도 건재하며 사람들에게 불력이 도와준다는 희망과 용기를 북돋워 주었다. 이 글에는 바로 이 통도사 금강계단의 불사리에 관한 이야기가 큰 줄거리를 이룬다.

일연은 금강계단이 2층으로 되었고 그 상층 중앙에 불사리를 봉안한 석확石钁이 있다고 묘사했다. 석확은 곧 사리탑인 셈인데, '엎어놓은 솥'처럼 생겼고 돌 뚜껑이 달렸다고 나오니 인도, 중국의 '복발탑覆鉢塔' 형태가 아니었는지 모르겠다.

의상이 천궁에서 빌려온 불아 사리

통도사 세존비각의 〈석가여래 영골사리 부도비〉

의상이 중국 종남산 지상사至相寺의 지엄智儼(602~668)을 찾아가 화엄을 배울 때, 하늘의 공양을 받는 일을 두고 도선道宣(596~667) 율사 사이에 일어났던 일화가 소개되었다. 지엄이 중국 화엄종의 2대 조사로 꼽히는 고승이지만 도선 역시 남산율종을 창시

한 고승이었다.

하늘나라를 다스리는 천제에게 공양받을 만큼 도력이 높다고 자신하던 도선은 이를 신라에서 온 의상한테 은근히 자랑하고 싶었는지 의상과 지엄을 저녁 식사에 초대했다. 하지만 하늘에서 내려온 천사를 막을 만큼 기운 센 신병들이 의상을 호위하고 있음을 알고는 의상의 도력이 자기보다 낫다고 인정했다는 이야기이다. 이는 의상 자신의 도력만이 아니라 고려 사람들의 높은 불교적 자존감도 말해주는 듯하다.

그런데 이때 의상이 도선의 도움을 얻어 하늘나라 제석궁에 있는 불아 사리 하나를 7일을 기한으로 하여 빌려왔다. 이를 궁궐[大內]에 모셨다 하는데 어느 나라 궁인지는 나오지 않는다. 지상사가 당나라의 서울인 장안과 가까우니 일단 당나라 궁으로 읽힌다. 그러나 곧바로 이어지는 고려 왕실의 불아 사리 분실 소동을 말하는 중에 이 불아 사리가 바로 의상이 빌려온 것이라는 암시가 있어 흥미롭다.

1235년, 통도사 불사리 친견 소동

고려시대에 고관대작들이 통도사 불사리를 친견하려고 사리탑 뚜껑을 열려는 일들이 잇달았다. 먼저 안렴사按廉使, 곧 이 지역을 다스리던 고관 두 명의 이야기가 나온다. 하지만 이들은 불사리는 못 보고 각각 이무기와 두꺼비만 보고 기겁한 채 돌아갔다고 한다.

이후 1235년에 상장군 김이생金利生과 시랑 유석庾碩도 와서 뚜껑을 열려 했다. 김이생은 1226년 금나라와 전투에서 큰 공을 세운 무인이다. 1235년 9월 안동 사람들이 반란을 일으켜 경주를 공격하자 그가 상장군이 되어 이를 진압하러 내려갔다. 충청·전라의 안찰사를 지낸 문신 유석이 함께 했는데, 이들이 통도사에서 불사리를 친견한 일은 바로 이때였다고 보인다. 절의 스님들이 전에 안렴사들이 겪은 일을 말하며 만류했으나, 임금이 준 신표까지 지닌 이들의 뜻을 거스를 수는 없었다. 그런데 이들은 전에 왔던 안렴사들과는 달리 불사리를 친견할 수 있었다. 같은 일인데 앞선 안렴사들은 왜 실패했고 이들은 또 어떻게 했길래 성공했을까? 아마도 안렴사들은 단순한 호기심이었던 데 비해 김이생 등은 나라에 세운 공이 있어서 불사리가 모습을 보였던 게 아닐까 싶다. 적어도 일연은 이런 생각으로 이 두 가지 일을 비교하느라 소개한 듯하다.

김이생 등이 뚜껑을 열고 본 석확에는 잘 감싸놓은 유리통 안에 불사리 4알이 들어 있었다. 유리통은 곧 유리병이다. 우리나라 고대의 사리장엄은 불사리를 담은 유리병을 금·은 등으로 만든 상자 모양의 함에 넣는 게 보통이다. 특히 안전이나 위엄을 위해서 유리병이 석재에 직접 닿지 않도록 하는 게 핵심이다. 그러나 통도사 석확에는 유리병이 바로 석함 속에 두어진 건 의외다. 본래 있었던 금은 재질의 함이 어떤 사유로든 중간에 빼내졌을 수 있다.

또한 김이생과 유석이 본 유리 사리통은 이미 약간 금이 가 있었다. 자장이 처음 봉안하고 나서 600년 가까이 지나 자연 손상되었거나, 도중에 금강계단을 수리할 때 상했을 수 있다. 그래서 유석이 자기가 지녔던 수정함을 넣어두었다는데, 금이 간 유리통을 빼내고 넣었는지 아니면 이것을 수정함에 넣었는지는 명확하지 않다.

후일담도 전한다. 이로부터 120여 년 뒤에 왜구가 통도사를 향해 침략하자 이를 피해 주지 월송이 불사리를 꺼내 개경으로 가져갔고, 이를 받은 우왕은 궁중에서 화려한 친견 법회를 열었다. 이렇게 해서 유석이 넣은 수정함을 비롯한 사리장엄 일부 또는 전체는 1377년 불사리와 함께 개경으로 옮겨짐으로써 645년에 자장이 처음 봉안했던 사리장엄은 원형을 많이 벗어나게 되었다고 보인다. 다시 200년이 지나 임진왜란 중에 사명대사가 사리장엄을 완전히 새롭게 봉안할 때까지 이런 상황이 이어졌다고 볼 수 있다.

한편, 이 부분에서 일연이 소개한 무의자無衣子 혜심慧諶(1178~1234)이 썼다는 시는 〈제통도사계단題通度寺戒壇〉으로, 해당 시구는 '석존의 사리 높은 세단을 누르고/ 엎어진 솥 가에는 불 자국 보이네(釋尊舍利鎭高壇 覆釜腰邊有火瘢)'이다.

고종의 왕릉인 강화도의 홍릉

1236년, 고려 왕실의 불아 사리 분실 소동

고려 왕실이 강화도로 천도한 1232년에서 1236년 사이 궁중에서 보관하고 있던 불아 사리가 분실되는 사건이 일어났다. 몽골군이 대대적으로 쳐들어와 급히 피난 가던 중 불아 사리의 관리를 담당했던 관리들이 허둥지둥하다가 그만 챙기지 못한 채로 떠났고, 4년 뒤에야 이 사실을 인지한 조정이 갖은 소동을 벌인 끝에 간신히 되찾았다는 이야기이다.

1994년 발견된 진신사리를 봉안한 중국 산동성 문상현의 불아전佛牙殿

이 소동에 등장하는 주요 인물은 불아 사리의 행방을 처음 거론한 신효사의 온광, 감찰을 담당한 어사대의 최충崔冲과 설신薛伸[薛愼](?~1251), 왕의 측근 김승로金承老, 내시들의 책임자 이백전李百全, 왕실 업무를 처리하는 내알사內謁司의 김서룡金瑞龍 등이다. 불아함을 훔친 사람은 한층 조여 오는 수사망에 겁을 먹었는지 밤중에 불아함을 김서룡의 집에 몰래 던져놓음으로써 사건은 마무리되었으나, 범인이 누구인지는 끝내 밝혀지지 않았다.

실권을 쥔 진양부 최이崔怡가 건의해서 관리들의 책임 소재는 불문에 부쳐졌고, 불아 사리는 시원전에 다시 봉안하였다. 하지만 이 사건은 왕실 권위에 커다란 상처를 주었다고 보인다. 또 본래의 사리장엄도 대부분 없어진 채 불사리가 든 유리함만 돌아왔으니, 고종이 장탄식하며 눈물을 뚝뚝 흘릴 만도 했다.

되찾은 불사리를 기념하여 궁중에서 법회를 성대히 열었다. 이 법회는 처음 불사리에 대한 경배를 청했던 신효사 온광 스님이 맡아 했다. 여러 각료가 차례대로 불아함을 머리에 이고 예를 드렸다고 하니, 그 숙연했을 분위기가 느껴진다. 그런데 불아 사리에 나 있는 구멍에 작은 사리가 숱하게 많았다는 묘사가 있는데, 이를 '불아함 구멍으로 숱한 불사리가 보였다'라고 잘못 번역한 예가 많다.

법회를 마칠 즈음, 고종은 신하들 앞에서 자기의 구슬픈 마음을 되뇌었다. 그때 불사리가 없어진 이유에 대해 네 가지 의심이 들었다면서, 그중 하나가 의상 스님이 천궁에서 빌려온 불아 사리가 7일 기한이 다 찼으므로 도로 하늘로 올라갔는가 하는 생각도 들었다고 말했다. 다른 세 가지 의심은 지금 우리가 들어도 합리적이지만, 그는 왜 아무런 연관도 없는 이 얘기를 갑자기 꺼냈을까? 이는 당시 고려 사람들이 그 100년 전 송나라 왕실에서 버려버린 이 불사리가 실은 600여 년 전 의상이 천궁에서 빌려온 불아 사리라고 생각하고 있었음을 뜻한다.

한편, 〈전후소장사리〉의 끝부분에 이 불아 사리에 관한 후일담이 나온다. 우여곡절 끝에 되찾은 불사리인데 1270년에 개경으로 돌아갈 때도 하마터면 적병에게 뺏길 뻔했다고 한다. 이 역시 환도가 순조롭게 진행되지 않아 매우 혼란스럽던 와중에 일어난 일이었다. 실권을 쥔 최씨 무신정권은 급격히 무너지고, 삼별초는 왕권에 항명하는 등 내부적으로는 큰 진통이 있었다. 이 과정을 지켜봤던 일연은 처음 강화도로 천도한 1232년보다도 더 혼란스러웠다고 하여 불사리의 안전에도 큰 위험이 있었음을 암시했다. 다만 자세한 내용은 적지 않고, 기림사의 각유覺猷 스님 덕에 위험에서 벗어날 수 있었다고만 했다. 〈낙산 이대성 관음 정취 조신〉에 각유가 1258년 기림사 주지였다고 나오니, 일연과 평소 잘 알고 지내던 사이였던 모양이다.

되찾는 과정이 극적이고, 그 와중에 여러 사람의 생각과 행동이 적나라하게 드러난다. 일연이 이 부분을 유달리 섬세하게 묘사했음을 보면 이 글은 그가 꼭 제대로 전하고 싶었던 이야기 같다는 느낌이 든다.

법신사리 불경 전래의 역사

일연은 진신사리뿐만 아니라 법신法身사리인 불경을 중국에서 가져왔던 일들도 자세히 적었다. 이 일들은 《삼국사기》, 《고려사》와 비교해도 대체로 역사에 부합한다.

이 중에서 신라 말 보요普曜 선사 얘기가 비중 있게 다뤄졌다. 보요가 불경을 얻어 귀국하는 과정에서 신룡神龍의 도움을 받았고, 그 보답으로 돌아와 해룡왕사海龍王寺를 짓고 대장경을 봉안한 이야기이다. 그런데 보요 선사는 고려 초에는 유명했으나 오늘날에는 누구인지 자세히 알지 못한다. 그가 창건한 해룡왕사도 어디에 있었는지 알 수 없고 단지 전라남도 순천이라는 막연한 추정만 있었다. 그런데 2018년 우리나라 조사팀에서 일본 덴리天理대학에 가서 그곳에 소장된 《대동금석서大東金石書》의 〈해룡왕사 원오대사비〉 탑본을 정밀하게 조사할 기회가 있었다. 그 결과 비문은 고려 초기에 한림학사 등을 지낸 김정언金廷彦이 썼고, 절의 위치가 오늘날 경기도 포천시 성산 군부대 일대로 확인되었다는 주장이 나왔다.

한편, 일연이 대각국사 의천이 송나라에서 불교 경전을 대량 구매해 온 일을 언급하면서, '此外方冊所不載'라고 한 말은 의천이 천태종 관련 경전 외에 다른 책은 일절 가져오지 않았음을 말한다. 그런데 이를 '그 외에 책에 실리지 않은 내용' 등으로 잘못 해석한 예가 많다.

고려시대 '금탑'을 연상시키는 고려 금동
다층소탑(공양탑)(국립중앙박물관)

의상 스님이 창건한 부석사 내경

의상이 빌려온 불아 사리에 관한 무극 스님의 의문

이 글 맨 마지막 부분 '여기에 실린 의상의 전기에 따르면(按此錄按此錄義湘傳云)~' 이하는 일연의 제자로 추정되는 무극無極이 썼다. '의상전'이란 《삼국유사》〈의해〉〈의상 전교〉를 말한다. 여기에서 무극은 의상이 중국에 가서 지엄을 만난 해를 650년이라 적은 〈의상 전교〉에 의문을 표하고, 661~668년 사이라고 보았다. 지금 학계에서도 650년은 원효와 함께 처음 유학을 떠났던 해로, 이때는 고구려 군사에게 잡혔다가 겨우 되돌아왔고, 661년에야 비로소 지상사에 도착해 지엄을 만났다고 본다. 다만, 무극이 인용한 부석사 비석('浮石本碑')이 남아 있지 않아서 확실히는 알 수 없다. 또한 일연이 1232년에 잃어버린 불아 사리를 1236년에 되찾았다고 한 데 대해, 무극은 심감이 1270년 강화도에서 가지고 나온 불사리는 그 불아 사리가 아닌 듯하다고 완곡하게 의문을 드러냈다.

그리고, 무극은 천궁에서 700년을 기한으로 하여 빌려온 불아 사리에 대해 매우 자세히 설명했다. 여기서 그는 천궁에서 말한 하루는 인간세계에서는 100년에 해당한다고 전제하고서 의견을 제시했는데, 요약하면 이렇다.

① 661년, 의상이 중국에 유학함. 이후 668년 사이 천궁에서 불아 사리를 빌려옴

② 1232년, 강화 천도 시 불아 사리 분실. 의상이 불아 사리를 빌려온 지 693년째

③ 1240년, 불아 사리를 빌려온 지 700년째

④ 1270년, 개경 환도. 불아 사리를 빌려온 지 730년째
（참조 : 1235년 김이생·유석이 양산 통도사에서 불아 사리를 친견, 1236년 잃어버린 불아 사리를 되찾음）

강화에서 개경으로 다시 나온 1270년은 의상이 약속한 700년（③）에서 30년이나 지났을 때라서 불아 사리는 이미 천궁에 올라가 있었다고 무극은 생각했다. 그래서 강화도에서 심감이 가지고 나왔다는 불아는 아마도 의상 스님이 빌려온 불아 사리가 아닐 듯하다고 말하였다. 나오기 직전 불사리 얻기를 기원하는 정근을 했을 때 하나도 얻지 못했던 일을 그 근거로 들었다.

그런데 그의 연수 계산에는 착오가 있었다. ①에서 나오는 대로 의상이 빌려온 해를 661년으로 보더라도 700년째는 1360년인데, 그는 ③에서 1240년이 바로 그 해라고 했으니, 무려 120년이나 차이가 난다. 또 ②에서는 불아 사리를 잃어버린 1232년을 693년째라고 했으나 사실은 572년째이다（이상 우리나라 나이 계산 방식）. 다시 말해서 무극은 60갑자를 두 번이나 더 돈 120년을 잘못 더해서 계산한 셈이다. 아마도 옛 연호나 간지를 당시 연도로 환산하면서 실수했던 모양이다. 그러나 비록 햇수 계산은 잘못되었어도, 고려 사람들이 불아 사리를 얼마나 중요하게 생각했는지 알 수 있어 나름대로 의미가 있는 대목이다.

여하튼 무극의 말에는 고려 궁중에서 봉안하던 불아 사리가 곧 의상이 천궁에서 빌려와 당나라 궁중에 보관시켰다는 불아 사리임이 암시되어 있다.

무극은 고종의 불아 사리 친견 법회 때 참여해 부처님 어금니를 직접 보았다. 길이가 3촌（9cm）이고, 어금니의 구멍 속에 숱하게 많이 달려 있던 사리

는 없더라고 적었다. 진양부에서 그 전에 이 작은 사리들을 따로 모아 백은 합에 봉안했으니 친견 법회 때는 안 보인 게 당연하다. 무극이 덧붙인 이 글은《삼국유사》의 첫 출판 시기를 추정하는 데에도 참고된다. 그래서 일연은 전체 원고를 탈고만 했고, 그의 입적 후에 무극 등 제자들이 출판했다고 볼 수 있다. 일연 생전에 출판했다면 이런 부기付記가 배치되는 게 조금 부자연스럽다.《삼국유사》전체를 아우르는 서문이 없는 이유도 그 때문인 듯하다.

원 문

前後所將舍利

國史云 眞興王大淸三年己巳 梁使沈湖 送舍利若干粒 善德王代 貞觀十七年癸卯 慈藏法師 所將佛頭骨佛牙佛舍利百粒 佛所著緋羅金點袈裟一領 其舍利分爲三 一分在皇龍塔 一分在太和塔 一分幷袈裟在通度寺戒壇 其餘未詳所在 壇有二級 上級之中 安石蓋如覆鑊 諺云 昔在本朝 相次有二廉使禮壇 擧石鑊而敬之 前感脩蟒在函中 後見巨蟾蹲石腹 自此不敢擧之 近有上將軍金公利生 庾侍郎碩 以高廟朝受旨 指揮江東 仗節到寺 擬欲擧石瞻禮 寺僧以往事難之 二公令軍士固擧之 內有小石函 函襲之中 貯以瑠璃筒 筒中舍利只四粒 傳示瞻敬 筒有小傷裂處 於是庾公適蓄一水精函子 遂奉施兼藏焉 識之以記 移御江都四年乙未歲也 古記稱百枚分藏三處 今唯四爾 旣隱現 隨人多小 不足怪也 又諺云 其皇龍寺塔災之日 石鑊之東面始有大斑 至今猶然 卽大遼應曆三年癸丑歲也 本朝光廟五載也 塔之第三災也 曹溪無衣子留詩云 聞道皇龍災塔日 連燒一面示無間 是也 自至元甲子已來 大朝使佐本國皇華 爭來瞻禮 四方雲水 輻湊來參 或擧不擧 眞身四枚外 變身舍利 碎如砂礫 現於鑊外 而異香郁烈 於日不歇者 比比有之 此末季一方之奇事也 唐大中五年辛未 入朝使元弘所將佛牙 今未詳所在 新羅文聖王代 後唐同光元年癸未 本朝太祖創位六年 入朝使尹質所將五百羅漢像 今在北崇山神光寺 大宋宣和元年己卯 睿廟十五年 入貢使

鄭克永李之美等 所將佛牙 今內殿置奉者是也 相傳云 昔義湘法師入唐 到終南山
至相寺智儼尊者處 隣有宣律師 常受天供 每齋時天廚送食 一日律師請湘公齋 湘
至坐定既久 天供過時不至 湘乃空鉢而歸 天使乃至 律師問 今日何故遲 天使曰 滿
洞有神兵遮擁 不能得入 於是 律師知湘公有神衛 乃服其道勝 仍留其供具 翌日又
邀儼湘二師齋 具陳其由 湘公從容謂宣曰 師既被天帝所敬 嘗聞帝釋宮有佛四十齒
之一牙 爲我等輩 請下人間爲福如何 律師後與天使傳其意於上帝 帝限七日送與湘
公 致敬訖 邀安大內 後至大宋徽宗朝 崇奉左道 時國人傳圖讖曰 金人敗國 黃巾之
徒 諷日官奏曰 金人者 佛教之謂也 將不利於國家 議將破滅釋氏 坑諸沙門 焚燒経
典 而別造小舡 載佛牙泛於大海 任隨緣流泊 于時 適有本朝使者 至宋聞其事 以天
花茸五十領紵布三百疋 行賂於押舡內史 密授佛牙 但流空舡 使臣等既得佛牙來奏
於是睿宗大喜 奉安于十員殿左挾小殿 常鑰匙殿門 施香燈于外 每親幸日 開殿瞻
敬 至壬辰歲移御次 內官恩遽中忘不收檢 至丙申四月 御願堂神孝寺釋蘊光請致敬
佛牙 聞于上 勅令內臣遍檢宮中 無得也 時 栢臺侍御史崔冲命薛伸 急徵于諸謁者
房 皆未知所措 內臣金承老奏曰 壬辰年移御時紫門日記推看 從之 記云 入內侍大
府卿李白全受佛牙函云 召李詰之 對曰 請歸家更尋私記 到家檢看 得左番謁者金瑞
龍佛牙函准受記 來呈 召問瑞龍 無辭以對 又以金承老所奏云 壬辰至今丙申五年間
御佛堂及景靈殿上守等 囚禁問當 依違未決 隔三日 夜中瑞龍家園墻裏 有投擲物
聲 以火檢看 乃佛牙函也 函本內一重沈香合 次重純金合 次外重白銀函 次外重瑠
璃函 次外重螺鈿函 各幅子如之 今但瑠璃函爾 喜得之 入達于內 有司議 金瑞龍及
兩殿上守皆誅 晋陽府奏云 因佛事 不合多傷人 皆免之 更勅十員殿中庭特造佛牙
殿安之 令將士守之 擇吉日 請神孝寺上房蘊光 領徒三十人 入內設齋敬之 其日 入
直承宣崔弘上將軍崔公衍李令長內侍茶房等侍立于殿庭 依次頂戴敬之 佛牙區穴
間 舍利不知數 晋陽府以白銀合貯而安之 時 主上謂臣下曰 朕自亡佛牙已來 自生四
疑 一疑 天宮七日限滿而上天矣 二疑 國亂如此 牙既神物 且移有緣無事之邦矣 三
疑 貪財小人 盜取函幅 弃之溝壑矣 四疑 盜取珍利 而無計自露 匿藏家中矣 今第四
疑當之矣 乃放聲大哭 滿庭皆洒涕獻壽 至有煉頂燒臂者 不可勝計 得此實錄於當
時內殿焚修前祗林寺大禪師覺猷 言親所眼見 使予錄之 又至庚午出都之亂 顚沛之

甚 過於壬辰 十員殿監主禪師心鑑亡身佩持 獲免於賊難 達於大內 大賞其功 移授
名刹 今住氷山寺 是亦親聞於彼 眞興王代天嘉六年乙酉 陳使劉思與釋明觀 載送
佛経論一千七百餘卷 貞觀十年 慈藏法師載三藏四百餘函來 安于通度寺 興德王
代大和元年丁未 入學僧高麗釋丘德 賫佛経若干函來 王與諸寺僧徒出迎于興輪寺
前路 大中五年 入朝使元弘 賫佛経若干軸來 羅末普耀禪師再至吳越 載大藏経來
卽海龍王寺開山祖也 大宋元祐甲戌 有人眞讚云 偉成初祖 巍乎眞容 再至吳越 大
藏成功 賜街普耀 鳳詔四封 若問其德 白月清風 又大定中 漢南管記彭祖逖留詩云
水雲蘭若住空王 況是神龍穩一場 畢竟名藍誰得似 初傳像敎自南方 有跋云 昔普
耀禪師始求大藏於南越 泊旋返次 海風忽起 扁舟出沒於波間 師卽言曰 意者 神龍
欲留経耶 遂呪願乃誠 兼奉龍歸焉 於是風靜波息 旣得還國 遍賞山川 求可以安邀
處 至此山 忽見瑞雲起於山上 乃與高第弘慶経營蓮社 然則 像敎之東漸 實始乎此
漢南管記彭祖逖題 寺有龍王堂 頗多靈異 乃當時隨経而來止者也 至今猶存 又天
成三年戊子 黙和尙入唐 亦載大藏經來 本朝睿廟時 慧照國師奉詔西學 市遼本大
藏三部而來 一本今在定惠寺 海印寺有一本 許參政宅有一本 大安二年 本朝宣宗代 祐世僧
統義天入宋 多將天台敎觀而來 此外方冊所不載 高僧信士往來所賫 不可詳記 大
敎東漸 洋洋乎慶矣哉 讚曰 華月夷風尙隔烟 鹿園鶴樹二千年 流傳海外眞堪賀 東
震西乹共一天 按此録義湘傳云 永徽初 入唐謁智儼 然據浮石本碑 湘武德八年生
卅歲出家 永徽元年庚戌 與元曉同伴欲西入 至高麗有難而廻 至龍朔元年辛酉入唐
就學於智儼 總章元年 儼遷化 咸享二年 湘來還新羅 長安二年壬寅示滅 年七十八
則疑與儼公齋於宣律師處 請天宮佛牙 在辛酉至戊辰七八年間也 本朝高廟入江都
壬辰年 疑天宮七日限滿者 誤矣 忉利天一日夜當人間一百歲 且從湘公初入唐辛酉
計至高廟壬辰 六百九十三歲也 至庚子年 始滿七百年而七日限已滿矣 至出都至元
七年庚午 則七百三十年 若如天言而七日後還天宮 則禪師心鑑出都時 佩持出獻者
恐非眞佛牙也 於是年春出都前 於大內集諸宗名德 乞佛牙舍利 精勤雖切 而不得
一枚 則七日限滿上天者 幾矣 二十一年甲申 修補國清寺金塔 國主與莊穆王后 幸
妙覺寺 集衆慶讚訖 右佛牙與洛山水精念珠如意珠 君臣與大衆 皆瞻奉頂戴 後幷
納金塔內 予亦預斯會 而親見所謂佛牙者 長三寸許 而無舍利焉 無極記

미륵 선화, 미시 화랑, 진자 스님

제24대 진흥왕의 성은 김씨이고, 이름은 삼맥종이다. 심맥종이라고도 쓴다 양
대동 6년[540] 경신에 즉위하였다. 큰아버지 법흥왕의 뜻을 흠모하여 한마
음으로 불교를 받들어 절을 많이 세우고 비구와 비구니를 출가시켰다.

또한 천성이 자연을 사랑[風味]하여 신선을 매우 숭상하였다. 백성 중에서
아름답고 고운 젊은 여인[낭자]을 택해 원화로 받들고, 잘 가려 뽑은 남자
들을 낭도로 모아 효도·우애·충성·신의를 가르치는 것을 나라 다스리는
데에 있어서 역시 중요한 일로 삼았다.

이에 남모·교정 두 원화를 뽑고 3~4백 명의 낭도를 모았다. 교정이라는 자
가 모랑을 질투하여, 술을 많이 준비해서 모랑을 취하게 하고 몰래 북천으
로 업고 가서 돌에 묻어 죽였다. 그 낭도들은 그가 간 데를 몰라 슬피 울다
가 흩어졌다. 이를 알아챈 어떤 사람이 노래를 지어 마을 아이들에게 가르
쳐주며 거리에서 부르게 하였다. 그 낭도들이 이를 듣고 북천에서 그의 시
체를 찾고는 교정을 죽였다. 이에 대왕이 명을 내려 원화를 없앴다.

몇 년이 지나고 왕은 나라를 일으키려면 모름지기 풍월도가 먼저라고 다시
생각하였다. 이에 명을 내려서 좋은 가문의 남자 중에서 덕행이 있는 자를
뽑아 화랑이라고 고쳤다. 설원 화랑을 첫 국선으로 삼으니, 바로 화랑으로
서 국선이 되는 시작이었다. 이에 명주[강릉]에 비석을 세움으로써 사람들이
악을 고쳐 선행토록 하고, 윗사람을 공경하고 아랫사람에게 온화하게 하
니, 오상·육예·삼사·육정이 그때 널리 행해졌다. 국사에 진지왕 대건 8년[576] 병신

진지왕 대에 이르러 흥륜사의 스님 진자가 혹은 정자라고도 한다 늘 금당 주존 미륵상 앞에 나아가 발원하며 맹세하였다.

"원하건대 우리 대성[미륵]께서 화랑으로 나타나셔서 제가 항상 가까이에서 뵙고 일을 받들며 모시게 해주십시오."

그 간절한 성의와 신실히 기도하는 마음은 날로 지극해졌다. 어느 날 저녁 꿈에 한 스님이 나타나 말하였다.

"그대는 웅천 지금 공주이다 수원사에 가서 미륵 선화를 뵈시오."

꿈을 깬 진자는 놀랍기도 하고 기쁘기도 하였다. 그 절을 찾아 떠났는데, 열흘 거리를 한 걸음마다 절 한 번 하면서 갔다. 그 절에 닿아보니 문밖에 한 화랑이 있었는데, 매우 아름답고 고왔다. 눈웃음을 지으며 맞이하더니 작은 문 안으로 이끌어서 손님이 머무는 집으로 안내하였다. 진자가 방에 올라가서 절을 하고 물었다.

"화랑께서는 저를 잘 모르실 텐데 어찌하여 이렇게 잘 대해주십니까?"

젊은이가 말하였다.

"저도 서울[慶州] 사람입니다. 스님이 아주 먼 데에서부터 애써서 오신 걸 보았습니다."

잠시 문밖으로 나갔는데 어디 갔는지 알 수 없었다. 진자는 '우연이겠지!' 하며 크게 이상하게 여기지 않았다. 절의 스님에게 가서 지난번 꿈과 이곳에 온 뜻을 설명하고 나서 말하였다.

"잠시 말석[下榻]에 앉아서 미륵 선화를 기다려도 괜찮습니까?"

절의 스님은 진자의 생각은 허황하나 마음만은 진심임을 알았다. 이에 말하였다.

"여기서 남쪽으로 가면 가까이에 천산이 있습니다. 예로부터 현명하고 훌륭한 사람들이 머무르기에 감응이 많습니다. 그곳에 가보시지 않겠습니까?"

진자가 그 말을 따랐다. 산 아래에 다다르니 산신령이 노인으로 몸을 바꾸어서 맞이하며 말하였다.

"무슨 일로 여기까지 왔습니까?"

"미륵 선화를 뵙고자 합니다."라고 대답하자 노인이 말하였다.

"수원사에 이르렀을 때 문밖에서 이미 미륵 선화를 뵈셨는데, 또 무엇을 바라십니까?"

이를 들은 진자는 땀을 흘릴 만큼 놀라서는 급히 본사[흥륜사]로 돌아왔다. 한 달 남짓 지나서 진흥왕이 그 소식을 듣고 불러들여서 그 까닭을 물으며 말하였다.

"그 화랑이 스스로 서울[경주] 사람이라고 하였다니, 성인은 헛말을 하지 않소. 어찌 성안에서 찾지를 않소?"

진자가 임금의 뜻을 받들어 낭도들과 함께 마을을 두루 다니면서 찾아보았다. 이때 얼굴에 옅은 화장을 하고[斷紅] 장신구를 찬[齊具] 이목구비가 수려한 화랑이 영묘사 동북쪽 길가의 나무 아래에서 우아한 모습으로[婆娑] 쉬는 모습을 보았다. 진자가 이를 보고 놀라서 말했다.

"이분이 미륵 선화이시다!"

이에 다가가서 물었다.

"화랑께서는 집은 어디이고, 존함이 어떻게 되는지 듣고 싶습니다."

젊은이가 말하였다.

"제 이름은 미시未尸이고, 어려서 부모님을 여의어서 성은 모릅니다."

이에 가마에 태우고 들어와서 왕에게 뵈었더니, 왕이 그를 공경하고 사랑하여 국선으로 받들었다. 그가 자제들을 화목하게 하고 예의와 덕행으로 풍속을 교화함이 남달랐다. 풍류가 세상을 빛낸 지 7년쯤 되었을 때 갑자기 사라졌다. 진자가 슬퍼하여 그를 그리워함이 매우 컸으나, 그의 자비를 크게 입었고 맑은 가르침을 직접 받았었기에 마음을 고쳐먹고는 정성껏 도를 닦았다. 진자 역시 늘그막에는 어디에서 삶을 마쳤는지를 알지 못한다.

잘 아는 사람[說者]이 이렇게 말했다.

"未는 彌와 소리가 비슷하고, 尸는 力과 모양이 비슷하다. 이에 그 비슷함을 빌어서 서로 섞어 쓴 것이다."

대성[미륵]께서 진자의 정성에 감동했을 뿐만 아니라, 이 땅과 인연이 있었으므로 때때로 나타나 보이셨다. 지금 나라 사람들이 신선을 미륵 선화라고 하고, 사람들을 연결해 주는 이를 무릇 미시라고 함도 다 자씨慈氏[미륵]가 남긴 풍속이다. 길가의 나무를 지금 견랑見郎[견랑수]이라 부르는데, 우리말로는 '사여수似如樹'라 한다. 인여수印如樹라고도 한다

찬한다.

아름다운 자취 찾는 걸음마다 모습을 우러르며
곳곳에 심은 건 한결같은 공덕일세
문득 봄이 가고 찾을 곳 없었는데
누가 알랴, 잠깐 사이 상림[신라]이 붉어질 줄을

해 설

화랑花郎의 역사와 미륵과의 관계가 나오는 글이다. 먼저 진흥왕 대에 화랑제도가 원화源花로 시작해서 화랑으로 정착하는 과정이 나온다. 남모·교정 두 원화의 사적 원한 관계는 곧 초기의 시행착오를 시사하는 듯하다. 이어서 진지왕 대에 화랑 미시가 '미륵 선화'를 매개로 하여 진자眞慈 스님과 만났던 이야기가 이어진다. 이들은 마치 무대 위에 선 배우들처럼 서로 밀도 있는 관계를 연기하면서, 관객들에게 6세기에 미륵 신앙이 어떻게 신라 사회에 퍼지게 되었는지 실감 나게 보여준다. 이때는 그동안 고구려와 백제에 한참 밀렸던 신라가 믿을 수 없는 속도로 국력을 신장하던 시기였으니, 일연은 그 밑바탕에 미륵 신앙과 화랑이 있었음을 말하고 싶었던 듯하다.

이 글에는 여러 번 읽을수록 더 재미나는 음미할 만한 문장이 많다. 한문고문古文이 으레 다 그렇지만, 이 글 역시 읽다 보면 단어와 문장 하나하나에 깊은 의미가 담겨 있음을 새삼 느끼게 된다.

경주시를 북쪽에서 감싸안으며 흐르는 북천(알천)

원화와 화랑

화랑에 관한 기록은 신라 김대문金大間의 《화랑세기》, 최치원崔致遠의 〈난랑비서〉, 당 고음顧愔의 〈신라국기〉, 그리고 《삼국사기》 등에 조금씩 나온다. 특히 《삼국사기》 〈진흥왕〉에 나오는 이야기가 이 글의 내용과 비슷하다. 다만 《삼국사기》에는 '原花'를 '源花'라고 썼고, 또 남모를 죽인 교정을 준정俊貞이라고 한 게 다르다.

남모가 죽임을 당한 곳인 북천은 경주 시내 북쪽을 흐르는 시내이다. 경주 보문단지 쪽에서 흘러나온 물길이 네 갈래로 갈라져 경주 시내를 에워싸듯이 지나가는데 이를 각각 동천·서천·남천·북천이라고 불렀다. 이 물길은 서쪽에서 다시 합류해 형산강이 된

범람이 잦았던 알천의 제방을 보수했다는 조선시대의 알천제방수개기

다. 북천은 일명 알천閼川이라고도 하며, 신라 고대에 있었던 여러 사건의 무

대로서 역사서와 전설에 자주 등장한다.

원화 간의 다툼으로 인해 진흥왕이 이를 없앴다가 얼마 뒤 부활시키면서 지도자를 여성 원화에서 남성 화랑으로 바꾸고, 그 첫 번째가 설원薛原이었다는 이 이야기는 다른 데에 없는 화랑제도 성립의 속사정을 보여주는 중요한 자료이다.

진흥왕과 화랑도

신라 역사상 대내외적으로 가장 역동적으로 활동한 왕을 뽑는다면 진흥왕(재위 540~576)이 아주 유력한 후보가 될 듯하다. 그는 군사력을 길러 적극적으로 영토 확장에 나섰고, 또한 선대인 법흥왕 대에 공인한 불교를 더욱 장려하여 신라 사회에 뿌리를 내릴 수 있도록 하였다. 힘을 받은 불교는 이후 신라 발전에 큰 역할을 했다. 신라사에서 두드러진 업적을 남긴 왕답게 《삼국유사》 여러 군데에 그와 관련한 일들이 소개되었다. 〈탑상〉에는 〈황룡사 장륙〉과 〈전후 소장 사리〉가 진흥왕 대를 시대 배경으로 한다.

화랑의 맹세
(임신서기석, 국립경주박물관)

이 글에서는 진흥왕이 신선사상에 심취해 있었고, 화랑제도도 처음은 이에 따라 시작되었다고 나온다. 그가 '천성이 자연을 사랑하여 신선을 매우 숭상했다'라는 말은 여러 가지로 해석될 수 있다. 신선은 원래 도가道家에서 도술을 익혀 불로장생하며 변환술에 능한 이를 말한다. 도교는 중국에서 7세기에 크게 유행하여 국정을 좌지우지할 정도가 되었다. 고구려에서도 보장왕이 도사들을 중용하는 바람에 보덕 스님이 백제로 떠났던 '비래방장飛來方丈' 고사가 〈고려 영탑사〉와 〈보덕이암〉에 나온다. 부여박물관에 있는 '사택지석비'에도 도교의 흔적이 보인다.

하지만 이 글의 진흥왕이 도교에 심취했다거나 도교 우

신라의 미륵사상이 표현된 경주 단석산 신선사 마애불상군 중 미륵반가사유상(국보 제199호, ⓒ문화재청)

대 정책을 폈다는 이야기는 다른 어디에도 보이지 않는다. 일반적 역사 평가
로는 진흥왕은 도교에 깊이 빠지지 않고, 다만 도교적 사상과 미륵 사상이
가미된 화랑제도 확립에 힘을 기울였다고 본다. 화랑 중에서 뛰어난 이를
국선國仙이라 하고, 화랑도를 풍월도·풍류도라고 불렀다는 기록이 이를 뒷
받침한다. 그래서 이 글에 '지금 나라 사람들이 신선을 미륵 선화라고 부른
다'라고 하였음은 명산을 탐방하며 다니던 화랑들의 모습을 보고 당시 사
람들이 화랑을 '신선'이라고 했다는 의미로 읽힌다.

화랑도와 미륵 사상

일연은 화랑이 신라 사회에서 중요한 역할을 하였다고 보았는지 《삼국유
사》에 화랑과 미륵과의 관계를 말해주는 일화를 많이 실었다. 〈기이〉에는
〈김유신〉에 화랑 김유신이 이끌던 무리를 용화 향도라고 불렀는데 이는 도
솔천에서 미륵이 앉아 있는 자리를 지켰던 '용화수' 나무에서 따온 이름이
라고 하였고, 〈효소왕대 죽지랑〉에는 부모가 죽지령 미륵상한테 기도하여
화랑 죽지가 태어났다고 나온다. 〈감통〉에는 〈월명사 도솔가〉에 화랑 조직
의 일원이던 월명 스님이 760년에 '도솔가'를 지어 하늘의 이변을 잠재웠다

공주 수원사지(충남 공주시 옥룡동 111번지)

는 이야기가 실렸다.

이 글에도 미시未尸 화랑으로 상징되는 미륵 얘기가 나온다. 일연은 '未尸'는 발음 및 글자 형태가 '彌力'과 비슷하므로 '미시'는 곧 미륵彌勒이라고 보았다. 그의 생각은 더 검토해 보아야 하겠으나, 1980년대 초에 익산 미륵사지를 발굴할 때 절 이름을 '彌力'이라고 새긴 7~8세기 기와가 나왔으니, 고대에 彌勒과 彌力을 같이 썼음은 분명하다.

진자 스님과 미륵

진자는 진흥왕에 이어 즉위한 진지왕(재위 576~579) 대의 스님이다. 평소 '미륵 선화仙花' 뵙기를 소원하였고, 이에 감응해 미륵이 미시 화랑으로 화현하였다. 그러나 진자는 공주 수원사水源寺에서 마주치고도 처음에는 그가 미륵 선화임을 바로 알아채지 못했다. 뒤늦게 이를 알고 다시 만나려 했으나 이미 그 화랑은 떠나버린 뒤였다. 이 얘기를 들은 진지왕은 경주에서 찾으라고 조언하였고, 과연 영묘사 부근에서 미시 화랑을 다시 만났다. 진자는 보자마자 '미륵 선화이시다!'라고 외쳤다.

진자의 외침 속에는 미시 화랑이 바로 미륵 선화의 화신임을 확신했다는 의미가 들어 있다. 선화가 곧 화랑이라는 생각은 화랑에서 국선을 뽑았다는 앞의 말과 일맥상통한다. 다시 말해서 '선화'는 곧 '국선 화랑'을 가리키는 말이고, 이는 진흥왕이 숭상했다는 '신선'과도 연결된다고 볼 수 있다.

진자가 미륵 선화를 만나기 위해 경주에서 공주까지 간 데 대해서 '신라 사람이 백제 영토까지 갈 수 있었을까?'라고 의심스럽게 보기도 하지만, 고구려·백제·신라 간에 오늘날과 같은 국경선이 있었을 것 같지는 않다.

한편, 일연이 진자의 눈으로 묘사한 미시 화랑은 신기하게도 국보 78호·83호 미륵반가사유상의 모습과 아주 비슷하다. 특히 78호 상에는 진자가 수원사 앞에서 미시 화랑을 처음 마주쳤을 때 본 눈웃음이 보이는 것도 그렇고, 장신구를 달고 얼굴에 옅게 화장한 채 영묘사 나무 아래에 서 있던 미시 화랑의 모습 그대로가 표현되어 있다. 이 글 속에 묘사된 미시 화랑과 미륵상의 모습이 일치함은

금동반가사유상(국보 제78호)

우연이라기보다, 6~7세기 신라 사람들이 미륵보살의 모습은 이러했을 거라고 생각했기 때문이 아닐까. 또 이들 국보 반가사유상의 모델이 10대 후반에서 20대 초반의 청년 모습이라는 점도 흥미롭다.

원 문

彌勒仙花 未尸郎 眞慈師

第二十四眞興王 姓金氏 名彡麥宗 一作深麥宗 以梁大同六年庚申卽位 慕伯父法興之

志 一心奉佛 廣興佛寺 度人爲僧尼 又天性風味 多尙神仙 擇人家娘子美艶者 捧爲

原花 要聚徒選士 敎之以孝悌忠信 亦理國之大要也 乃取南毛娘·姣貞娘兩花 聚徒

三四百人 姣貞者嫉妬毛娘 多置酒飮毛娘 至醉潛昇去北川中 擧石埋殺之 其徒罔

知去處 悲泣而散 有人知其謀者 作歌誘街巷小童 唱於街 其徒聞之 尋得其尸於北

川中 乃殺姣貞娘 於是 大王下令廢原花 累年 王又念欲興邦國 須先風月道 更下令

選良家男子有德行者 改爲花娘 始奉薛原郎爲國仙 此花郎國仙之始 故竪碑於溟

州 自此使人悛惡更善 上敬下順 五常六藝 三師六正 廣行於代 國史 眞智王大建八年庚申 始

奉花郎 恐史傳乃誤 及眞智王代 有興輪寺僧眞慈 一作貞慈也 每就堂主弥勒像前發原[願]誓

言 願我大聖化作花郎 出現於世 我常親近晬容 奉以周旋 其誠懇至禱之情 日益彌

篤 一夕夢有僧謂曰 汝往熊川 今公州 水源寺 得見彌勒仙花也 慈覺而驚喜 尋其寺 行十

日程 一步一禮 及到其寺 門外有一郎 濃纖不爽 盼倩而迎 引入小門 邀致賓軒 慈且

升且揖曰 郎君素昧平昔 何見待殷勤如此 郎曰 我亦京師人也 見師高蹈遠屆 勞來之

爾 俄而出門 不知所在 慈謂偶爾 不甚異也 但與寺僧叙曩昔之夢與來之之意 且曰

暫寓下榻 欲待彌勒仙花何如 寺僧欺其情蕩然而見其懃恪 乃曰 此去南隣有千山 自

古賢哲寓止 多有冥感 盍歸彼居 慈從之 至於山下 山靈變老人出迎曰 到此奚爲 答

曰 願見弥勒仙花爾 老人曰 向於水源寺之門外 已見彌勒仙花 更來何求 慈聞卽驚

汗 驟還本寺 居月餘 眞智王聞之 徵詔問其由 曰 郎旣自稱京師人 聖不虛言 盍覓城

中乎 慈奉宸旨 會徒衆 遍於閭閻間物色求之 有一小郎子 斷紅齊具 眉彩秀麗 靈妙

寺之東北路傍樹下 婆娑而遊 慈迓之驚曰 此彌勒仙花也 乃就而問曰 郎家何在 願

聞芳氏 郎答曰 我名未尸 兒孩時爺孃俱没 未知何姓 於是 肩輿而入見於王 王敬愛

之 奉爲國仙 其和睦子弟 禮義風敎 不類於常 風流耀世幾七年 忽亡所在 慈哀懷殆

甚 然飮沐慈澤 昵承淸化 能自悔改 精修爲道 晩年亦不知所終 說者曰 未與彌聲相

近 尸與力形相類 乃託其近似而相謎也 大聖不獨感慈之誠款也 抑有緣于玆土 故

比比示現焉 至今國人稱神仙曰 彌勒仙花 凡有媒係於人者 曰未尸 皆慈氏之遺風也

路傍樹至今名見郎 又俚言似如樹 一作印如樹 讚曰 尋芳一步一瞻風 到處栽培一樣功

驀地春歸無覓處 誰知頃刻上林紅

남백월의 두 성인, 노힐부득과 달달박박

〈백월산 양성 성도기〉에, 백월산은 신라 구사군의 북쪽으로서 옛날 굴자군에 지금은 의안군이다 있는데, 봉우리가 기이하고 빼어난 데다가 수백 리에 걸쳐서 길게 뻗어 있어 참으로 큰 진산이라고 나온다.

옛날부터 노인들에 의해 이렇게 전해 온다. 옛날 당나라 황제가 일찍이 연못을 하나 팠는데, 매월 보름날 직전 달빛이 훤해지면 연못 가운데에 산이하나 생겨나곤 했다. 사자처럼 생긴 바위가 있는데 그 그림자가 꽃들 사이로 은은히 비추며 연못 한가운데로 나타났다. 임금이 화공에게 그 모습을 그리게 하고, 사신을 보내어 천하를 두루 다니며 그림과 비슷한 데를 찾도록 하였다. 해동에 이르러서 이 산을 보았더니 커다란 사자바위가 있고, 산 서남쪽 2보步 거리에 삼산이 있었다. 이름은 화산이었으나, 한 몸체에 봉우리가 세 개이므로 삼산이라 불렀다 그림과 비슷했으나 진짜인지 아닌지 알 수 없어서 신 한 짝을 사자바위 꼭대기에 걸어놓았다. 사신이 돌아와서 아뢰었는데, 신발의 그림자도 역시 연못에 비추어졌다. 임금이 기이하게 여기고 '백월산'이라고 이름 지었다. 보름날 전에 흰 달그림자가 나타났으므로 그렇게 지었다 그 이후로는 연못에 그림자가 드리우지 않았다.

산 동남쪽으로 3,000보쯤에 선천촌仙川村이 있었다. 마을에 두 사람이 살았으니, 한 사람은 노힐부득으로 '득'을 '등'이라고도 한다 아버지 이름은 월장이고 어머니는 미승이다. 다른 한 사람은 달달박박으로 아버지 이름은 수범, 어머니 이름은 범마이다. 마을에서 전해지기를[鄕傳] 치산촌이라고 함은 잘못이다. 두 사람의 이름은 방언이다. 두 집이 각각 이 두 사람의 뜻과 행동이 자못 높고[騰騰], 곧은 절개[苦節]를 지니라는 뜻으로써 이 둘의 이름을 지었다

모두 풍채와 골격이 범상치 않고 속세를 벗어나 높은 경지에 오르려는 마음[域外遐想]을 지녀서 서로 좋은 벗으로 지냈다. 둘 다 나이 스물에 마을 동북쪽 고개 너머의 법적방에 가서 머리를 깎고 승려가 되었다. 얼마 후 서남쪽 치산촌 법종곡의 승도촌에 있는 오래된 절이 수도할 만한 데라고 들어 함께 가서 대불전과 소불전 두 골짜기에서 각각 지냈다. 부득은 회진암에서 지냈는데 혹은 양사壤寺라고도 한다. 지금 회진동에 오래된 절터가 있으니 이곳이다 박박은 유리광사에서 머물렀다. 지금 이산梨山 위에 절터가 있으니 이곳이다 모두 처자를 데리고 와서 살면서 생계를 이어갔으나, 서로 오가면서 마음을 극락에 두어 속세를 벗어나 불가[佛門]에 들어서겠다는 생각을 잠시도 버리지 않았다. 육신과 세상의 무상함을 관조하고는 서로 이렇게 말했다.

"기름진 땅과 풍년[腴田美歲]은 참으로 이롭지만, 옷과 음식이 내 마음에 따라 생겨나서 저절로 배부르고 따뜻해짐만 못하다. 여인과 집은 정을 주고 사랑할 만하지만, 연화장세계에서 여러 성인과 함께 노니며 앵무새 공작새와 더불어 즐기는 일만 못 하다. 하물며 불도를 배워 마땅히 성불하여 참된 수행을 하며 반드시 진리를 얻으려 함에랴. 우리가 이미 머리를 깎고 승려가 되었으니 마땅히 전결纏結[번뇌]을 벗어버리고 무상도[불도]를 이뤄야 한다. 어찌 풍진에 빠져서 세속의 무리와 다름이 없으면 되겠는가?"

이에 인간 세상을 떠나서 장차 깊은 골짜기에 은거하려고 하였다. 어느 날 밤 백호白毫의 빛이 서쪽에서부터 비추고, 빛 한가운데에서 금빛 팔이 내려와 두 사람의 정수리를 어루만지는 꿈을 꾸었다. 깨어나 꿈을 말해보니 서로 똑같았기에 모두 한참 동안 감탄하였다.

드디어 백월산의 무등곡으로 들어갔다. 지금 남수동南藪洞이다 박박 스님은 북쪽 고개의 사자암에 자리를 잡고 여덟 자 크기의 판잣집을 짓고 살았으므로 판방板房이라 하였다. 부득 스님은 동쪽 고개의 돌무더기 아래에 물이 있는 데에다 자리를 잡고 역시 방장[승방]을 짓고 살았으므로 뇌방磊房이라

하였다. 마을에서 전해지기로는 부득은 산 북쪽의 유리동에서 지내니 지금의 판방이고, 박박은 산 남쪽의 법정동에 머무르니 뇌방이라고 한다고 서로 반대로 말한다. 오늘날 이를 확인하니 마을에서 전해지는 말이 잘못되었다 각각 암자에서 살면서 부득은 부지런히 미륵을 구하였고, 박박은 미타를 경배하고 염송하였다.

3년이 채 안 된 경룡 3년[709] 기유 4월 8일은 성덕왕[재위 702~737] 즉위 8년째였다. 날이 저물고 있는데, 용모가 어여쁘고 난향과 사향이 나는 나이 스무 살쯤 된 낭자가 북암에 마을에서 전하기로는 남암이라고 한다 불쑥 나타나서는 자고 가게 해달라고 청하였다. 그러고는 시를 던졌다.

가던 길 해 저물었는데 첩첩산중이라
길은 막히고 인적도 없어 오갈 수 없네
오늘 암자에서 하룻밤 묵으려 하오니
자비하신 스님은 노하지 마소서

박박이 말하였다.
"난야[절]에서는 청정을 지켜야 하므로 그대가 가까이 올 데가 아닙니다. 그냥 가시고, 갈 길을 여기서 지체하지 마시오."
하고는 문을 닫고 들어가 버렸다. 기록에는, "나는 모든 잡념이 재처럼 식었으니, 혈랑血囊[여성 성기]으로 나를 시험하지 마시오."라고 했다 한다

낭자가 남암으로 돌아가서 향전에 북암이라고 한다 앞서와 마찬가지로 부탁하니, 부득이 말하였다.
"그대는 어디에서 왔기에 이 밤중에 찾아왔소?"
낭자가 대답하였다.
"담연[맑고 고요함]과 태허[우주]가 한 몸인데 어찌 오고 감이 있겠습니까? 다만 어진 분께서 뜻이 깊어 서원이 두텁고, 덕이 높아 행이 굳세다고 들어서 보리 이루심을 돕고자 합니다."
그러고는 게 한 수를 던졌다.

날 저문 깊은 산속

갈 길 멀고 인적은 끊어졌는데

대나무 소나무 그늘은 더 깊고

시냇물 소리는 외려 더 맑아라

묵기를 청함은 길을 잃음이 아니라

덕 높은 스님에게 길을 알려주려 함이니

바라건대 내 청만 들어주시고

내가 누구냐고 묻지는 마소서

스님이 이를 듣고는 놀라며 말하였다.

"이 땅은 부녀자가 와서 더럽힐 데는 아닙니다. 하지만 중생을 따름도 또한 보살행의 하나입니다. 하물며 깊은 산골짜기의 어두운 밤에 모르는 체해서 야 되겠습니까?"

이에 공손히 맞아들이고 암자 안에 머물게 하였다.

밤이 되자 마음을 맑게 하고 행동거지를 가다듬으려 희미한 등불이 비치는 방에서 고요한 마음으로 염불하였다. 밤이 더욱 깊어지자, 낭자가 부르며 말하였다.

"제가 불행히 마침 해산 기운이 있으니, 스님께서 짚자리를 준비해 주시기를 청합니다."

부득이 불쌍하고 안타까운 마음을 이기지 못하여 등불이 은은하게 비추게 했다. 낭자가 해산하고는 다시 씻겨달라고 부탁하였다. 부득은 마음속에 부끄러움과 두려움이 엇갈렸으나, 슬프고 가여운 마음이 더 크게 일었다. 다시 통을 준비하여 낭자를 그 안에 앉히고 물을 끓여 목욕시켰다. 그러자 통 속의 물에서 짙은 향기가 풍기며 금물로 변하였다. 노힐이 깜짝 놀라니 낭자가 말하였다.

"우리 스님도 여기에서 목욕하십시오."

노힐은 사양하였으나 굳이 그러라고 하여 따랐더니, 홀연히 정신이 상쾌해지고 피부도 금색으로 변함이 느껴지며, 옆에 문득 한 연화대가 생겨났음을 보았다. 낭자가 거기에 앉기를 권하며 말하였다.

"나는 관음보살인데 여기 와서 대사가 대보리를 이루도록 도운 것이오."

말을 마치자 보이지 않았다.

박박은 '오늘 밤 노힐이 필시 계를 더럽혔을 테니 그를 비웃어 주어야겠다'라고 생각했다. 건너갔더니 노힐이 연화대좌에 앉아 미륵존상이 되어 광명을 비추고, 몸이 금색[槪金]으로 칠해졌음을 보았다. 저도 모르게 머리를 숙이고 예를 드린 다음 말하였다.

"어떻게 하여 이렇게 되었습니까?"

노힐이 그 연유를 자세히 말하자 박박이 탄식하며 말하였다.

"나는 업장이 무거운지 다행히 대성을 뵈었으면서도 만나지 못한 게 되었구나! 대덕이 지극히 인자하여 저보다 먼저 뜻을 이루었으니, 예전의 약속을 잊지 마시고 저도 함께 되도록 원합니다."

노힐이 말하였다.

"통에 아직 남은 물이 있으니 씻을 만합니다."

박박도 씻었더니 앞에서처럼 무량수불이 되었다. 두 존상이 서로 마주 대하니 엄숙한 광경이었다. 산 아랫마을 사람들이 이 소식을 듣고 다투어 와서 우러러보고 감탄하며 "참 드물고 드문 일이다!"라고 했다.

두 성인은 법요를 설하고는 함께 구름을 타고 떠났다.

천보 14년[755] 을미에 신라 경덕왕이 즉위하였다. 옛 기록에 천감 24년 을미라고 한 해에는 법흥왕이 즉위하였다. 어떻게 선후가 이렇게 크게 어긋났을까? 이 사실을 듣고는 정유년[757]에 사신을 보내 절을 크게 세우고 이름을 '백월산 남사'라고 하였다. 광덕 2년[764] 옛 기록에 대력 원년[766]이라 하였으나 이 역시 잘못되었다 갑진년 7월 15일에 절이 완성되었다. 미륵존상을 빚어 금당에 모시고, 편액을 '현신 성도 미륵지전'이라 하였다. 또 미타상을 빚어 강당에 모셨는데 남은 금물이 모자라서 두루 바르지 못했기에 미타상에는 역시 얼룩진 흔적이 있다. 그 편액은 '현신 성도 무량수전'이라고 하였다.

논한다.

낭자는 여자의 몸으로서 섭화[중생 교화]하였다고 할 수 있다.《화엄경》에
'마야부인 선지식께서 십일지十一地에 기탁해서 부처님을 낳았음은 환해탈
문幻解脫門과 같은 것이다'라고 나온다. 지금 낭자가 순산한 그 미묘한 뜻도
여기에 있다. 낭자가 던진 글을 보면 애절하고 부드러워 사랑스럽고 하늘에
서 내려온 신선의 취향이 완연하다.

아! 만일 낭자가 다라니일지언정 중생에 맞추어 말해야 함을 몰랐다면 어
떻게 이렇게 할 수 있었겠는가? 그 끝 구절은 '맑은 바람이 자리했음을 꾸
짖지 마소서'라고 해야 마땅했으나, 그렇게 말하지 않았음은 대개 세속의
말처럼 하고 싶지 않았기 때문이리라.

찬한다.

푸른 바위 앞으로 방울 떨어뜨리는 소리 나네
날 저물어 구름 속 초가집 두드리는 분 누군가
남암이 가까우니 그곳으로 가시고
푸른 이끼 밟아 내 뜰 더럽히지 마오

앞은 북암을 말한 것이다.

골짜기 어두워졌는데 어디로 가겠소
남쪽 창가 자리 짚자리 깔았으니 머물다가 가시오
깊은 밤 백팔염주 부지런히 굴리느라
시끄러워 길손 잠 못 들려나 두려울 뿐이지요

앞은 남암을 기렸다.

십 리 소나무 그늘 밑으로 오솔길 헤매어

스님 시험해 보고자 한밤중에 절에 왔네
통 세 개에 목욕하자 날 밝으려 하는데
두 아이 낳아 놓고 서쪽으로 갔구나

이는 성낭聖娘을 기렸다.

해 설

평범한 집안에서 태어나고 자라며 각자 결혼도 했던 보통 사람들이, 각고의 수행 끝에 각각 미륵불과 아미타불이 되었다는 이야기이다. 이름난 절의 명망 높은 스님이 아닌 보통 사람도 노력에 따라 성도할 수 있다는 의미가 담겨 있다. 아울러, 8세기 신라에서 미륵 신앙이 아미타 신앙과 더불어 신라 사람들 생활 아주 가까이에서 신앙되었던 정황을 짐작하게 해준다.

글의 앞부분에는 일찍이 당나라 황제가 보낸 사신이 그린 그림을 보고 산 이름을 '백월산'이라고 지었다는 이야기, 뒷부분에는 이 산에서 수도하던 두 스님이 각각 도를 이루어 미륵과 아미타가 되었다는 이야기가 나온다. 노힐부득과 달달박박이 성도하고 50여 년 뒤에 경덕왕이 이들에 관한 이야기를 들었다. 크게 감동한 왕은 757년에 두 성인이 머물던 자리에 남사南寺를 짓도록 명하였고, 절은 764년에 완성되었다. 왕명으로 지었고 또 공사 기간도 길었으니 꽤 큰 규모였다고 보인다. 백월산은 경상남도 창원시 북면과 동읍의 경계에 있다. 《신증동국여지승람》〈창원도호부〉에도 '삼산三山 또는 화산花山이라고 불리며, 동쪽 봉우리에 사자가 누워 있는 모습을 한 사자암이 있다'라고 하면서 '노힐부득과 달달박박이 수도하던 곳으로 전해온다'라고 소개되어 있다.

오늘날 이 글의 무대가 지금 창원시 백월산임은 확실하지만, 노힐부득이 수도했던 남백월사 자리는 아직 못 찾고 있다. 골짜기에 몇 군데 절터가 있으

창원시 백월산 사자암 (위)과 남사 (억불사) 전경(아래)

나 시대가 맞지 않는다. 그나마 백월산 초입에 자리한 남사南寺가 지금 법등을 밝히고 있으니 노힐부득이나 달달박박의 수행 정신이 이어지고 있다고 할 만하다.

노힐부득과 달달박박의 발자취가 남은 지명들

노힐부득과 달달박박은 창원 선천촌에서 태어나 어려서부터 함께 자랐다. 두 사람은 스무 살이 되자 함께 고개 너머의 법적방法積房에서 머리를 깎고 승려가 되었다. 얼마 뒤 좀 더 수행에 적합한 장소로서 백월산 자락에 자리한 치산촌 법종곡法宗谷의 승도촌僧道村에 있는 오래된 절로 옮겼다. '법종곡', '승도촌' 그리고 이들이 곧이어 옮겨간 무등곡無等谷 등 지명으로 보아 백월산 일대에는 절과 수행승이 많았던 모양이다.

노힐부득은 대불전大佛田의 회진암懷眞庵 일명 양사壞寺에서, 달달박박은 소불전小佛田의 유리광사瑠璃光寺에서 지냈다. 대불전·소불전이 지명인지 아니면 절의 규모를 말하는지 분명하지 않다. 일연은 회진동의 옛 절터가 회진암이고, 이산梨山 위의 옛 절터가 유리광사라고 직접 확인까지 했는데, 아쉽게도 회진암·유리광사·이산 등 지명을 오늘날 어디라고 비정할 수가 없다.

일상생활에 얽매이지 않고 수행에 몰두하려는 마음이 점점 간절해지던 어느 날, 꿈에서 서쪽에서 부처님이 보낸 흰 빛이 뿜어와 자신들의 이마를 쓰다듬어 주는 기이한 경험을 똑같이 하였다. 이를 부처님의 인도라고 확신하고는 함께 백월산 무등곡으로 떠났다. 일연은 이곳이 남수동南藪洞이라고 했는데, 역시 지금 어디인지 알 수 없다.

여기서 두 사람은 각각 동쪽과 북쪽으로 서로 떨어져서 작은 집을 짓고 수행에 정진했다. 노힐부득은 산 동쪽의 돌무더기 아래에 거처를 정했으므로 뇌방磊房, 달달박박은 산 북쪽의 고개 위 사자바위에 판잣집을 짓고 살았으므로 판방板房이라 불렀다. 달달박박이 자리 잡은 사자암은, 오래전 중국 황제의 명을 받아 그림 속 풍경과 똑같은 데를 찾아온 사신이 보고는 이 바위가 바로 황제가 꿈에서 본 것임을 확인했던 그 사자바위이다.

그런데 일연은 이 대목에서 '노힐부득은 산 북쪽의 유리동瑠璃洞 판방에 머물렀고, 달달박박은 남쪽의 뇌동에서 정진했다'라는 마을에서 전해지는 이야기, 곧 향전鄕傳이 잘못되었다고 주석을 달았다. 일연의 이 말은 그는 이 암자 터들을 직접 다니며 조사해서 서로 이름이 바뀌고 또 위치도 다르게 되어 있음을 확인한 듯해서 충분히 존중할 만하다. 다만, 《미륵상생경》에 미륵보살이 도솔천에 올라가 좌정한 자리가 사자좌獅子座라고 나오고 노힐부득이 평소 미륵불을 염송했다고 하니, 그가 북쪽 사자바위 부근에 암자를 지었다면 경전 내용과 이 이야기가 완벽하게 들어맞는다. 향전도 그런 의

신라 사람들이 미륵불과 아미타불을 함께 공양했음을 보여주는 황복사지 삼층석탑 금제미륵불입상(국보 제
80호), 금제아미타불좌상(국보 제79호)

미에서 노힐부득의 처소를 북쪽의 유리동이라고 했던 게 아니었을까? 하지
만 이런 생각은 설화를 역사에 지나치게 꿰맞추어 보려는 순진한 상상일지
모른다.

한편, 오늘날에 일연이 언급한 '향전'을 문서 이름으로 보는 견해도 있으
나, 문맥상 '마을에 전해지는 이야기'로 보아야 맞는다.

일연의 주석

일연이 이야기를 풀어나가면서 주요 근거로 삼은 〈백월산 양성 성도기白月
山兩聖成道記(백월산의 두 성인이 성도했던 이야기)〉는 지금 전하지 않지만, 문체나
내용으로 볼 때 고려시대 글 같다. 일연은 이 성도기를 소개하는 중간중간
에 주석을 달아 자기의 생각을 덧붙였다.

일연이 단 주석 중에는 오늘날 오해를 사는 부분도 있다. 예를 들면, 일연
은 여인으로 몸을 바꾼 관음이 노힐부득과 달달박박을 찾아온 때가 709

년이라고 밝히고 시작했다. 그런데 일연은 옛기록의 천감 24년 을미(515)라고 나오는 데에다 주석을 달아 '천감 24년은 법흥왕이 즉위한 해이다'라고 바로잡고 나서, '어떻게 옛 기록에 200년씩이나 틀리게 나온다는 말인가!'라고 탄식조로 말하였다. 그러나 지금 많은 사람들이 이 부분을 마치 일연이 뜬금없이 '천감 24년(514) 법흥왕이 즉위한 해에' 이 일이 일어났다고 말한 것처럼 잘못 이해한다.

그의 주석은 때론 논란이 되는 일도 없지 않으나, 대체로 애매한 대목마다 이해를 돕는 역할을 하는 경우가 아주 많다. 예컨대 이 글의 두 성인의 이름에 대한 설명에서도, 노힐부득은 '생각과 행동이 바르다'라는 뜻이고, 달달박박은 '절개가 곧다'라는 의미의 신라 방언임을 밝혔다. 주석이 유난히 많이 달렸음은 그만큼 일연이 여러 문헌을 놓고 섬세하게 읽어 내려갔다는 방증이기도 하다. 다만, 법흥왕이 즉위한 해는 514년인데 일연은 이를 515년으로 착각했고, 그가 참조한 옛 기록의 이름을 정확히 밝히지 않은 건 아쉽다.

신라에서의 미륵불과 아미타불 신앙

이 글에는 8세기 신라 사회에서 미륵과 아미타가 어떻게 신앙 되었는지에 대한 단서가 보인다. 신라의 미륵 신앙은 일찍이 원효가 《미륵상생경》에 대한 종요宗要 및 소疏를 지었고, 이후 원측圓測의 《미륵상생경 약찬略贊》, 의적義寂의 《미륵상생경 요간料簡》, 태현太賢의 〈미륵삼부경 고적기古迹記〉, 경흥憬興의 《미륵상생경 소》,《미륵하생경 소》,《미륵경 수의술문遂義述文》,《미륵경 술찬述贊》 등 여러 고매한 학승들이 관련 저서들을 쏟아냈느니, 신라 사회에서 미륵 신앙이 큰 의미를 지니고 있었음을 알 수 있다. 노힐부득과 달달 박박의 이 이야기도 이런 배경 아래 나왔다고 보인다.

그래서 미륵 신앙과 관련이 깊은 법상종 사찰에서 미륵불과 아미타불을 함께 봉안한 예도 적지 않았다. 유물로서는 황복사 삼층석탑 사리장엄인 금제 미륵불 입상(692년)과 금제 아미타불 좌상(706년), 감산사 석조 미륵보살 입상(719년)과 석조 아미타불 입상(720년) 등이 이런 신앙을 바탕으로 하여 만들어졌다.

노힐부득은 미륵불을, 달달박박은 아미타불을 경배하고 염송하며 수행하였듯이 그들이 서로 추구하는 수행 방식은 약간 달랐다. 그런데 이런 경향은 그들의 부모 이름에서부터 이미 암시가 되어 있다. 달달박박의 부모인 수범修梵과 범마梵摩라는 이름은 《미륵대성불경》에 출가 전 미륵보살의 부모인 수범마修梵摩·범마발제梵摩拔提와 거의 일치한다. 또 노힐부득의 부모인 월장月藏과 미승味勝도 《고음성왕다라니경鼓音聖王陀羅尼經》에 역시 출가하기 이전 아미타의 부모 이름인 월산전륜성왕月山轉輪聖王·수승묘안殊勝妙顔과 엇비슷하다. 다만, 경전에 맞추어 본다면 이 글에 나오는 노힐부득과 달달박박 부모의 이름은 서로 바뀐 듯하다. 이처럼 경전이나 신앙의 내용과 약간 다르게 된 부분을 표로 보면 좀 더 분명해진다.

내용		일연	향전	경전
신앙	노힐부득	미륵	-	-
	달달박박	아미타		
거처	노힐부득	뇌방 (산의 동쪽)/남암	유리동 판방 (산의 북쪽)/북암	-
	달달박박	사자암 판방 (산의 북쪽)/북암	뇌방(산의 남쪽)/남암	
부모	노힐부득	월장·미승		수범마·범마발제(미륵)
	달달박박	수범·범마	-	월산전륜성왕·수승묘안 (아미타)

한편, 일연은 이 글 뒤에서 관음보살이 낭자로 화현하여 노힐부득과 달달박박을 깨우쳐 준 일을 《화엄경》〈입법계품〉에 나오는 가르침을 예로 들어서 설명하였다. 관음보살이 선재동자를 교화하면서 마야부인을 대자비의 으뜸으로 삼고서 말했던 '환해탈문幻解脫門'의 비유를 들면서 두 성인의 행적과 비교한 것이다. 관음이 행한 환해탈문의 가르침이란, 대자비로 으뜸

을 삼고 본원의 자비심으로 지혜를 일으켜 환생幻生함으로써 성불과 중생을 이롭게 했음과 마찬가지의 공덕이었다고 한다(동국대학교 불교학술원의 《신화엄경론》 제40권 번역 참조).

원문

南白月二聖 努肹夫得 怛怛朴朴

白月山兩聖成道記云 白月山在新羅仇史郡之北古之屈自郡 ^{今義安郡} 峯巒奇秀 延袤數百里 眞巨鎭也 古老相傳云 昔唐皇帝嘗鑿一池 每月望前 月色滉朗 中有一山 嵓石如師子 隱映花間之影 現於池中 上命畫工圖其狀 遣使搜訪天下 至海東見此山 有大師子嵓 山之西南二步許有三山 [^{??}其名花山 其山一體三首 故云三山] 與圖相近 然未知眞僞 以隻履懸於師子嵓之頂 使還奏聞 履影亦現池 帝乃異之 賜名曰白月山 ^{望前白月影現 故以名之} 然後池中無影 山之東南三千步許 有仙川村 村有二人 其一曰 努肹夫得 ^{一作等} 父名月藏 母味勝 其一曰 怛怛朴朴 父名修梵 母名梵摩 ^{鄉傳云雉山村 誤矣 二士之名 方言 二家各以二士 心行騰騰苦節二義 名之爾} 皆風骨不凡 有域外遐想 而相與友善 年皆弱冠 往依村之東北嶺外法積房 剃髮爲僧 未幾 聞西南雉山村 法宗谷 僧道村有古寺 可以栖眞 同往大佛田 小佛田 二洞各居焉 夫得寓懷眞庵 一云壞寺 ^{今懷眞洞有古寺基 是也} 朴朴居瑠璃光寺 ^{今梨山上 有寺基 是也} 皆挈妻子而居 經營産業 交相來往 棲神安養 方外之志 未常暫廢 觀身世無常 因相謂曰 腴田美歲良利也 不如衣食之應念而至 自然得飽煖也 婦女屋宅情好也 不如蓮池花藏千聖共遊 鸚鵡孔雀以相娛也 況學佛當成佛 修眞必得眞 今我等旣落彩爲僧 當脫略纏結 成無上道 豈宜汨沒風塵 與俗輩無異也 遂唾謝人間世 將隱於深谷 夜夢白毫光自西而至 光中垂金色臂 摩二人頂 及覺說夢 與之符同 皆感嘆久之 遂入白月山無等谷 ^{今南藪洞也} 朴朴師占北嶺師子嵓 作板屋八尺房而居 故云板房 夫得師占東嶺磊石下有水處 亦成方丈而居焉 故云磊房[鄉傳云 夫得處山北瑠璃洞 今板房 朴朴居山南法精洞磊房 與此相反 以今驗之 鄉傳誤矣] 各庵而居 夫得勤求彌勒 朴朴禮念彌陁 未盈三載 景龍三年己酉四月八日 聖德

王卽位八年也 日將夕 有一娘子年幾二十 姿儀殊妙 氣襲蘭麝 俄然到北庵[鄕傳云
南庵] 請寄宿焉 因投詞曰 行逢日落千山暮 路隔城遙絶四隣 今日欲投庵下宿 慈悲
和尙莫生嗔 朴朴曰 蘭若護淨爲務 非爾所取近 行矣 無滯此處 閉門而入[記云 我百
念灰冷 無以血囊見試] 娘歸南庵[傳曰 北庵] 又請如前夫得曰 汝從何處 犯夜而來
娘答曰 湛然與太虛同體 何有往來 但聞賢士志願深重 德行高堅 將欲助成菩提 因
投一偈曰 日暮千山路 行行絶四隣 竹松陰轉邃 溪洞響猶新 乞宿非迷路 尊師欲指
津 願惟從我請 且莫問何人 師聞之驚駭 謂曰 此地非婦女相汚 然隨順衆生 亦菩薩
行之一也 況窮谷夜暗 其可忽視歟 乃迎揖庵中而置之 至夜清心礪操 微燈半壁 誦
念厭厭 及夜將艾 娘呼曰 予不幸適有産憂 乞和尙排備苫草 夫得悲矜莫逆 燭火殷
勤 娘旣産 又請浴 努肦慚懼交心 然哀憫之情有加無已 又備盆槽 坐娘於中 薪湯以
浴之 旣而槽中之水香氣郁烈 變成金液 努肦大駭 娘曰 吾師亦宜浴此 肦勉强從之
忽覺精神爽涼 肌膚金色 視其傍忽生一蓮臺 娘勸之坐 因謂曰 我是觀音菩薩 來助
大師 成大菩提矣 言訖不現 朴朴謂肦今夜必染戒 將歸听之 旣至 見肦坐蓮臺 作彌
勒尊像 放光明 身彩檀金 不覺扣頭而禮曰 何得至於此乎 肦具叙其由 朴朴嘆曰 我
乃障重 幸逢大聖 而反不遇 大德至仁 先吾著鞭 願無忘昔日之契 事須同攝 肦曰 槽
有餘液 但可浴之 朴朴又浴 亦如前成無量壽 二尊相對儼然 山下村民聞之 競來瞻
仰 嘆曰 希有 希有 二聖爲說法要 全身躡雲而逝 天寶十四年乙未 新羅景德王卽位
古記云 天鑑二十四年乙未法興卽位 何先後倒錯之甚如此 聞斯事 以丁酉歲遣使創大伽藍 號白月山南
寺 廣德二年[古記云 大曆元年 亦誤]甲辰七月十五日 寺成 更塑彌勒尊像 安於金堂
額曰 現身成道彌勒之殿 又塑陁像安於講堂 餘液不足 塗浴未周 故彌陁像亦有斑
駁之痕 額曰 現身成道無量壽殿 議曰 娘可謂應以婦女身攝化者也 華嚴經摩耶夫人
善知識 寄十一地生佛如幻解脫門 今娘之桷産微意在此 觀其投詞 哀婉可愛 宛轉
有天仙之趣 嗚呼 使娘婆不解隨順衆生語言陁羅尼 其能若是乎 其末聯宜云淸風一
榻莫予嗔 然不爾云者 盖不欲同乎流俗語爾 讚曰 滴翠嵓前剥啄聲 何人日暮扣雲局
南庵且近宜尋去 莫踏蒼苔汚我庭 右北庵 谷暗何歸已暝煙 南窓有簟且流連 夜闌
百八深深轉 只恐成喧惱客眠 右南庵 十里松陰一逕迷 訪僧來試夜招提 三槽浴罷
天將曉 生下雙兒擲向西 右聖娘

분황사 천수 관음상이 눈먼 아이의 눈을 뜨여 주다

경덕왕 대에 한기리에 사는 여인 희명의 아이가 다섯 살 되던 해에 갑자기 눈이 멀었다. 하루는 그 어머니가 아이를 안고 분황사의 왼쪽 전각 북벽에 그려진 천수대비[관음]상 앞으로 나아갔다. 아이더러 노래 짓고 빌게 하였더니 마침내 눈이 뜨였다. 그 노래 가사는 이러하다.

무릎을 곧게 하고
두 손바닥을 모아
천수관음 앞에
빌면서 말씀드립니다
천 개의 손 천 개의 눈에서
하나는 놓고 하나는 덮으셔서
둘 다 없는 저에게
하나만 주시기를 바라나이다.
아, 저에게 그렇게 해주시면
그 자비가 얼마나 크겠습니까

찬한다.

죽마 타고 풀피리 불며 거리에서 뛰놀았는데

하루아침에 두 눈 멀었네
관음 대사의 자비로운 눈 돌아보지 않았다면
버들가지 날리는 봄날[社春]을 헛되이 보냈으리

해 설

눈먼 아이가 분황사 천수관음 보살 벽화에 기도함으로써 개안했다는 이
야기이다. 분황사 관음 벽화의 영험함이 겉에 드러난 주제라면, 속으로는
신분이 낮거나 어려운 처지에 놓인 사람이더라도 간절한 기도와 염원을 하
면 응답을 받을 수 있다는 의미가 이 안에 담겨 있다. 아이의 어머니 가난
한 여인 희명希明의 이름도 '밝음(개안)을 희구하다'라는 뜻이어서 본래는 무
명 여인으로 전하다가 나중에 이런 이름이 붙었던 게 아닌가 싶기도 하다.

희명의 아이가 부른 노래가 '도천수관음가(천수관음께 비는 노래)'라는 10
구체 향가다. 향찰이 들어가 있어서 한문 독법만으로는 이해하기 어렵다. 일
찍이 양주동梁柱東(1903~1977)을 비롯해 여러 국어학자가 연구했고, 학자 간

경주 분황사 보광전 외벽 벽화

해석에 조금씩 차이가 있다. 그러나 희명의 아이가 천수 관음상 앞에서 '두 눈이 없는 내게 눈을 주신다면 얼마나 큰 자비이겠습니까?'라고 기원한 내용이라는 데에는 일치한다. 위 향가의 번역에는 좀 더 명확한 의미를 전달하기 위해 의역을 조금 추가했다.

다섯 살 아이가 만든 노래치고 운율이나 내용이 훌륭하다. 그래서 학계에서는 아이가 아니라 아이의 어머니나 향가에 능한 어떤 다른 스님이 지은 기도문이 아니겠는가 추측도 한다. 그러나 굳이 그렇게 생각해야만 할까? 아이가 지었다고 해서 이상하게 생각할 이유가 없다. 또한 이 글의 '兒'를 대부분 번역에서 '아들'이라고 했으나 단언하기 어렵고, 여자아이라고 해도 이상하지 않다.

고려의 금동십일면천수관음상

《삼국사기》〈열전〉〈솔거率居〉에 솔거가 황룡사 벽화와 분황사 관음상을 그렸다고 나오므로 이 분황사 천수 관음상 벽화는 솔거의 작품으로 추정할 수도 있다. 또 희명이 살던 한기리 마을을 지금의 경주시 동천동이나 보문동 일대로 보기도 한다. 참고로, 둘 중에서 동천동이 분황사가 자리한 구황동에 훨씬 가깝다.

원문

芬皇寺千手大悲 盲兒得眼

景德王代 漢歧里女希明之兒 生五稔而忽盲 一日 其母抱兒詣芬皇寺左殿北壁畫千手大悲前 令兒作歌禱之 遂得明 其詞曰 膝肸古召旀 二尸掌音毛乎支內良 千手觀音叱前良中 祈以支白屋尸置內乎多 千隱手叱千隱目肸 一等下叱放一等肸除惡支 二于萬隱吾羅 一等沙隱賜以古只內乎叱等邪阿邪也 吾良遺知支賜尸等焉 放冬矣用屋尸慈悲也根古 讚曰 竹馬葱笙戲陌塵 一朝雙碧失瞳人 不因大士廻慈眼 虛度楊花幾社春

낙산사의 두 성인, 관음보살과 정취보살 그리고 조신

옛날에 당나라에서 돌아온 의상 법사가 이 바닷가의 굴에 대비의 진신이 머무르기에 낙산이라 한다고 들었다. 대개 서역에서 보타락가산을 소백화라고 했음은 백의대사[관음보살]의 진신이 머물러서이니, 이 말을 빌려서 그렇게 불렀다.

7일 동안 재계하고 앉았던 방석[座具]을 새벽 물 위에 띄우자, 용천 팔부가 옆에 따라나서며 굴 안으로 인도하였다. 공중을 향해 참례하니 수정 염주한 벌을 내려주므로 의상이 받고 물러났다. 동해의 용도 여의보주 하나를 주기에 법사가 공손히 받고 나왔다.

다시 7일 동안 재계하고 나서 진용을 뵈었더니 말씀하였다.

"앉았던 자리 위 산꼭대기에 대나무 한 쌍이 솟아날 터이니, 그 땅에다 불전을 지으면 좋으리라."

법사가 말씀을 듣고 굴을 나왔더니 과연 대나무가 땅에서 솟아나 있었다. 이에 금당을 짓고 상을 빚어 모셨다. 원만하고 아름다운 모습이 마치 하늘에서 내려온 듯하였다. 대나무가 다시 사라졌으므로 비로소 정말 이곳이 진신이 머무는 데임을 알게 되었다. 이로써 절 이름을 낙산사라 하였다. 법사는 받았던 두 개의 구슬을 성전聖殿에 모시고 떠났다.

그 뒤 원효 법사도 이곳에 와서 뵙고 경배를 올리고자 하였다. 처음 남쪽 근교의 논에 이르렀을 때 한 흰옷을 입은 여인이 벼를 베고 있었다. 법사가 장난삼아 그 벼를 달라고 하자 여인도 벼가 흉작이라고 장난처럼 대답하였다. 다시 걷다가 다리 아래에 이르렀는데, 한 여인이 개짐[月水帛]을 빨고 있었다. 법사가 물을 청하자, 여인은 그걸 빤 물을 떠주었다. 법사가 엎질러 버리고 냇물을 떠서 마셨다.

그때 들판의 소나무 위에 앉아 있던 파랑새 한 마리가 "관두라, 제호醍醐 화상[승려]아!"라고 외치고는 홀연히 사라져 버렸다. 그 소나무 밑에는 벗어 놓은 신발 한 짝만 있었다. 법사가 절에 이르러보니 관음상 대좌 밑에 앞서 봤던 신발의 다른 한 짝이 놓여있었다. 그제야 좀 전에 만났던 성녀聖女가 진신임을 알았다. 그래서 사람들은 이를 관음송이라 했다.

대사도 성굴聖崛에 들어가서 진용을 뵈려 했으나 풍랑이 크게 일어서 못 들어가고 돌아갔다.

후에 굴산 조사 범일이 태화 연중[827~836]에 당에 들어가 명주明州[절강성 영파] 개국사에 갔다. 왼쪽 귀가 잘린 한 사미가 여러 승려의 말석에 앉아 있다가 스님에게 말을 건넸다.

"저도 신라 사람[鄕人]입니다. 집이 명주溟州 부근 익령현의 덕기방에 있습니다. 스님께서 훗날 본국에 돌아가시거든, 부디 제게 집 한 채를 지어주소서."

여러 절[叢席]을 두루 다닌 다음 염관鹽官으로부터 법을 얻고, 이 일은 본전《조당집》〈범일전〉에 자세하게 실렸다 회창 7년[847] 정묘에 귀국했다. 먼저 굴산사를 짓고 가르침을 전하였다. 대중 12년[858] 무인 2월 15일 밤 꿈에서 예전에 본 사미가 창문 밑에서 말하였다.

"예전 명주 개국사에서 스님과 약속할 때 이미 승낙하셨건만 왜 이리 늦어집니까?"

조사가 놀라 깨었다. 열 몇 명을 데리고 익령 부근으로 가서 그의 집을 찾았다. 낙산사 아랫마을에 사는 한 여인에게 이름이 무어냐고 물어보니 '덕기'라고 하였다. 여인에게 나이 여덟 살인 아들이 있는데, 늘 마을 남쪽의 돌다리 옆에서 놀다 와서는 어머니에게 "저와 함께 놀던 아이 중에 금빛 나는 애가 있어요." 했었다. 어머니가 이를 스님에게 말하니 조사가 놀라고 기뻐하였다. 그 아들을 데리고 놀던 다리 아래로 가서 찾아보니 물속에 석불이 있

어서 건져냈다. 왼쪽 귀가 잘린 게 전에 보았던 사미와 비슷하였다. 바로 정
취보살의 상이었다.

이에 점을 칠 댓가지[簡子]를 만들어 집 지을 터를 점쳤더니 낙산 위쪽이 길
한 방향이었다. 이에 3칸 전각을 짓고 그 상을 모셨다. 고본[《조당집》〈범일전〉]에
는 범일의 일이 앞에, 의상과 원효 두 스님의 일이 뒤에 실렸다. 그러나 의상과 원효 두 스님의 일은
고종[재위 649~683] 대이다. 범일의 일은 회창[841~846] 대가 끝나고 나서이니 170여 년이나 차이
가 난다. 그래서 여기서는 앞 이야기를 빼내어 뒤에다 넣었다. 혹 범일이 의상의 제자라고 하는 말은
아주 잘못되었다

백여 년 뒤에 들불이 이 산에까지 번져 겨우 두 성전만 화재를 면했고 나머
지는 모두 불타버렸다. 서산의 대병[몽골군]이 쳐들어왔던 뒤인 계축·갑인
연간[1253~1254]에 두 성인의 진용과 두 보주를 양주[양양군] 성으로 옮겼다.
대병의 침공이 매우 거세어 성이 함락되려 할 때 주지인 선사 아행이 옛 이름
은 희현이다 두 보주를 은합에 넣어 몸에 지니고 도망가려 하자, 이름이 걸승
인 사노[절의 노비]가 빼앗아서 땅속 깊숙이 묻고서 맹세하였다.

"내가 만일 적병에게 죽음을 면치 못하면 이 두 보주는 끝내 세상에 나타
나지 못할 테고 사람들도 알지 못할 것이다. 내가 만약 안 죽는다면 마땅히
두 보주를 나라에 바치리라."

갑인[1254] 10월 22일에 성이 함락되었다. 아행은 죽음을 면하지 못했으나
걸승은 면했다. 병사들이 물러간 후 파내어 명주도 감창사에게 바쳤다. 그
때 낭중 이녹수가 감창사였는데 이를 받아서 감창고에 간직하였고, 임무가
바뀔 때마다 전해졌다.

무오[1258] 11월에 본업[선종 또는 천태종]의 노숙 기림사 주지 대선사 각유가
아뢰었다.

"낙산의 두 보주는 나라의 신령한 보물입니다. 양주 성이 함락될 때 사노
걸승이 성안에 묻었다가, 적병이 물러가자 파내어 감창사한테 바쳐서 명주
관아의 창고에 간직하게 되었습니다. 지금 명주 성도 거의 지키기 어렵습니
다. 옮겨서 어부御府[궁중 창고]에 두는 게 좋겠습니다."

임금이 좋다고 윤허하였다. 야별초 10명을 뽑아 걸승을 데리고 가서 명주성에서 가져와 어부 안에다 잘 넣어두었다. 10명 모두에게 각각 은 1근과 쌀 5섬을 내리도록 하였다.

옛날 신라가 서울일 때 세규사의 지금의 흥교사이다 장사莊舍[사찰 농장]가 명주 날리군에 있었다. 지리지를 보면 명주에 날리군은 없고 날성군만 있다. 본래 날생군은 지금의 영월이다. 또 우수주에 속했던 고을로 날령군이 있으니, 본래 날이군이며 지금의 강주剛州[경상북도 영주]이다. 우수주는 지금의 춘주[춘천]이다. 여기에 날리군이라 한 곳이 어디인지 잘 모르겠다 본사에서 조신 스님을 보내 지장知莊[관리인]으로 삼았다.

조신이 장사에 왔는데, 태수 김흔 공의 딸을 좋아하게 되어 깊이 빠졌다. 여러 번 낙산사 관음 앞에 나아가 몰래 기도하며 잘되게 해달라고 빌기를 몇 년을 하였으나, 그녀에게 배필이 생겨버렸다. 다시 법당 앞에 가서 관음이 자기 소원을 이루어 주지 않았음을 원망하였다. 날이 저물 때까지 슬피 울었고, 지치도록 그리움에 빠져 있다가 피곤해져 잠깐 졸았다.

갑자기 꿈에 김 씨 낭자의 모습이 문 안으로 들어오더니 흰 이를 드러내고 활짝 웃으며 말하였다.

"제가 일찍이 얼핏 스님을 보고 나서 가슴이 뛰게 사랑하였습니다. 잠시도 잊지 못하였으나, 부모님의 명에 쫓기어 억지로 다른 사람에게 가게 되었습니다. 이제 부부[同穴之友]가 되기를 원하여 왔습니다."

조신은 이에 뛸 듯이 좋아하였다. 함께 마을로 돌아가 40여 년을 살며 자식 다섯을 낳았다. 집은 네 벽만 겨우 서 있고, 하찮은 들나물[藜藿]조차도 얻어 먹지 못하였다. 마침내 실의에 빠져 서로 잡아 이끌고 사방으로 다니며 입에 풀칠만 하였다. 이렇게 십 년 동안 거친 들판을 헤매면서 누더기처럼 꿰맨 옷은 몸도 제대로 가리지 못했다.

명주 해현령을 지나가다가 열다섯 살 난 큰아이가 굶주려 죽었다. 통곡하며 애를 길에다 묻었다. 남은 네 아이를 데리고 우곡현[삼척]으로 지금의 우현羽縣이다 가서 길가에 띳집을 짓고 살았다. 부부가 늙고 병들고 굶주려서 일어나지도 못하니, 열 살 난 딸애가 구걸 다니다가 동네 개에게 물렸다. 아프다며 부모 앞에 드러누우니, 부모 된 처지로서 한숨 쉬고 흐느끼며 눈물만 흘렸다. 이윽고 아내가 천천히 얼굴을 닦고 나서 단숨에 말했다.

"내가 처음 당신을 만났을 때만 해도 젊고 아름다웠으며 깨끗한 옷도 입었었습니다. 맛있는 음식 하나라도 당신과 나누어 먹었고, 얼마 안 되는 온기[數尺之煖]나마 당신과 함께했었지요. 집을 나온 지 50년이 되어 정은 거스를 수 없을 만큼 깊고 은혜와 사랑도 촘촘히 얽혔으니 정녕 두터운 인연이라 하겠습니다.

요즘엔 늙고 병들어 가는 게 해가 갈수록 더하고, 배고픔과 추위는 날이 갈수록 심해집니다. 곁방살이며 하찮은 음식이나마 사람들은 허용하려 하지 않으니, 집집 문간마다 당했던 수모가 산더미만큼이나 많네요. 애들이 춥고 굶주려도 어찌할 방도도 없는데 어느 틈에 부부 사이에 서로 사랑하고 기뻐하는 마음을 가질 수 있나요? 고운 얼굴과 어여쁜 미소는 풀잎 위의 이슬이고, 지란芝蘭 같은 약속은 바람에 흩날리는 버들가지로군요.

당신한테는 내가 짐이고, 내게는 당신이 근심입니다. 곰곰 생각해 보니 옛날의 즐거움이 바로 우환으로 가는 계단이었네요. 당신과 내가 어찌하여 이 지경까지 되었을까요? 작은 새들이 굶주리고 있는데 난새가 짝을 그리워[隻鸞之有鏡] 하는 마음을 어떻게 알까요? 어려우면 버리고 좋으면 따름은 정리상 차마 할 일은 아닙니다. 하지만 살고 헤어짐은 운수이지 사람 마음대로 되는 일이 아니로군요. 부디 제 말을 따라주세요."

이 말을 들은 조신은 크게 기뻐했고, 각각 아이 둘씩 맡기로 하였다. 아내가 말했다.

"나는 고향으로 갈 테니 당신은 남쪽으로 가세요."

잡았던 손을 놓고 막 떠나려 할 때 문득 눈을 떴다. 남은 등잔에서 흐릿한 불빛이 어른거리고 밤도 다할 즈음인 새벽녘이었고 머리카락과 수염은 하얗게 세어있었다. 정신이 멍하였고, 세상일에 아무 생각도 없어지고, 백 년 동안의 신고를 다 겪은듯하여 고된 삶에 그만 염증이 나버렸다. 탐욕으로 물든 마음도 얼음 녹듯 사라졌다.

이에 부끄러워져 관음보살을 마주하여 참회해 마지않았다. 해현에 가서 아이 묻었던 데를 파보니 무덤이 바로 돌미륵이었다. 깨끗이 씻어서 근처 절에 봉안하였다. 서울[경주]로 돌아가 장사 맡은 일을 그만두고, 사재를 기울여 정토사를 짓고 불도[白業]를 부지런히 닦았다. 그 뒤 어떻게 세상을 마쳤는지 모른다.

논한다.

이 이야기를 읽고 나서 책을 덮고 돌이켜보았다. 조신 스님의 꿈만이 꼭 그러하겠는가? 지금 모든 세상이 쾌락을 좇으며 발버둥 치면서도 이를 깨닫지 못하고 있지 않은가. 이에 시[詞]를 지어 경계한다.

덧없는 일에 마음을 빼앗겨
어느덧 근심 속에 늙고 쇠해 버렸네
한 끼 조밥 익기를 다시 기다릴 일도 없이
헛된 삶이 한바탕 꿈임을 깨달았네
몸 다스리는 일은 먼저 마음부터 참되게 하는 것
홀아비가 아름다운 여인을 꿈꾸듯 도둑이 창고를 꿈에 그리는 일이었구나

어찌하면 가을날 맑은 밤 같은 꿈을 꿀까
때때로 눈 감으면 청량 세계에 이를 텐데

해 설

낙산사를 배경으로 하여 관음 및 정취보살과 관련해 일어났던 이야기들이다. 제목의 '두 성인'이란 관음보살과 정취보살이다. 일연은 특히 관음보살을 언급할 때 성굴聖窟·성전聖殿·성녀聖女·대성大聖 등이라고 하여 각별한 존경심을 드러냈다. 이는 일연만이 아니라 우리나라 사람이 관음보살에게 느

양양 낙산사 원경

끼는 일반적 정서일 듯하다.

겉으로 드러나기로는 관음과 정취의 신령
함과 신비함이 일으킨 여러 이적이 이 글의
주제 같지만, 인간의 정념에서 비롯한 잘못,
자만과 오만, 탐욕, 실약失約, 욕정 등으로 실
수하고 괴로워하는 모습들이 안에 다 담겨
있다. 인간이면 누구나 저지를 수 있는 이런
잘못들을 경계하라는 게 속뜻 같기도 하다.
주제 속에 주제가 있는 셈이다. 여느 사람만

낙산사 홍련암에서 내려다본 관음굴

이 아니라 의상이나 원효나 범일 같은 고승도 이런 잘못을 저질렀다는 데에
서 오히려 이 이야기들이 더욱 사실적으로 다가오고, 나아가 고승에게 풍기
는 인간적 매력도 느껴진다.

이 글에는 시대의 순서에 따라 다음과 같은 이야기들이 펼쳐져 있다.

1. 의상의 관음보살 친견과 낙산사 창건
2. 원효의 관음보살 친견 시도와 실패
3. 범일 스님의 실언과 약속 실현

4. 낙산사 보주를 탐했던 아행과 이를 지키려 했던 걸승
5. 조신의 꿈-욕망으로 인해 겪은 갖은 간난신고, 그리고 깨달음

1~4는 제목처럼 낙산사에 전하는 관음과 정취보살의 자취이다. 1과 2는 의상과 원효가 관음보살을 친견한 일, 3은 낙산사 근방에서 정취보살을 감응한 범일 스님의 이야기이다. 낙산사가 직접 무대로 나오지는 않으나, 7~12세기에 낙산사가 자리한 강원도 양양을 비롯해 강릉·삼척·영월 그리고 조금 떨어진 경상북도 영주 지역이 한 권역으로서 불교가 매우 흥성했음을 알게 해준다. 4는 의상이 관음보살에게 받아 법당에 봉안해 두었던 보배에 관한 후일담 격이다. 고려 중기에 일어났던 난리 통에 사라질 뻔했지만, 절의 노비[寺奴]였으나 의로움은 누구 못잖았던 걸승의 용감한 행동 덕에 무사히 잘 보관되고 후대로 전해질 수 있었다. 5는 이 낙산사 관음상 이야기의 번외 편 성격이 짙다. 그래서 시대순으로 보면 네 번째 자리에 와야 하지만 맨 끝으로 배치한 듯하다. 어쩌면 일연이 가장 강조하고 싶어서 아예 맨 뒤로 뺐는지도 모르겠다.

의상과 원효 모두 소백화小白華로 불리는 강원도 양양 낙산에 가서 관음보살을 뵈려 했다. 의상도 처음에는 작은 자만을 버리지 못해서 실패했다.

그러나 이내 자기의 잘못을 깨닫고 정성을 다한 끝에 마침내 진신을 뵙고 보주까지 받아 낙산사를 창건할 수 있었다. 원효는 '의상이 했으니 나도 할 수 있겠지!' 하는 오만을 끝내 버리지 못해 뜻을 이루지 못했다. 이것으로 이 둘의 법력을 비교하는 사람도 있으나, 낙산사를 방문한 목적, 시기, 결과, 사상적 배경 등이 처음부터 서로 달랐기에 단순히 비교할 수는 없다.

한편, 의상이 낙산사를 창건했던 과정이 《신증동국여지승람》〈양양군〉에 실린 익장益莊의 〈낙산사기〉의 내용과 아주 비슷하다. 익장은 잘 알려진 인물은 아니지만, 《동문선》에 이규보李奎報의 글 속에 그의 시가 실렸음을 볼 때 이규보와 같은 시대 사람으로 낙산사에 머물렀다고 추정된다. 일연도 익장의 기록을 참고했을 수 있다.

범일梵日은 좋은 가문 출신에다 학문도 뛰어난 신라 사회의 최고 엘리트였다. 하지만 선의이기는 했겠으나, 유학 중 처음 본 사람과 쉽게 약속해 버리고는 이를 잊어버렸다. 돌아와 어느 만큼 성공한 후에 갑자기 그때 했던 언약이 기억났고, 곧바로 이를 실행하려 하였다. 그 덕에 그는 낙산사 아래에서 정취보살상을 얻을 수 있었다. 어떤 약속이라도 가벼이 여겨서는 안 된다는 교훈이 담겨 있다.

조신調信 스님의 이야기는 〈탑상〉에서 가장 극적이고 감동적인 이야기 중 하나일 것이다. 이 글에서는 맨 뒤에 부록처럼 실려 있지만, 인생의 덧없음과 욕망에 집착하지 말라고 강조하는 호소력은 아주 강렬하다. 특히 끝부분에서 꺼져가는 촛불 앞에서 아내가 흐느끼며 남편에게 한 말은 이를 읽는 사람의 마음마저도 뭉클하게 한다. 서로 잘못한 선택으로 인해 수십 년 고달픈 삶을 살아온 데 대한 후회와 회한이자, 마지막 희망을 품은 가냘픈 삶의 의지이기에 오히려 눈시울이 뜨거워진다. 여기에 이 글의 주제가 다 담겨 있는 듯하다. 어쩌면 주인공은 조신이 아니라 그의 아내일지 모르겠다는 생각이 든다.

원효의 실패담

낙산사 의상대

이 글에는 관음보살이 우리 땅에 머무른다는 자부심이 잘 드러나고 있으나, 원효의 관음 친견 실패담도 비중 있게 실려 있어 흥미롭다. 원효도 의상에 이어서 낙산의 관음보살을 친견하려 나섰다. 하지만 도중에 몇 번이나 모습을 바꾸어 나타난 관음을 알아보지 못하였고, 결국 관음이 상주하는 동굴에 들어가지도 못한 채 돌아서야 했던 것이다.

그렇지만 원효가 보여준 행적을 다른 각도에서 보아, '원효는 신라인의 모습으로 몸을 바꾼 관음의 존재를 확인해 주는 증명 법사 역할을 충실히 했다'라는 해석도 있다. 원효의 일화는 관음신앙이 신라 사회에 뿌리내리는 과정 중 하나였다는 주장이다.

물론 이런 학술적 견해가 있을 수 있으나, 굳이 여기에 너무 깊은 의미를 두려 하지 말고 그냥 '원효 같은 고승도 눈앞의 관음보살을 못 볼 수 있겠구나!' 하고 이해할 수도 있지 않을까? 우리가 가까이 있는 현자를 못 보고 지나치거나, 심지어 그를 멸시하는 일은 살면서 부지기수로 많지 않은가? 이이야기는 바로 이런 간단한 이치를 말해준다고 생각한다.

일연은 이 〈낙산이대성 관음 정취 조신〉 이야기에 특별한 감회를 느꼈던 모양이다. 〈탑상〉의 다른 글에서는 끝에다 자신의 감상을 적으면서 '찬한다[讚]'라고 한 것과 달리, 여기서는 '논한다[議]'를 먼저 한 다음 이어서 시[詞]도 지어서 사람들이 경계하기를 한 번 더 당부하였다. 사실 일연의 속마음은 찬讚, 의議, 사詞 등에서 더 잘 드러난다. 이들을 보면 그는 그저 사람들에게 옛이야기를 전하려는 데만 그치지 않고, 이를 읽은 사람들이 교훈을 얻어 인생을 좀 더 잘 알고 살아 나가기를 당부하고 싶었던 것 같다.

낙산사 홍련암의 관음보살상

조신의 꿈

조신이 강원도 영월의 세규사世達寺에 딸린 장원[莊
舍] 관리를 위해 오면서부터 이야기가 시작된다. 태수
김흔金昕(803~849)의 이름이 등장하니 9세기 중반 무
렵의 일이다.

조신은 오자마자 강릉 태수의 딸을 보고는 너무
깊이 반하였다. 양양 낙산사 관음보살상 앞에 가서
소원을 빌었고, 그녀의 사랑을 얻어 함께 50년을 살
았다. 그러나 늘 곤궁하여 영월의 해현령, 우곡현 등
지를 이리저리 떠돌며 갖은 고생만 하다가 결국 헤
어지고 말았다. 하지만 그 순간, 그의 눈이 번적 뜨였
다. 그가 겪었던 모든 게 낙산사 관음보살의 영험으
로 일어났던 꿈속의 일이었던 것이다. 깊게 뉘우친 그
는 경주로 돌아가서는 본사의 일을 그만두고, 정토
사를 짓고서 남은 생을 수행에만 전념했다.

조신의 이 이야기는 중국의 '한단지몽', '남가지몽'

낙산사 해수관음보살상

같은 꿈을 소재로 한 설화들과 매우 닮았다. 특히 도사 여몽麗蒙이 준 베개를 베고 잠들었다가 조밥 한 끼 익을 시간에 무려 인생 80년의 한바탕 꿈을 꾸고 깨어났다는 당나라 노생盧生의 이야기인 '한단지몽'이 직접 영향을 주었다고 보인다. 이는 일연이 지은 시[詞]의 셋째 줄에 나오는 '밥이 익었다'라는 뜻의 '황량숙黃梁熟'이 바로 '한단지몽'에 나오는 글귀이기도 해서 더욱 분명해진다. 결국 조신의 이야기는 밥이 익을 사이에 불과한 짧은 인생의 덧없음을 강조하고 욕망에 집착하지 말라고 경계한 글이라고 봐야겠다.

조신의 행적과 지명

이 이야기를 읽는 사람 대부분 줄거리의 흐름만 살피고 시간과 장소와 같은 세부 사항은 그다지 관심을 두지 않는다. 다른 이야기보다 더 설화적인 데다가 꿈속의 이야기라서 처음부터 현실성 같은 것은 안 찾는 것인지도 모른다. 꿈속의 이야기를 가지고 현실성을 따지는 게 의미 없는 일일 수 있으니까. 하지만 옛이야기의 밑바탕에 깔린 역사 상황을 최대한 알리려고 했던 일연의 노력이 잘 전달되기를 바라는 마음에서 조신의 행적을 자세히 살펴보는 일도 의미가 있어 보인다.

일연은 세규사는 곧 홍교사興敎寺로, 그 장원이 명주 날리군㮎李郡에 있었

영월 세달사(세규사) 터

낙산사 홍련암

다는 주석을 달았다. 명주라고 하면 보통 강릉 지역을 말하지만, 일연이 주석에서 '명주는 지금의 영월이다'라고 하였으니 이 글에서 명주는 모두 영월을 가리킨다고 봐야겠다. 실제로 고려 때 강릉 일부 지역이 영월에 속한 적이 있었다. 그런데 《삼국사기》에는 흥교사가 태봉泰封을 건국한 궁예가 한때 머물렀던 세달사世達寺라고 나온다. 그래서 세규사·세달사·흥교사는 모두 영월에 자리했던 동일한 사찰로 볼 수 있다. 한동안 그 자리가 정확히 어디인지는 알 수 없었다. 그러다가 2004년 문화재청에서 《문화유적 분포지도》를 만들 때 영월 태화산 일대에서 찾은 절터가 흥교사로 추정되었고, 2012년 발굴조사에서 '흥교'라고 새겨진 고려 후기의 기와를 찾았다. 그래서 지금은 태화산 절터가 바로 세규사라고 거의 인정하고 있다.

　여하튼, 조신은 꿈속이었으나마 참으로 부지런하게 멀리 다닌 셈이다. 장사가 있는 영월에서 보자면 강릉까지 약 47km, 낙산사까지 약 103km, 그리고 마지막에 세속의 인연을 접고 수행에만 전념하려고 갔던 경주까지는 약 170km이다.

　조신의 가족이 온갖 불행을 겪었던 해현령蟹峴嶺이나 우곡현羽曲峴이 어디인지 나오지 않는다. 억측하자면, 해현령은 높은 산과 고개가 많은 영월 한탄리·수정리·백운리를 잇는 삼각 지대 안으로 보고 싶다. 또 그들이 띳집을 엮고 살았던 우곡현은 우계현羽溪縣으로 추정된다. 삼척과 접경 지역인 강릉 옥계면에 해당한다. 처음 고구려에 속할 때 우곡현이었다가 나중에 우계현이 되었다. 이석형李石亨(1415~1477)의 《저헌집樗軒集》에 우계현을 말하면서 '강릉에 딸린 현으로 강릉 부에서 60리'[江陵付縣 距府六十里]라고 하여 이 이야기에 나오는 위치와 비슷하다. 영월에서 옥계까지 약 56km이다. 조신의 가족은 영월을 출발해서 동북쪽으로 향하였는데, 전체적으로 강릉 방면이니 혹시 아내의 친정인 강릉을 향해 가려 했던 게 아닐까.

인생과 욕망이 덧없음을 절절하게 체험한 조신은 모든 탐욕을 내려놓았다. 경주로 돌아가 본사의 일을 사임하고, 정토사를 지어 그곳에서 조용히 수행에만 몰두하다가 생을 마쳤다. 정토사는 충주댐으로 수몰된 자리에 있었던 정토사(일명 개천사)라는 주장도 있다. 그러나 원문에 충실히 경주 부근에 절을 지었다고 보는 게 맞아 보인다.

그런데 조신 부부의 나이도 좀 이상하다. 두 사람의 나이가 얼마였다고 명확히 나오지 않지만, 부부가 50년을 해로해 아이 다섯을 낳았고 큰아이가 열다섯 살, 둘째 딸이 열 살이라고 했다. 아무리 꿈속의 일이라 해도 이는 아내가 열다섯 살의 어린 나이에 결혼했다고 하더라도 결혼 35년 만인 쉰 살에 출산한 셈이라 생리적 관점에서 이해하기 어렵다. 그래서 혹시 고려나 조선에서 인쇄될 때 원문과 다른 글자가 찍힌 게 아닌가 싶다. 《삼국유사》에 인쇄 실수로 보이는 사례들이 더러 있다.

천 년 전 이야기가 오늘날에도 공감이 된다면, 이는 희로애락 속에 빠져 웃고 울며, 잠깐의 즐거움 때문에 훗날 오래도록 괴로움을 겪으며 살아가는(그나마도 지나서 보면 순식간인) 모습이 예나 지금이나 똑같다고 생각하기 때문 아닐까. 그래서인지 이 이야기는 현대에 여러 번 각색되어 사람들의 심금을 울렸다. 가장 먼저 이광수가 이를 소설화하여 1947년에 〈꿈〉을 펴냈다. 신상옥 감독은 같은 이름의 영화를 2편 찍었고(1955·1967년), 배창호 감독은 이를 리메이크한 영화를 1990년에 만들었다. 그 외에 연극과 무용으로도 여러 번 공연되었다.

원문

洛山二大聖 觀音 正趣 調信

昔 義湘法師始自唐來還 聞大悲眞身住此海邊崛內 故因名洛山 盖西域寶陁洛伽山
此云小白華 乃白衣大士眞身住處 故借此名之 齋戒七日 浮座具晨水上 龍天八部侍
從 引入崛內 參禮空中 出水精念珠一貫給之 湘領受而退 東海龍亦献如意寶珠一
顆 師捧出 更齋七日 乃見眞容 謂曰 於座上山頂雙竹湧生 當其地作殿宜矣 師聞之
出崛 果有竹從地湧出 乃作金堂 塑像而安之 圓容麗質 儼若天生 其竹還沒 方知正
是眞身住也 因名其寺曰洛山 師以所受二珠 鎭安于聖殿而去 後有元曉法師 繼踵而
來 欲求瞻禮 初 至於南郊水田中 有一白衣女人刈稻 師戲請其禾 女以稻荒戲答之
又行至橋下 一女洗月水帛 師乞水 女酌其穢水献之 師覆弃之 更酌天水而飮之 時
野中松上有一靑鳥 呼曰 休醍醐和尙 忽隱不現 其松下有一隻脫 師旣到寺 觀音座
下又有前所見脫鞋一隻 方知前所遇聖女乃眞身也 故 時人謂之觀音松 師欲入聖崛
更覲眞容 風浪大作 不得入而去 後有崛山祖師梵日 太和年中入唐 到明州開國寺 有
一沙彌截左耳 在衆僧之末 與師言曰 吾亦鄕人也 家在溟州界翼嶺縣德耆坊 師他日
若還本國 須成吾舍 旣而遍遊叢席 得法於盐官 ^{事具在本傳} 以會昌七年丁卯還國 先創
崛山寺而傳敎 大中十二年戊寅二月十五日 夜夢昔所見沙彌到窓下 曰昔在明州開國
寺 與師有約 旣蒙見諾 何其晚也 祖師驚覺 押數十人 到翼嶺境 尋訪其居 有一女居
洛山下村 問其名 曰德耆 女有一子年才八歲 常出遊於村南石橋邊 告其母曰 吾所與
遊者 有金色童子 母以告于師 師驚喜 與其子尋所遊橋下 水中有一石佛异出之 截
左耳 類前所見沙彌 卽正趣菩薩之像也 乃作簡子 卜其營構之地 洛山上方吉 乃作
殿三間安其像 <small>古本載梵日事在前 相曉二師在後 然按湘曉二師爾 在於高宗之代 梵日在於會去之後 相距一百七十
餘歲 故今前却而編次之 或云 梵日爲相之門人 謬妄也</small> 後百餘年 野火連延到此山 唯二聖殿獨免其
災 餘皆煨燼 及西山大兵已來 癸丑甲寅年間 二聖眞容及二寶珠 移入襄州城 大兵
來攻甚急 城將陷時 住持禪師阿行 <small>古名希玄</small> 以銀合盛二珠 佩持將逃逸 寺奴名乞升
奪取 深埋於地 誓曰 我若不免死於兵 則二寶珠終不現於人間 人無知者 我若不死
當奉二寶献於邦家矣 甲寅十月二十二日城陷 阿行不免而乞升獲免 兵退後掘出 納

於溟州道監倉使 時 郎中李祿綏爲監倉使 受而藏於監倉庫中 每交代傳受 至戊午

十一月 本業老宿祗林寺住持大禪師覺猷奏曰 洛山二珠 國家神寶 襄州城陷時 寺

奴乞升埋於城中 兵退 取納監倉使 藏在溟州營庫中 今溟州城殆不能守矣 宜輸安御

府 主上允可 發夜別抄十人 率乞升 取於溟州城 入安於內府 時使介十人各賜銀一

斤米五石 昔新羅爲京師時 有世逵寺 今興教寺也 之莊舍 在溟州㮈李郡 按地理志 溟州無㮈

李郡 唯有㮈城郡 本㮈生郡 今寧越 又牛首州領縣有㮈靈郡 本㮈已郡 今剛州 牛首州今春州 今言㮈李郡 未知孰是 本寺

遣僧調信爲知莊 信到莊上 悅太守金昕公之女 惑之深 屢就洛山大悲前 潛祈得幸

方數年間 其女已有配矣 又往堂前怨大悲之不遂己 哀泣至日暮 情思倦憊 俄成假

寢 忽夢金氏娘 容豫入門 粲然啓齒而謂曰 兒早識上人於半面 心乎愛矣 未嘗暫忘

迫於父母之命 强從人矣 今願爲同穴之友 故來爾 信乃顚喜 同歸鄉里 計活四十餘

霜 有兒息五 家徒四壁 藜藿不給 遂乃落魄扶携 糊其口於四方 如是十年 周流草野

懸鶉百結 亦不掩體 適過溟州蟹縣嶺 大兒十五歲者忽餒死 痛哭收瘞於道 從率餘

四口 到羽曲縣 今羽縣也 結茅於路傍而舍 夫婦老且病 飢不能興 十歲女兒巡乞 乃爲

里獒所噬 號痛臥於前 父母爲之歔欷 泣下數行 婦乃難澁拭涕 倉卒而語曰 予之始

遇君也 色美年芳 衣袴稠鮮 一味之甘 得與子分之 數尺之煖 得與子共之 出處五十

年 情鍾莫逆 恩愛綢繆 可謂厚緣 自比年來 衰病歲益深 飢寒日益迫 傍舍壺漿 人不

容乞 千門之恥 重似丘山 兒寒兒飢 未遑計補 何暇有愛悅夫婦之心哉 紅顏巧笑 草

上之露 約束芝蘭 柳絮飄風 君有我而爲累 我爲君而足憂 細思昔日之歡 適爲憂患

所階 君乎予乎 奚至此極 與其衆鳥之同餒 焉知隻鸞之有鏡 寒弃炎附 情所不堪 然

而 行止非人 離合有數 請從此辭 信聞之大喜 各分二兒將行 女曰 我向桑梓 君其南

矣 方分手進途而形開 殘燈翳吐 夜色將闌 及旦鬚髮盡白 惘惘然 殊無人世意 已厭

勞生 如飫百年辛苦 貪染之心 洒然氷釋 於是 慚對聖容 懺滌無已 歸撥蟹峴所埋兒

塚乃石彌勒也 灌洗奉安于隣寺 還京師 免莊任 傾私財 創淨土寺 懃修白業 後莫知

所終 議曰 讀此傳 掩卷而追繹之 何必信師之夢爲然 今皆知其人世之爲樂 欣欣然

役役然 特未覺爾 乃作詞誡之曰 快滴須臾意已閑 暗從愁裏老蒼顏 不須更待黃粱

熟 方悟勞生一夢間 治身臧否先誠意 鰥夢蛾眉賊夢藏 何以秋來淸夜夢 時時合眼

到淸涼

만어산의 부처님 그림자

옛글에 만어산은 옛날의 자성산이라 나오고, 또는 '아야사산'이라고 한다. '마야사'라 해야 맞으니, 물고기를 말한다 옆에 가라국[伽耶]이 있었는데, 옛날에 알이 하늘에서 바닷가로 내려와 사람이 되어서 나라를 다스렸으니 바로 수로왕이다. 그때 나라 안에 옥지玉池가 있었고, 연못 안에 독룡이 살았다. 만어산의 다섯 나찰녀가 왕래하며 사귈 때마다 번개가 치고 비가 내렸는데, 이러기를 4년이나 하니 오곡이 익지를 않았다. 왕이 주술로 막아보려 했으나 안 되자, 머리를 숙이고 부처님께 설법해 주시기를 청하였다. 이후 나찰녀가 오계를 받은 뒤로 피해가 없었다. 그런 이유로 동해의 어룡들이 골짜기를 가득 채운 돌로 변하여 각기 종과 경쇠 소리를 내었다. 이상은 옛글이다

또한 대정 12년[1180] 경자, 곧 명종 11년에 만어사를 창건한 동량 보림이 올린 글에 따르면, 산중의 세 가지 기이한 자취를 이렇게 말하였다.

"북천축 '가라국의 부처님 그림자' 일과 부합하는 세 가지가 있습니다. 첫 번째는 산에서 가까운 양주梁州[양산] 경계의 옥지에 독룡이 살고 있습니다. 두 번째는 가끔 강변에서 구름이 일어나 산꼭대기까지 이르는데, 구름 속에서 음악 소리가 납니다. 세 번째는 그림자의 서북쪽에 평평한 돌이 있는데 늘 물이 고인 채로 마르지 않으니, 부처님이 가사를 빨던 데라고 합니다."

이상은 모두 보림의 말이다. 지금 직접 가서 예를 드리고 보니, 분명해서 믿을 만해 보이는 두 가지가 있다. 골짜기 안에 있는 돌 삼분의 이가 전부 금·옥 같은 소리를 내는 게 그 하나이다. 멀리서 바라보면 보이고, 가까이서 보

면 안 보이다가도 다시 보이기도 하는 게 다른 하나이다. 북천축 이야기는 다음에 갖추어 실어 놓았다.

가함[고려대장경 중 187번째 함]의《관불삼매경》제7권에 나오는 말이다. 부처님이 야건가라 국의 고선산에 이르셨다. 담복화 숲의 독룡이 있는 데의 옆에 청연화천이 있고 그 북쪽에 나찰들이 사는 굴이 있으니, 아나사 산의 남쪽이었다. 이때 그 굴의 다섯 나찰이 여룡女龍으로 변하여 독룡과 서로 통하였다. 용은 우박을 거듭 내리고 나찰은 난폭해지니, 그로 인하여 굶주림과 질병이 4년이나 이어졌다. 왕이 놀라고 두려워 하늘과 땅의 신[神祇]들에게 제사를 올리며 기도하였으나 아무 도움이 안 되었다.

이때 한 범지梵志[바라문]가 총명하고 지혜가 많아 대왕에게 가비라 국 정반왕의 아들이 지금 성도하여 '석가문'이라 불린다고 아뢰었다. 왕이 듣고 크게 기뻐하며 부처님이 있는 데를 향하여 절을 올리며 말하였다.

"오늘날 부처님의 빛이 이미 뻗쳤는데 어찌하여 우리나라에는 이르지 않습니까?"

이때 여래께서 여러 비구에게 말하여 육신통을 얻은 자들은 뒤를 따르라고 하고 가서는 나건가라 국의 왕 불파부제의 청을 받아들였다. 이때 세존의 정수리에서 광명이 뻗어 나와 일만 개의 커다란 화불化佛[부처의 화신]로 변하여 그 나라에 이르렀다. 그러자 용왕과 나찰녀가 오체투지 하며 부처님에게 계 받기를 구하므로, 부처님은 곧바로 삼귀와 오계를 설하였다. 용왕이 듣고 나서 꿇어앉고 합장하며 세존이 항상 이곳에 머무르기를 권하고 청하면서 말하였다.

"만일 부처님이 없으면 저희에게 나쁜 마음이 생겨 아뇩보리를 이룰 수 없습니다."

그러자 범천왕이 다시 와서 부처님에게 예를 올리고 청하면서 말하였다.

"바가바婆伽婆[박가범. 세존]께서는 미래 세상의 모든 중생을 위하여야 하니, 이 작은 용 하나만을 위하시면 안 됩니다."

백천百千 범왕들도 모두 이같이 청하였다. 그러자 용왕이 칠보 대좌를 준비하여 여래에게 바쳤다. 부처님은 용왕에게 "이 대좌는 필요하지 않으니, 네가 나찰의 석굴을 시주하라"고 이르시니, 용이 기뻐하였다. 등등의 말이 있다

이때 여래가 용왕을 위로하며 말씀하셨다.

"내가 너희의 청을 받아들여 굴속에 앉아서 천오백 년을 지내겠노라."

부처님이 몸을 솟구쳐서 돌 속으로 들어가셨다. 마치 맑은 거울 같아서 사람들이 바라보므로, 모든 용도 다 나와서 뵈었다. 부처님은 돌 속에 있는데도 그 모습이 바깥으로 비쳐 나타났다. 이때 모든 용이 합장하며 기뻐하였다. 그 땅을 나오시지 않으므로 언제든 부처님의 광명[佛日]을 볼 수 있었다. 이때 세존이 석벽 안에 결가부좌하고 앉으셨는데, 중생들이 멀리서 바라보면 나타나고 가까이에서는 나타나지 않았다. 여러 천인이 부처님의 그림자에 공양하면 그림자도 설법하였다. 또한 부처님이 바위 위를 밟으면 금과 옥의 소리가 났다고도 한다.

《고승전》에 나오기를, 혜원惠遠[335~417]이 천축에 부처님의 그림자가 있다고 들었다. 옛날에 용을 위하여 남기신 그림자로, 북천축 월지국 나갈가 성 남쪽 고선인의 석실 안에 있다고 한다. 등등의 말이 있다

또 법현法現[337~422]의 《서역전》[《불국기》]에 이렇게 나온다. 나갈 국의 경계에 이르니 나갈 성 남쪽으로 반 유순由旬[6~7km]에 석실이 있었다. 박산博山[나갈라갈의 불영굴 근처 지명] 서남쪽 면에 부처님이 그림자를 남겨 놓으셨다. 십여 걸음쯤 가서 보면 부처님 진신의 모습과 흡사하여 광명이 찬란하나, 멀어질수록 점점 희미해진다. 여러 나라의 왕이 화공을 보내 베끼게 하였으나 똑같이 그리지는 못했다. 나라 사람들이 전하여 말하기를 현겁[현재의 겁] 천불이 모두 여기에 그림자를 남겼다고 한다. 그림자의 서쪽으로 백 걸음쯤 떨어진 데에 부처님이 세상에 계실 때 머리카락을 깎고 손톱을 자른 자리가 있다. 등등의 말이 있다

성함[고려대장경 중 464번째 함]의 《서역기》 제2권에 이렇게 나온다. 옛날 여래께서 세상에 계실 때 이 용은 소를 치는 사람이었다. 왕에게 유락乳酪[소나 양의 젖을 끓여서 만든 음식]을 올렸는데, 바치는 데에 잘못이 있어서 꾸지

람을 듣고 노여움과 원한의 마음을 품었다. 돈을 주고 꽃을 사서 탑[窣堵婆]에 공양하고, '악룡이 되어서 나라를 부수고 왕을 해칠 수 있게 해달라'고 서원하고는 석벽으로 가서 몸을 던져 죽었다. 마침내 대용왕이 되어서는 이 굴에 살며 나쁜 마음을 일으켰다. 여래가 이를 살펴보시고 신통력으로 몸을 바꾸어 이곳에 왔다. 이 용이 부처님을 뵙고 마침내 악한 마음을 내려놓아 불살계不殺戒를 받았다. 그러고 나서 "여래께서 언제나 이 굴에 계시면서 항상 저의 공양을 받아주십시오."라고 청하였다. 부처님은, "내가 장차 적멸할 것이니 너를 위해 그림자를 남길 테다. 네가 만일 독하고 분한 마음이 생길 때면 항상 내 그림자를 보고 독한 마음을 내려놓아라."라고 말씀하였다. 정신을 집중하여 홀로 석실에 들어가셨는데, 멀리서 보면 나타나고 가까이서 보면 나타나지 않았다. 또 돌 위를 밟아서 칠보로 만들었다. 등등의 말이 있다

이상은 모두 경전에 나오는 글인데 대략 그러한 뜻이다.

우리나라 사람들은 이 산의 이름을 '아나사'[아야사]라고 하는데, '마나사'[마야사]라고 해야 맞는다. 이를 번역하면 '물고기'이다. 대개 저 북천축의 일을 가지고 그렇게 부른다.

해 설

경상남도 밀양의 만어사萬魚寺가 자리한 만어산 골짜기의 경사면에 크고 작은 돌들이 가득히 널린 돌너덜이 있다. 이 돌들의 모양새가 물고기 같다고 해서 만어석萬魚石이라 하며, 두드리면 쇳소리 같은 소리가 나와 종석鍾石이라고도 불린다. 특이한 현상에는 전설이 깃든 사례가 많듯이, 만어석이라는 이름이 나오게 된 유래도 이 〈어산 불영〉에 자세히 실렸다. 일연은 이 이야기를 고려의 보림寶林 스님이 지은 글과 불경에 나오는 말을 인용해 펼쳐나갔다.

그런데 이야기가 전개될 때마다 그 배경을 설명하기 위해서인지 불경에

밀양시 삼랑진읍 만어산 원경(위)과 만어사 내경(아래)(ⓒ한국민족문화대백과사전)

나오는 대목들을 간추려서 넣었기에 글의 연결이 매끄럽지 않은 데도 있고, 앞의 상황과 정확하게 연결되지 않는 부분도 있다. 그래서 이 글을 설명하는 글마다 다소 두루뭉술하게 서술된 측면이 있다. 일연의 글이 문맥이나 맥락에서 분명하지 않은 데가 있어서이기도 하지만, 오늘날 일연이 말하고자 하는 얘기의 맥락을 잘 파악하지 못한 탓도 없지 않다.

맨 마지막에 일연은 사람들이 만어산을 범어로 표기할 때 '아나사'라고 하지만 마땅히 '마나사'라고 써야 한다고 하고서 끝맺음을 했다. 글 맨 앞에서 '아야사'는 '마야사'라고 해야 한다고 했음을 강조하느라 또 한 번 쓴 듯한데, 그러나 뒷글에서는 '나'가 '야'로 바뀌어버렸다. 이는 중간 글자 '耶'가 '那'와 비슷해 잘못 알고 인쇄 때 글자를 잘못 새겼기 때문으로 보인다.

일연은 만어석은 멀리서 보면 불영, 곧 부처님의 그림자가 드리운 듯한 형상이 나타나다가 가까이 다가가 보면 안 보이며 또한 만어석을 두드리면 경쇠 소리가 난다고 했다. 그래서 이는 옛날에 나건가라 국에 있었던 용왕과 나찰녀의 소동 끝에 부처님이 나찰녀가 살던 굴을 시주받아 안에 들어가 좌정하여 그림자를 바깥으로 비추었고, 부처님이 나찰녀의 굴 안에 들어가 돌을 밟으니 칠보 소리가 났다는 이야기와 일치한다고 하였다. 이러했다면, 아닌 게 아니라 그 모습과 소리가 그야말로 천상의 광경 아니었을까. 〈탑상〉에 모두 27가지 에피소드가 있는데, 만일 딱 한 군데 그 일이 일어났던 순간과 장소로 갈 수 있으니 고르라고 한다면 두말없이 이 장면을 선택하겠다.

불경 속의 불영

일연은 경전에 나오는 야건가라 국의 불영佛影 일화를 소개하면서, 이는 고려대장경 중 가함에 편제된 《관불삼매경》 제7권과 성함에 편제된 《서역기》 제2권 그리고 《고승전》과 법현의 《서역전》에서 가져왔다고 출전을 분명히 밝혔다. 그러나 각각의 내용을 발췌하여 나열했기에 전체적으로 보면 내용이 조금씩 중복되었고 문맥도 흐릿해진 느낌이 있다. 그래서 이 글을 더 이해하기 쉽도록 구성해 본다.

아나산 남쪽의 동굴에 사는 다섯 나찰녀가 독룡과 사귀느라 뇌우를 일으키는 등 천기를 어지럽혔다. 이로써 기근이 들고 질병이 창궐하여 사람들이 괴로워했다. 부처님[여래]이 야건가라 국의 고선산에 왔을 때 이런 이야기를 듣게 되었다(이 부분은 일연이 소개한 옛 기록[古記]과 비슷하다). 국왕이 청하므로 부처님이 용왕과 나찰녀에게 가서 설법하니 이들이 뉘우쳤다. 용왕은 여래가 계속 머물러 주기를 청하였으나, 범천왕들이 반대하였다. 그래서 여래는 나찰녀가 살던 굴 안에 들어가 좌정하고 그 그림자를 동굴 바깥까지 비춤으로써 자취를 남겨주었다. 이때 여래가 굴 안에서 돌을 밟았더니 금옥 같은 소리가 났다고 한다(《관불삼매경》). 이러한 이야기는 일연이 앞에서 만어산의 돌너덜이 경쇠 소리를 낸다고 했던 말과 연결됨으로써 만어산의 신비함을 암시하고 있다.

한편, 《서역기》에는 용이 사람들에게 악행을 저지른 동기가 자세히 설명되어 있다. 목동이 유락을 바치는 일을 실수해서 왕에게 꾸짖음을 크게 듣고는 원한을 품어 악룡으로 변했다 한다. 그러나 나중에 부처님을 뵌 용은 자기 잘못을 뉘우쳤고, 계속 머물러 달라고 간청했다(이 부분은 《관불삼매경》과 비슷하다). 부처님은 장차 입멸

불영(부처님의 그림자)이 비친다는 울진 불영사 전경

할 인연이므로 여기에 머물 수 없으나, 대신 자기 그림자를 남겨 놓을 테니 이를 보고 수행하라고 하였다. 이 그림자는 멀리서 보면 나타나다가 가까이서 보면 사라졌다고 한다(이는 '대지 예술(land arts)'처럼 아주 큰 형태는 가까이서 알아볼 수 없음과 마찬가지 현상으로 설명할 수 있다).

이처럼 불영, 곧 부처님의 그림자를 부처님 그 자체로 보는 관점은 여러 불경에 많이 나온다. 일연은 이 글에서 불영을 '불일佛日'이라고도 썼다. 불영은 그림자이고 불일은 빛이지만 실은 하나라는 의미인 듯하다. 그런 뜻에서 우리나라의 불영사, 불일암이라는 절 이름은 다 부처님의 광명을 기린다는 의미가 된다.

만어산의 돌너덜 만어석

만어사와 만어산의 돌너덜

만어사萬魚寺는 경상남도 밀양시 삼랑진읍, 해발 674m의 만어산 정상 부근에 자리한다. 일연은 보림이 1180년에 창건했다고 적었다. 지금 경내에 있는 삼층석탑은 당시 유적으로 여겨진다. 그러나 최근에는 이를 1181년이라고 잘못 적은 글이 많다.

절 마당 앞은 시야가 탁 트여서 그야말로 일망무제이다. 마당 아래에서 내려다보면 만어석이라 불리는 크고 작은 돌들로 가득한 돌너덜이 언덕 아래로 길게 펼쳐지면서 멀찌감치서 피어오르는 안개와 어우러지는 모습이 장관을 이룬다.

이 돌너덜은 마치 흘러가는 물결 같아서, 구름 없는 맑은 날이면 반사된 햇빛에 눈이 부실 정도이다. 일연이 '강가에서 만들어진 구름이 만어산 정상으로 와서 햇빛을 가려 그림자를 만들었다'라고 한 말처럼, 지금도 만어사 주변 골짜기에 운해雲海가 가득한 모습을 자주 볼 수 있다. 일연이 언급한 강은 밀양과 김해, 양산에서 흘러 들어온 낙동강 줄기가 한데로 모인 용천강으로 보인다.

만어사 삼층석탑(왼쪽)과 미륵전 돌미륵(오른쪽)

1530년에 편찬된 《신증동국여지승람》의 〈밀양〉 〈고적〉에는 만어석에 대해 이렇게 나온다.

'새로운 삶터를 찾기 위해 물고기들과 함께 뭍으로 나온 동해 용왕 아들의 일행이 인연에 따라 여기에 머무르게 되었다. 그 뒤 왕자는 돌로 변해 돌미륵이 되었고 고기떼도 돌로 변하였다. 조선 초 세종 임금이 음악을 소중히 여겨서 악기의 음률을 정비할 때 여기 돌로 경磬을 만들 수 있는지 사람을 보내어 시험해 봤으나 적당하지 않아서 그만두었다.'

일연 시대의 고려 사람들뿐만 아니라 조선시대 사람들도 이 만어석을 대단히 신비스럽게 보았던 모양이다. 지금 미륵전 안에 있는 자연석이 바로 그 돌미륵이며, 절 마당 위의 수곽水廓이 부처님이 가사를 씻었다는 반석이라고 한다.

이 돌너덜의 크고 작은 돌들이 실제로 물고기처럼 생겼다고 하는 사람도 있고, 잘 모르겠다는 사람도 있다. 또한 쇳소리가 나는지 보려고 두드리다가 고개를 끄덕거리기도 하고 갸웃거리기도 한다. 정말로 멀찌감치 떨어져

강화 전등사 대웅보전 처마밑 조각상

서 돌너덜을 보면 부처님 그림자가 보일 수도 있다. 우리가 하늘 위의 구름이나 옆으로 길게 이어지는 산봉우리들을 쳐다보노라면 저마다 머릿속에 어떤 그림이 그려지듯이, 자연적으로 형성된 사물은 보는 사람 마음에 따라 이렇게도 저렇게도 보이게 하는 듯하다.

나찰

만어산에 살았다는 나찰은 인도 전래의 잡귀 'Raksasa'를 음역한 말이다. 불교에 융합되어 야차夜叉(yaksa)와 더불어 사천왕의 하나인 다문천왕 아래에서 불법을 수호하는 존재가 되었다. 여러 종류의 나찰이 있는데 그중 10나찰이 유명하며 또 남녀 구분도 있다. 이 글에서는 5나찰이 나온다. 강화전등사 대웅전의 처마 아래에 있는 원숭이 모양의 목 조각상을 흔히 나부상裸婦像이라고 하는데 이것이 바로 나찰상이라는 주장도 있다.

한편, 독룡이 사람들에게 해를 끼치는 첫 장면에 가야와 수로왕이 등장해 흥미롭다. 만어산이 김해 옆이어서도 하겠고, 시대가 수로왕 시대와 같은 1~2세기라는 암시도 된다. 처음에는 수로왕이 옥지에 사는 독룡과 다섯 나찰녀의 음행으로 인한 재난을 막아보려 하였으나, 그의 힘으로는 어쩌지 못해서 결국 부처님께 도움을 청했다는 얘기도 재미있다. 설화이기는 하지만, 〈가야국기〉나 〈금관성 파사석탑〉에 이어 1세기에 가야에 불교가 전래했다는 이야기이다. 가야불교에 대한 일연의 한결같은 생각을 엿볼 수 있다.

원문

魚山佛影

古記云 萬魚山者 古之慈成山也 又阿耶斯山 ^{當作摩耶斯 此云魚也} 傍有呵囉國 昔天卵下
于海邊 作人御國 卽首露王 當此時 境內有玉池 池有毒龍焉 萬魚山有五羅刹女 往
來交通 故時降電雨 歷四年 五穀不成 王呪禁不能 稽首請佛說法 然後羅刹女受五
戒而無後害 故東海魚龍遂化爲滿洞之石 各有鍾磬之聲 ^{已上古記} 又按 大定十二年庚
子 卽明宗十一年也 始創萬魚寺 棟梁寶林狀奏所稱山中奇異之迹 與北天竺訶羅國
佛影事符同者有三 一 山之側近地梁州界玉池 亦毒龍所蟄是也 二 有時自江邊雲氣
始出 來到山頂 雲中有音樂之聲是也 三 影之西北有盤石 常貯水不絶 云 是佛浣濯
袈裟之地是也 已上皆寶林之說 今親來瞻禮 亦乃彰彰可敬信者有二 洞中之石 凡三
分之二皆有金玉之聲 是一也 遠瞻卽現 近瞻不見 或見覓等 是一也 北天之文 具錄
於後 可函觀佛三昧經第七卷云 佛到耶乾訶羅國古仙山 薝蔔花林毒龍之側 靑蓮花
泉北 羅刹穴中 阿那斯山南 爾時 彼穴有五羅刹 化作女龍 與毒龍通 龍復降雹 羅
刹亂行 飢饉疾疫 已歷四年 王驚懼 禱祀神祇 於事無益 時有梵志聰明多智 白言大
王 伽毗羅淨飯王子 今者成道 号釋迦文 王聞是語 心大歡喜 向佛作禮曰 云 何今日
佛日已興 不到此國 爾時 如來勅諸比丘 得六神通者 隨從佛後 受那乾訶羅王弗婆
浮提請 爾時 世尊頂放光明 化作一萬諸大化佛 往至彼國 爾時 龍王及羅刹女 五體
投地 求佛受戒 佛卽爲說三歸五戒 龍王聞已 長跪合掌 勸請世尊常住此間 佛若不
在 我有惡心 無由得成阿耨菩提 時 梵天王復來禮佛 請婆伽婆爲未來世諸衆生故
莫獨偏爲此一小龍 百千梵王皆作是請 時 龍王出七寶臺 奉上如來 佛告龍王 不須
此臺 汝今但以羅刹石窟持以施我 龍歡喜 ^{云云} 爾時 如來安慰龍王 我受汝請 坐汝
窟中 経千五百歳 佛湧身入石 猶如明鏡 人見面像 諸龍皆現 佛在石內 映現於外 爾
時 諸龍合掌歡喜 不出其地 常見佛日 爾時 世尊結伽趺坐在石壁內 衆生見時 遠望
卽現 近則不現 諸天供養佛影 影亦說法 又云 佛蹴嵓石之上 卽便成金玉之聲 高僧
傳云 惠遠聞天竺有佛影 昔爲龍所留之影 在北天竺月支國那竭呵城南古仙人石室
中 ^{云云} 又法現西域傳云 至那竭國界 那竭城南半由旬有石室 博山西南面 佛留影此

中 去十餘步觀之 如佛眞形 光明炳著 轉遠轉微 諸國王遣工摹寫 莫能髣髴 國人傳

云 賢劫千佛 皆當於此留影 影之西百步許 有佛在時剃髮剪爪之地 ^{云云} 星凾西域記

第二卷云 昔 如來在世之時 此龍爲牧牛之士 供王乳酪 進奏失宜 既獲譴嘖 心懷恚

恨 以金錢買花供養 授記窣堵婆 願爲惡龍破國害王 特趣石壁 投身而死 遂居此窟

爲大龍王 適起惡心 如來鑑此 變神通力而來至 此龍見佛 毒心遂止 受不殺戒 因請

如來 常居此穴 常受我供 佛言 吾將寂滅 爲汝留影 汝若毒忿 常觀吾影 毒心當止

攝神獨入石室 遠望卽現 近則不現 又令石上蹋爲七寶 ^{云云} 已上皆経文 大畧如此 海

東人名此山爲阿那斯 當作摩那斯 此翻爲魚 盖取彼北天事而稱之爾

오대산의 오만 진신

산중의 고전에 따르면, 이 산에 진성眞聖[문수보살]께서 머무르신다는 말은
자장 법사에게서 비롯되었다.

처음에 법사가 중국 오대산에서 문수 진신을 뵈려고 선덕왕 대인 정관 10
년[636] 병신에 당나라로 들어갔었다. 당승전《당고승전》에 12년이라고 나오나, 여기서
는 삼국의 본사《삼국사기》를 좇겠다 먼저 중국의 태화지 옆에 이르러 문수 석상
앞에서 경건히 7일을 기도드렸다. 꿈에 문득 대성大聖[문수보살]이 나타나서
네 구절의 게송을 주었다. 깨고 나서 기억했으나 모두 범어여서 무슨 말인지
알 수 없었다.

다음 날 아침에 홀연히 한 스님이 나타났는데 비라 가사 한 벌, 바리때 하
나, 불두골 한 조각을 지니고 있었다. 법사에게 가까이 오더니 왜 그렇게 힘
이 없느냐고[無聊] 물었다. 법사가 꿈에 받은 네 구절의 게송이 범음이기 때
문에 풀 수 없어서 그렇다고 대답하였다. 스님이 이를 번역해 주며 '가라파
좌랑'은 일체법을 알았다는 뜻이고, '달예치구야'는 자성自性은 무소유라는
뜻이고, '낭가희가랑'은 이 같은 법성法性을 깨쳤음이고, '달예노사나'는 곧
노사나불을 뵙는다는 뜻이라고 말해주었다. 그리고 지니고 있던 가사 등을
내어주면서 말하였다.

"이는 본사本師 석가존의 도가 담긴 물건[道具]들이니 그대가 잘 간직하시오."
그리고 다시 말하였다.

"그대 나라 동북방[艮方]의 명주溟州[강릉] 부근 오대산에 일만 문수가 상주

하시니, 그대는 그리로 가서 뵈시오."

말을 마치자 보이지 않았다.

영험한 자취들을 두루 찾아보고 나서, 신라로 돌아오고 있을 때, 태화지의 용이 나타나서 재齋를 청하므로 7일 동안 공양해주었다. 그러자 이렇게 알려주었다.

"전에 계를 전해준 노승이 실은 문수보살이십니다."

또한 절 짓고 탑 세울 일을 신신당부했던 일은 별도의 전기에 갖추어 실었다. 스님이 정관 17년[643]에 이 산에 왔다. 진신을 뵈려 했으나 사흘 내내 날이 흐리고 어두워져서 뜻을 이루지 못하고 돌아갔다. 이어서 원녕사元寧寺[자장의 생가]에 머무르다가 뵈었는데, 문수가 말하였다.

"칡덩굴이 우거져 있는 데[葛蟠處]로 가보라."

지금의 정암사가 이곳이다. 역시 별전에 실었다

훗날의 두타 신의는 범일의 제자로, 자장 스님이 쉬고 있는 땅[休憩之地](열반처)을 찾아가서 암자를 짓고 살았다. 신의가 죽자 암자도 오랫동안 버려졌다. 수다사의 장로 유연이 중창하고 지내니, 지금의 월정사가 이곳이다.

자장 스님이 신라로 돌아오고 나서, 신라 정신 대왕의 태자 보천과 효명 두 형제가 국사(《삼국사기》)에 의하면 신라에 정신과 보천·효명 삼부자가 있었다는 분명한 기록이 없다. 하지만 그 글 아래에 '신룡 원년[705]에 터를 닦고 절을 세웠다'라고 나오니, 바로 신룡은 성덕왕 즉위 4년 을사를 말한다. 왕의 이름은 흥광, 본명은 융기로서 신문왕의 둘째 아들이다. 성덕왕의 형은 효조왕이며 이름은 이공, 혹은 이홍이라고도 한다. 역시 신문왕의 아들이다. 신문왕 정명政明의 자는 일조이다. '정신淨神'은 아마도 '정명신문政明神文'이 잘못 알려진 듯하다. '효명'은 효조孝照 또는 효소孝昭가 잘못 알려진 듯하다. '효명이 즉위한 신룡 원년에 터를 닦고 절을 세웠다'라고 한 기록은 정확하지 않다. 신룡 연간에 절[문수암]을 세운 사람은 성덕왕이다 하서부[강릉]에 이르러 세헌 각간의 집에서 하룻밤을 묵었다. 지금 명주에도 하서군이 있으니 여기이다. 또는 하곡현이라고도 하지만 여기는 지금의 울주이니 그곳은 아니다 이튿날 큰 고개를 넘어가 각각 무리 천 명씩을 거느리고 성오평에 가서 여러 날 동안 유람하였다. 문득 어느 날 저녁에 세속을 떠나자고 형제끼리 은밀히 약속하고는 사람들 모르게 오대산으로 들어가 숨었다. 고기에 태화 원년 무신[648] 8월 초에 왕이 산속으로 숨었다고 나오는데, 이 글은 크게 잘못되었다. 살펴건대 효조왕 혹은 효소왕은 천수 3년[692] 임진에 즉위하였으니 당시 16세였고, 장안 2년[702] 임인에 죽으니 26세였다. 성덕왕이 이 해에 즉위하니 22세였다. '태화 원년 무신'이라면 효조왕이 즉위한 갑진[임진](692)보다 45년 전으로, 태종무열왕과 문무왕 대이다. 따라서 이 기록이 잘못되었음을 알 수 있어서 이 말은 여기에 넣지 않았다 시종하던 사람들이 그들이 어디 갔는지 몰라 서울[경주]로 돌아갔다. 두 태자가 산속에 이르렀더니 땅 위에 푸른 연꽃이 홀연히 피어 있었다. 형 태자가 여기에 작은 암자를 짓고 머무르니 이곳이 보천암이다. 동북쪽으로 600여 보 가니 북대의 남쪽 기슭에도 푸른 연꽃이 핀 데가 있어서 아우 태자 효명도 작은 암자를 짓고 머물렀다. 각자 부지런히 불법을 닦았다.

하루는 함께 다섯 봉우리마다 올라가 우러러 경배하기로 하였다. 동대 만월산에서 1만 관음보살 진신이, 남대 기린산에서 팔대 보살을 위시하여 1만 지장보살이, 서대 장령산에서 무량수여래를 위시하여 1만 대세지보살이, 북대 상왕산에서 석가여래를 위시하여 500대 아라한이, 중대 풍로산에서 또는 지로산이다 비로자나불을 위시하여 1만 문수보살이 모습을 나타내었다. 이 5만 진신을 일일이 우러르고 경배하였다.

매일 인조寅朝[새벽 3~5시] 때마다 문수 대성이 진여원에 지금 상원사이다 왔는데, 36가지 모습으로 바꾸어 가며 나타났다. 혹은 부처님의 얼굴 모양, 혹은 보주 모양, 혹은 부처님의 눈 모양, 혹은 부처님의 손 모양, 혹은 보탑 모양, 혹은 머리가 만 개인 부처님 모양, 혹은 만 개의 등燈 모양, 혹은 금교金橋 모양, 혹은 금고金鼓 모양, 혹은 금종 모양, 혹은 신통 모양, 혹은 금루金樓 모양, 혹은 금륜金輪 모양, 혹은 금강저 모양, 혹은 금 항아리 모양, 혹은 금비녀 모양, 혹은 오색 광명 모양, 혹은 오색 원광 모양, 혹은 길상초 모양, 혹은 청련 모양, 혹은 금전金田 모양, 혹은 은전銀田 모양, 혹은 부처님의 발 모양, 혹은 번개나 천둥 모양, 혹은 여래가 솟아 나오는 모양, 혹은 지신地神이 솟아 나오는 모양, 혹은 금봉金鳳 모양, 혹은 금오金烏 모양, 혹은 말이 사자를 낳는 모양, 혹은 닭이 봉황을 낳는 모양, 혹은 청룡 모양, 혹은 흰 코끼리 모양, 혹은 까치 모양, 혹은 소가 사자를 낳는 모양, 혹은 뛰어다니는 돼지[遊猪] 모양, 혹은 푸른 뱀 모양으로 나타났다. 두 사람은 매번 골짜기 물[洞水]을 떠서 차를 달여 공양하였고 밤이 되면 각자의 암자에서 수도하였다.

정신왕의 동생이 왕과 자리를 놓고 다투자, 나라 사람들이 폐위시키고 장군 네 명을 산으로 보내 맞이하려 하였다. 먼저 효명암 앞에서 만세를 부르자 오색구름이 7일 동안 드리워 덮었다. 구름을 찾아 모여든 나라 사람들이 병장기[鹵簿]를 늘어놓고 두 태자를 모셔가고자 하였으나, 보천은 울면서 사양하므로 효명만 모시고 돌아갔다. 즉위하여 여러 해 나라를 다스렸다.

고기에 '20여 년 재위하였다' 함은 붕어했을 때 나이가 26세였음을 잘못 말한 것이다. 재위는 오직 10년뿐이다. 또 신문왕이 아우와 왕위를 다툰 일은 국사에 나오지 않아서 자세히 알 수 없다

신룡 원년 곧 당나라 중종 복위년으로, 성덕왕 즉위 4년이다 을사[705] 3월 초나흘에 진여원을 처음 지었다. 대왕이 친히 여러 관료를 거느리고 산에 가서 전각을 짓고, 아울러 문수 대성의 소상塑像을 만들어 불당 안에 모시고, 영변 등 다섯 명의 지식知識[승려]으로 하여금 오랫동안 《화엄경》을 돌아가며 읽도록 하고 화엄사를 결성하였다. 오래도록 공양할 비용을 위해서 매년 봄가을마다 산 근처 고을이 창조倉租 100석과 정유淨油 1석을 공급함을 항규로 삼았다. 진여원에서 서쪽으로 6,000보인 모니점 고이현 바깥까지의 시지柴地[땔감얻는 땅] 15결, 밤나무 숲[栗枝] 6결, 논밭[坐位] 2결을 내리고, 농장 건물[莊舍]도 지어주었다.

보천은 항상 신령한 계곡물[靈洞之水]을 길어다 마셨기에, 나이가 들어서는 몸이 공중을 날아다녔다. 유사강 바깥 울진국의 장천굴[성류굴]로 가서 수구隨求다라니 외우기를 밤낮으로 하였더니, 굴의 신이 나타나 말하였다.

"제가 굴의 신이 된 지 이미 2,000년이 지났는데, 오늘에야 비로소 수구다라니의 참된 뜻을 들었습니다. 보살계 받기를 청합니다."

계를 받은 다음날에 굴과 함께 없어졌다[無形]. 보천은 놀랍고 이상하여 20일을 더 머물고 나서 오대산 신성굴로 돌아와 다시 50년 동안 도를 닦았다. 도리천의 신이 하루에 세 번 법을 듣고, 정거천의 무리가 차를 달여 공양하

며, 40명의 성중이 공중에 10자 높이로 떠서 늘 호위하였다. 지니고 있던 지팡이가 하루에 세 번씩 소리를 내며 방을 세 바퀴 도니, 이것을 종과 경쇠 삼아서 불도를 닦았다. 이때 문수보살이 보천의 정수리에 물을 붓고 장차 성도하리라는 기별記莂을 주었다.

입적하는 날, 보천은 이 산속의 일로써 훗날 나라에 도움이 될 일들을 적어 남기니 다음과 같다.

이 산은 백두산의 큰 줄기로서 각 대臺는 진신이 상주하는 곳이다.

청靑은 동대 북쪽 모퉁이 아래의 북대 남쪽 기슭 끝에 있다. 관음방을 두어 상호가 원만한 관음보살상과 푸른 바탕에 1만 관음상을 그려서 봉안하라. 복전[승려나 신도] 5인이 낮에는 8권《금광명경》과《인왕반야경》과《천수다라니》를 독송하고, 밤에는 관음예참을 염송하게 하며 원통사라고 이름을 지으라.

적赤은 남대 남쪽을 맡고 있다. 지장방을 두고 상호가 원만한 지장보살상과, 붉은 바탕에 팔대 보살을 위시한 1만의 지장상을 그려서 봉안하라. 복전 5인이 낮에는《지장경》과《금강반야경》을 독송하고, 밤에는 점찰예참을 하게 하여 금강사라고 이름을 지으라.

백白은 서대의 남쪽 방면이다. 미타방을 두고 상호가 원만한 무량수불과, 흰 바탕에 무량수여래를 위시한 1만의 대세지보살을 그려서 봉안하라. 복전 5인이 낮에는 8권《법화경》을 독송하고, 밤에는 미타예참을 염송하게 하여 수정사라고 이름을 지으라.

흑黑은 북대의 남쪽 땅이다. 나한당을 두고 상호가 원만한 석가상과, 검은 바탕에 석가여래를 위시한 오백 나한상을 그려서 봉안하라. 복전 5인이 낮에는《불보은경》과《열반경》을 독송하고, 밤에는 열반예참을 염송하게 하여 백련사라고 이름 지으라.

황黃은 중대의 진여원에 자리한다. 소조塑造 문수 부동상을 두고 그 뒷벽에다 노란 바탕에 비로자나불을 위시한 36가지의 변화하는 모양을 그려서

봉안하라. 복전 5인이 낮에는 《화엄경》과 《육백반야경》을 독송하고, 밤에
는 문수예참을 염송하게 하여 화엄사라고 이름을 지으라.

보천암은 화장사로 고치고, 상호가 원만한 비로자나 삼존과 대장경을 봉
안하라. 복전 5인이 대장경을 늘 읽고 밤에는 화엄신중을 염송하게 하며,
매년 백일 화엄회를 베풀고 법륜사라고 이름을 지으라. 이 화장사를 오대
사의 본사로 삼아서 견고하게 지키고, 행실이 깨끗한 복전에게 명하여 오래
도록 향화를 받들게 하면, 국왕이 장수하고 백성이 편안하며 문호文虎가 화
평하고 온갖 곡식이 풍년이 들게 된다. 또 하원下院을 새로 두어서 문수갑사
를 오대사의 중심[都會]으로 삼아 복전 7인이 밤낮으로 항상 화엄신중예참
을 행하게 하라. 위의 37명의 재에 드는 경비와 의복의 비용 등 사사四事[4종
류의 공양]의 비용은 하서부 도내 8주의 세금으로 충당하라. 대대로 군왕들
이 잊지 않고 이를 좇아서 행하면 좋으리라.

해 설

강원도 오대산五臺山은 문수보살을 비롯해 오만 분의 불보살이 머무르는
데라는 믿음인 '오대산 신앙'이 이뤄지는 근거가 되었던 글이다. 일연은 고기
古記를 많이 참고해 이 글을 썼다. 이 고기가 정확히 무엇인지 알 수 없으나,
바로 다음에 배치된 〈명주 대산 보질도 태자 전기〉가 바로 그 원문이거나
적어도 이 글에 큰 영향을 주었다고 생각된다.

그래서 이 글은 〈명주 대산 보질도태자 전기〉·〈대산 월정사 오류 성중〉과
더불어 강원도 오대산 신앙의 기반이 된 삼부작 중 하나라고 할 수 있다.
특히 오대산 신앙을 처음 뿌리 내리게 한 자장과, 이를 확립한 보천·효명 두
태자, 그리고 그 중심 무대로서 월정사와 정암사가 창건된 이야기가 자세히
나온다. 월정사가 발전하는 데에 큰 역할을 한 신효 거사와 오대산 신앙의
중요 요소인 불보살 및 성중聖衆 등에 관한 이야기는 뒤의 두 편에 잇달아

오대산 전경

실려 있다. 따라서 이 셋은 서로 보완적 관계인 셈이다. 이로써 6~9세기에 월정사와 정암사를 중심으로 한 오대산 지역이 경주에 버금가는 불교 신앙의 중심지로 인식되었음을 볼 수 있다.

일연은 이 글에서 다음의 세 가지를 강조했다. 첫 번째는 '정신 대왕'은 훗날에 '정명'과 '신문왕'이 합해져서 와전된 말이라 하면서 그렇게 된 까닭도 자세히 분석했다. 두 번째는 정신 대왕(신문왕)을 뒤이어 즉위한 이는 효조왕이고, 혹은 효소왕이라 한다고도 하였다. 이 말은 《삼국사기》에는 '효소왕'으로 나오지만 '효조왕'이 더 맞는 이름 같다는 의미이다. 세 번째는 정신 대왕의 아들 형제 중에서 아우 효명孝明이 바로 효조왕이라는 것이다. 일연은 照 또는 昭가 明과 비슷해서 훗날 孝明으로 잘못 전해졌다고 본 듯하다. 실제로 692년에 세워진 경주 황복사지 삼층석탑, 697년에 세워진 망덕사지 당간지주의 명문 등에 '孝照王'이라고 쓴 사례가 있다. 승하하고 나서 '효조왕'으로 추대되었으나, 고려시대 역사가들이 신문왕의 자字가 일조日照인데 아들의 이름에 똑같은 글자가 들어가면 불경하다고 생각해 비슷한 글자인 昭로 표기했을 수 있다고 본다. 하지만 일연의 생각들은 오늘날 그 의도가 정확히 파악되지 못한 채 오해받고 있다.

그렇게 된 데는 사실 일연의 실수 탓도 있었다. 예를 들어 태화 원년은 '태

윗줄 왼쪽에서 시계방향으로 오대산 중대 화엄사(사자암), 남대 금강사(지장암), 북대 백련사(미륵암), 서대 수정사(수정암)

종무열왕' 시대인데 '태종문무왕' 시대라고 했고, 효소왕이 즉위한 해인 임진년을 '갑진'이라고 잘못 썼다. 삼국의 역사에 해박했던 일연이지만, 이야기의 규모가 워낙 큰 데다가 그가 참조한 고전·고기 등을 분석하고 또 여기에 잘못 기술된 데를 바로잡느라 약간 혼동을 일으켰던 모양이다.

한편, 보천이 입적 전에 남긴 글에는 '또 (화장사에) 하원下院을 새로 두어서 문수갑사를 오대사의 중심[都會]으로 삼으라'라고 나온다. 화장사가 나중에 월정사가 되었다고 보이는데, 그 하원으로 문수갑사를 두라고 한 것이다. '하원'은 절의 이름으로 고유명사라기보다 상원上院에 대응되는 말로서 공간적으로 아래에 있다는 의미이다. 지금 월정사 위쪽에 상원사가 있듯이, 아래에 하원으로 문수사가 있었음을 알게 해주는 대목이다. 〈탑상〉 맨 마지막에 배치된 〈오대산 문수사 석탑기〉에 나오는 문수사가 바로 이곳으로 보인다.

오대산 중대 사자암 적멸보궁

이야기의 줄거리와 구성

오대산 상원사 문수보살상

이 글은 자장이 중국과 우리나라의 오대산에서 문수보살을 친견하려 한 이야기, 그리고 자장, 보천·효명 두 태자가 오대산에 들어가 수행했던 이야기 등 크게 보면 두 가지 작은 주제로 구성되어 있다. 그런데 각각에 관련한 여러 가지 일화가 등장하고, 또 그 과정에서 일연이 자기가 참조한 여러 옛 기록의 잘못된 부분들을 설명하고 바로잡느라 다소 복잡하게 구성되어 버렸다. 이 글의 줄거리를 순서에 따라 요약하면 다음과 같다.

1. 按山中古傳~具載別傳: 636년에 자장이 문수보살 친견을 위해서 중국 오대산으로 향하였다. 태화지 옆에서 문수보살상을 경배하고 꿈에서 문수보살로부터 범어로 된 게송을 얻었다. 한 노승에게 게송의 해석을 듣고 또한 석가모니의 유품을 전해 받았다. 귀국 직전 태화지

의 용이 나타나 노승이 문수보살이라고 알려주었다.

2. 師以貞觀十七年~亦載別傳: 643년에 자장이 강원도 오대산에 갔으나 문수보살 친견에 실패하였다. 경주로 돌아가 자기가 살던 집을 희사해 지은 원녕사元寧寺에 머물 때에야 비로소 친견할 수 있었다. 문수보살의 계시로 칡덩굴이 우거진 자리[갈반처]를 찾아가서 정암사를 창건하였다.

3. 後有頭陀信義~今月精寺是也: 약 200년 뒤 범일의 제자 신의가 자장이 열반했던 곳에 암자를 짓고 수행하였다. 이 절은 이후 한동안 폐사되었으나, 평창 수다사의 유연 스님이 중창하여 이후 월정사가 되었다.

4. 藏師之返新羅~創置莊舍焉: 690~692년 사이 신문왕의 아들 보천·효명 형제가 오대산에서 수행하고, 문수보살을 친견하였다. 동생 효명이 신문왕을 뒤이어 즉위하고, 형 보천은 오대산에 남아서 계속 수행하였다. 705년에 대왕[성덕왕]이 진여원을 창건하고 문수보살상을 봉안하였으며, 절에 부근의 전답을 내리고 장사도 지어주었다.

5. 寶川常汲服 其靈洞之水~爲授成道記莂: 보천이 울진 장천굴에 가서 다라니를 설하고 와서 오대산 신성굴에서 50년 동안 수행하였다. 문수보살에게서 성도하리라는 수기를 받았다.

6. 川將圓寂之日~不忘遵行幸矣: 보천이 입적 전에 오대산을 국가적으로 경영할 방도를 글로 남겼다.

4번에 해당하는 글 중 맨 앞의 '藏師之返新羅'가 야릇하다. 지금 모든 번역서에서 이를 '자장 스님이 신라로 돌아왔을 때'로 해석한다. 자장의 입적 연도에 다소 이견이 있기는 하지만 그래도 태자 형제 사이에는 대략 50년의 차이가 있는데도 이를 동시에 일어났던 일처럼 얘기한 셈이다. 사실 이 문장은 문맥상 꽤 어색하여, '藏師之返新羅' 중 '藏師之返' 네 글자는 다른 자리에 잘못 들어갔다고 보인다. 1번 글의 끝부분 '별도의 전기에 갖추어 실었다

(具載別傳)'와 2번 글 맨 앞 '스님이 정관 17년에 이 산에 왔다(師以貞觀十七年 來到 此山)' 사이에 들어가야 가장 잘 어울린다.

　사실 시간순으로는 2번 글에서 4번 글로 이어져야 하고, 3번 글은 4번 뒤에 나와야 한다. 아마도 이 부분의 문장은 편집이나 인쇄 과정에서 실수로 섞였다고 보인다. 아니면 한참 뒤의 일인 3번을 4번에 앞서서 먼저 언급하였기에, 4번 문장을 시작하기 전에 당시가 자장 귀국 이후의 일임을 환기하기 위해서 '藏師之返' 네 글자를 부득이하게 넣었다고도 볼 수 있다. 그렇다면 '新羅'는 그다음 문장과 연결해서 '자장 스님은 돌아왔다. 신라의…'처럼 읽어야 자연스러운 문장이 된다.

　이 부분이 중요한 까닭은, 3번 글이 시간순에 맞지 않게 들어가 있느라 번역서마다 '신의信義는 문무왕 대 승려이다'라고 주석을 달고 또 심지어 고대 인명사전에도 그렇게 잘못 나와서다. 일연이 보천·효명 형제가 오대산에 들어간 시기를 '문무왕 대인 태화 원년(648) 8월 초'라고 한 고기古記가 잘못 되었고, 또 '신의는 범일梵日(810~889)의 제자'라고 강조했듯이 신의는 자장보다 한참 뒤의 사람이다. 〈대산 월정사 오류성중〉에도 비슷한 얘기가 나온다. 그런데도 이 같은 오해가 생기는 이유는 앞처럼 '藏師之返新羅'라는 문장을 잘못 이해한 탓이다. 신의 스님은 다른 기록이나 문헌에서는 전혀 나오지 않으나, 일연의 주석을 존중해서 9세기 후반에서 10세기 초반에 걸쳐 범일이 세운 사굴산문, 곧 강원도 강릉 일대 사찰에서 활동했던 스님으로 보면 될 듯하다.

보천과 효명 그리고 정신 대왕

　이 글에 정신 대왕이 왕권을 두고 동생과 다투므로 나라 사람들이 그를 폐위시키고, 대신에 정신 대왕의 아들 보천·효명 형제를 옹립하려 했다고 나온다. 《삼국사기》나 다른 역사서에 없는 이야기라서 흥미롭다. 《삼국사기》에는 신문왕의 두 아들 중 맏아들이 효소왕으로 즉위하였고, 효소왕

효소왕이 부왕 신문왕의 명복을 빌기 위해 세운 황복사지 삼층석탑

경덕왕이 효소왕의 명복을 빌기 위해 황복사 석탑에 넣은 청동사리함과 금판 명문

사후에 그의 동생이 성덕왕으로 즉위하였다고 나온다.

그런데 일연은 정신 대왕을 신문왕으로, 효명을 효소왕으로 고증하였다. 그렇게 되면 신문왕의 두 아들 보천과 효명이 오대산에서 수행했고, 둘째 아들 효명이 아버지를 뒤이어 효소왕으로 추대되었고 맏아들 보천은 끝까지 산에서 수행했다는 이야기가 된다. 이 삼부자를 표로 보면 다음과 같다.

오대산 우통수

표. 신문왕~성덕왕 삼부자 간 왕위 승계

왕명	이름	재위	선대왕과 관계	〈대산 오만 진신〉 내용
신문왕(31대)	정명政明	681~692	문무왕의 아들	'정신 대왕'으로 추정
효소왕(32대)	이공理恭 또는 이홍理洪	692~702	신문왕의 장남	효명孝明으로 추정
성덕왕(33대)	융기隆基→ 흥광興光	702~737	신문왕의 차남	705년 진여원 창건

복잡한 문제인데, 한편으로는 《삼국사기》 일변도의 해석에서 벗어나 고대의 역사를 여러 각도로 다양하게 생각하게 해준다는 면에서 유익하기도 하다.

보천이 화룡점정한 오대산 신앙

보천은 오대산의 영험 있는 계곡물을 늘 마신 덕에 신선이 되었다. 이 계곡물을 근래 '우통수于洞水'라고 부른다. 한강의 발원으로 알려진 오대산 서대 아래 샘에서 솟는 물로 알려져 있다. 그런데 우통수라는 명칭은 이 글에 나오는 '계곡물을 길어 왔다(汲于洞水)'와, 〈대산 오만 진신〉 다음에 배치된 〈대산 보질도 태자 전기〉의 '늘 계곡의 신령한 물을 길어 마셨다(常服于洞靈水)'라는 데서 나왔다. 엄격하게 말하자면 '于'는 '~에서'라는 조사이니 우통수가 아니라 '동수洞水'라고 해야 맞다.

신선이 된 보천은 오대산의 다섯 봉우리(오대)마다 암자를 짓고, 각각 성격에 맞는 불보살과 불화를 봉안하고 독송을 이어가라고 당부하는 글을 남겼다. 불상과 불화 그리고 불경 종류를 꼭 집어서 말했음은 당시에 불교 미술을 효능 면에서 활용했음을 뜻한다. 또한 '보천암을 화장사로 바꾸고, 화엄 신중을 염송하라'라고 말한 대목에서는 화엄 신앙을 바탕으로 한 의례儀禮의 모습도 보인다. 나아가 보천의 수행에는 밀교적 요소가 들어 있다고도 보인다. 사실 7세기 중후반에 밀교 의례가 이뤄지고 있었음은 《삼국유사》에 잘 나온다. 〈신주〉 〈명랑신인〉에 670년 무렵 당나라가 대규모 병력으로 신라를 공격하려 하자 명랑明朗 법사가 거대한 불화를 야외에 걸고 의례를 열고 주문을 외어 막아냈던 일이 나온다. 또 〈혜통항룡〉에도 '이때(7세기 후반) 밀교의 바람이 크게 일었다. 천마산 총지암, 무악산 주석원 등이 모두 그러한 흐름의 소산이다(密教之風 於是乎大振天磨之摠持嵓 毋岳之呪錫院 等皆其流裔也)'라고 한 말과도 일치한다.

그래서 밀교 의례가 고도화한 시기는 고려이므로 보천이 지었다는 글도 고려 중기 이후의 글로 볼 수도 있다. 특히 문장 중에 '문호文虎가 화평하고'라고 한 대목에는 고려시대의 분위기가 짙게 나온다. '문무文武가 화평하고'라고 해야 맞겠으나, '武'가 고려 혜종(재위 943~945)의 이름이라서 피휘避諱하여 뜻이 비슷한 다른 글자로 썼다고 보이기 때문이다.

원 문

臺山五萬眞身

按山中古傳 此山之署名眞聖住處者 始自慈藏法師 初 法師欲見中國五臺山文殊眞身 以善德王代 貞觀十年丙申 唐僧傳云十二年 今從三國本史 入唐 初至中國太和池邊 石文殊處 虔祈七日 忽夢大聖授四句偈 覺而記憶 然皆梵語 罔然不解 明旦忽有一僧 將

緋羅金點袈裟一領 佛鉢一具 佛頭骨一片 到于師邊 問 何以無聊 師答以夢所受四
句偈 梵音不解爲辭 僧譯之 云 呵囉婆佐曩 是曰了知一切法 達嚛哆佉嘢 云自性無
所有 曩伽呬伽曩 云如是解法性 達嚛盧舍那 云卽見盧舍那 以所將袈裟等 付而囑
云 此是本師釋迦尊之道具也 汝善護持 又曰 汝本國艮方溟州界有五臺山 一萬文殊
常住在彼 汝往見之 言已不現 遍尋靈迹 將欲東遺 太和池龍現身請齋 供養七日 乃
告云 昔之傳偈老僧 是眞文殊也 亦有叮囑創寺立塔之事 具載別傳 師以貞觀十七年
來到此山 欲覩眞身 三日晦陰 不果而還 復住元寧寺 乃見文殊 云 至葛蟠處 今淨嵓
寺是 _{亦載別傳} 後有頭陁信義 乃梵日之門人也 來尋藏師憩息之地 創庵而居 信義旣卒
庵亦久廢 有水多寺長老有緣 重創而居 今月精寺是也 藏師之返 新羅 淨神大王太
子寶川孝明二昆弟 按國史 新羅無淨神寶川孝明三父子明文 然此記下文云神龍元年開土立寺 則神龍乃聖德王卽
位四年乙巳也 王名興光 本名隆基 神文之第二子也 聖德之兄孝照名理恭 一作洪 亦神文之子 神文政明字日照 則淨神恐
政明神文之訛也 孝明 乃孝照一作昭之訛也 記云 孝明卽位而神龍年開土立寺云者 亦不細詳言之爾 神龍年立寺者乃聖德
王也 到河西府 今溟州 亦有河西郡是也 一作河曲縣 今蔚州非是也 世獻角干之家留一宿 翌日過大嶺
各領千徒 到省烏坪遊覽累日 忽一夕昆弟二人 密約方外之志 不令人知 逃隱入五臺
山 古記云 太和元年戊申八月初 王隱山中 恐此文大誤 按孝照一作昭 以天授三年壬辰卽位 時年十六 長安二年壬寅崩 壽
二十六 聖德以是年卽位 年二十二 若曰太和元年戊申 則先於孝照卽位甲[壬]辰已過四十五歲 乃太宗文武王[太宗武烈王]
之世也 以此知此文爲誤 故不取之 侍衛不知所歸 於是還國 二太子到山中 靑蓮忽開地上 兄太
子結庵而止住 是曰寶川庵 向東北行六百餘步 北臺南麓亦有靑蓮開處 弟太子孝明
又結庵而止 各勤修業 一日同上五峯瞻禮次 東臺滿月山 有一萬觀音眞身現在 南臺
麒麟山 八大菩薩爲首一萬地藏 西臺長嶺山 無量壽如來爲首一萬大勢至 北臺象王
山 釋迦如來爲首五百大阿羅漢 中臺風盧山亦名地盧山 毗盧遮那爲首一萬文殊 如
是五萬眞身一一瞻禮 每日寅朝 文殊大聖到眞如院 _{今上院} 變現三十六種形 或時現佛
面形 或作寶珠形 或作佛眼形 或作佛手形 或作寶塔形 或萬佛頭形 或作萬燈形 或
作金橋形 或作金鼓形 或作金鍾形 或作神通形 或作金樓形 或作金輪形 或作金剛
杵形 或作金甕形 或作金鈿形 或五色光明形 或五色圓光形 或吉祥草形 或靑蓮花
形 或作金田形 或作銀田形 或作佛足形 或作雷電形 或來湧出形 或地神湧出形 或
作金鳳形 或作金烏形 或馬産師子形 或雞産鳳形 或作靑龍形 或作白象形 或作鵲

鳥形 或牛産師子形 或作遊猪形 或作靑蛇形 二公每汲洞中水 煎茶獻供 至夜各庵

修道 淨神王之弟與王爭位 國人廢之 遣將軍四人到山迎之 先到孝明庵前呼萬歲

時有五色雲 七日垂覆 國人尋雲而畢至 排列鹵簿 將邀兩太子而歸 寶川哭泣以辭 乃

奉孝明歸卽位 理國有年 記云 在位二十餘年 盖崩年壽二十六之訛也 在位但十年爾 又神文之弟爭位事 國史無

文 未詳 以神龍元年 乃唐中宗復位之年 聖德王卽位四年也 乙巳 三月 初四日 始改創眞如院 大王

親率百寮到山 營搆殿堂 竝塑泥像文殊大聖 安于堂中 以知識靈卞等五員 長轉華

嚴經 仍結爲華嚴社 長年供費 每歲春秋 各給近山州縣倉租一百石 淨油一石 以爲

恒規 自院西行六千步 至牟尼岾古伊峴外 柴地十五結 栗枝六結 坐位二結 創置莊

舍焉 寶川常汲服其靈洞之水 故晩年肉身飛空 到流沙江外 蔚珍國掌天窟停止 誦

隨求陁羅尼 日夕爲課 窟神現身白云 我爲窟神已二千年 今日始聞 隨求眞詮 請受菩

薩戒 旣受已 翌日 窟亦無形 寶川驚異 留二十日乃還五臺山神聖窟 又修眞五十年

忉利天神 三時聽法 淨居天衆 烹茶供獻 四十聖 騰空十尺 常時護衛 所持錫杖一日

三時作聲 遶房三匝 用此爲鐘磬 隨時修業 文殊或灌水寶川頂 爲授成道記莂 川將

圓寂之日 留記 後來山中所行 輔益邦家之事云 此山 乃白頭山之大脈 各臺眞身常

住之地 靑在東臺北角下 北臺南麓之末 宜置觀音房 安圓像觀音 及靑地畫一萬觀音

像 福田五員 晝讀八卷金經 仁王 般若 千手呪 夜念觀音礼懺 稱名圓通社 赤任南

臺南面 置地藏房 安圓像地藏 及赤地畫八大菩薩爲首一萬地藏像 福田五員 晝讀

地藏経 金剛般若 夜占察禮懺 稱金剛社 日方西臺南面 置彌陁房 安圓像無量壽 及

白地畫無量壽如來爲首一萬大勢至 福田五員 晝讀八卷法華 夜念彌陁禮懺 稱水精

社 黑地北臺南面 置羅漢堂 安圓像釋迦 及黑地畫釈釋如來爲首五百羅漢 福田五員

晝讀佛報恩經 涅槃經 夜念涅槃禮懺 稱白蓮社 黃處中臺 眞如院 中安泥像文殊不

動 後壁安黃地畫毗盧遮那爲首三十六化形 福田五員 晝讀華嚴經六百般若 夜念文

殊禮懺 稱華嚴社 寶川庵改創華藏寺 安圓像毗盧遮那三尊 及大藏経 福田五員 長

門藏經 夜念華嚴神衆 每年設華嚴會一百日 稱名法輪社 以此華藏寺爲五臺社之本

寺 堅固護持 命淨行福田 鎭長香火 則國王千秋 人民安泰 文虎[武]和平 百穀豊穰

矣 又加排下院 文殊岬寺爲社之都會 福田七員 晝夜常行華嚴神衆禮懺 上件三十七

員齋料衣費 以河西府道內八州之稅 充爲四事之資 代代君王 不忘遵行幸矣

명주 옛날의 하서부이다 오대산 보질도 태자 전기

신라 정신의 태자 보질도는 아우 효명 태자와 함께 하서부[강릉 지역] 세헌 각간의 집에 가서 하룻밤을 잤다. 다음날 높은 고개를 넘어 각기 1천 명을 거느리고 성오평에 도착했다. 여러 날을 노닐다가, 태화 원년[647] 8월 5일에 형제가 함께 오대산으로 들어가 숨었다.

무리 가운데 가까이 모시던 사람들이 이들이 간 데를 찾았으나 못 찾고 모두 서울로 돌아갔다.

형 태자는 중대 남쪽 밑 진여원 아래의 산 끝에 푸른 연꽃이 핀 데를 보고는 그곳에 풀로 엮은 암자를 짓고 살았다. 동생 효명은 북대 남쪽 산 끝에 푸른 연꽃이 핀 데를 보고는 역시 풀로 엮은 암자를 짓고 살았다. 형제 두 사람이 예배하고 염불을 수행하며 오대에 나아가 공경하여 예배하였다. 청은 동대 만월 모양의 산에 있는데 관음보살 진신 일만이 항상 있었고, 남대 기린산에는 팔대 보살을 위시한 1만 지장보살이 항상 있고, 백은 서대 장령산에 있는데 무량수여래를 위시한 일만 대세지보살이 항상 있고, 흑은 북대 상왕산에 있는데 석가여래를 위시한 오백 대아라한이 항상 있고, 황은 중대 풍로산에 있으며 또한 지로산이라고 하는데 비로자나를 위시한 일만 문수보살이 항상 있다. 진여원 땅에는 문수보살이 날마다 이른 새벽에 서른여섯 가지 모양으로 변화하여 나타났다. 서른여섯 가지 모양은 〈대산 오만 진신〉전에 나온다

두 태자는 나란히 예배하고, 매일 이른 아침에 골짜기의 물을 길어와 차를

다려 일만 진신 문수보살을 공양하였다. 정신이 태자인 동생 부군剛君과 신라[경주]에서 왕위를 다투다가 죽임을 당하였다. 나라 사람들이 장군 네 사람을 보내 오대산에 이르러 효명 태자 앞에서 만세를 부르니, 이에 오색구름이 일어나 오대에서부터 신라[경주]까지 이어졌고, 7일 밤낮으로 빛이 비쳤다. 나라 사람들이 그 빛을 찾아 오대산에 이르러 두 태자를 모시고 서울로 돌아가고자 하였다. 보질도 태자는 눈물을 흘리며 돌아가지 않겠다고 하므로, 효명 태자만 모시고 서울로 돌아와 왕위에 올랐다. 재위 20여 년째인 신룡 원년[705] 3월 8일에 진여원을 처음 세웠다. 이런 등등의 말이 있다.

보질도 태자는 항상 골짜기의 신령한 물을 마시고, 육신이 하늘을 날아 유사강에 이르러 울진 대국의 장천굴에 들어가 수도하고 다시 오대산 신성굴로 돌아와 50년 동안 수도하였다. 이런 등등의 말이 있다.

오대산은 곧 백두산의 큰 줄기로 각 대에는 불보살의 진신이 항상 있었다. 이런 등등의 말이 있다.

해 설

오대산에는 문수보살뿐만 아니라 다섯 봉우리마다 불보살을 비롯한 일만 진신이 상주한다고 알려졌다. 이곳에서 신라의 왕자인 보질도·효명 형제가 수행하였는데, 나중에 효명은 돌아가 왕이 되었으나 보질도는 남아서 50년간 수행에 정진하여 신선이 되었다는 이야기이다.

이 글은 주제나 줄거리, 내용 전개가 앞에 배치된 〈대산 오만 진신〉과 판박이처럼 비슷하다. 그런데 이 글에 구사된 문체나 문법이 일연의 그것과 확연히 다르다. 따라서 일연이 지은 게 아니라 그가 〈대산 오만 진신〉에서 참고했다고 밝힌 고기古記를 축약한 글로 보인다. 따라서 이 글의 보질도는 〈대산 오만 진신〉의 보천과 같은 사람이다.

〈대산 오만 진신〉에서 일연은 다른 글보다 주석을 더 많이 달고 참고한

'진여원'=오대산 상원사 원경

오대산 월정사 내경

자료에 설령 부정확한 문장이 있더라도 그대로 인용하는 등 무척 고심하며 쓴 흔적이 나온다. 이 글을 보면 그 이유가 어느 정도 이해된다. 일연이 보기에 오대산의 문수 신앙과 관련하여 전하는 기록 중에서 이 고기가 가장 참고할 만했으나, 문장이 다소 거친데다 역사적 사실관계도 맞지 않아서 고증하여 고쳐야 할 데가 너무 많았을 듯하다.

하지만 역사서에 나오지 않는 보천과 효명 태자가 사람들에게 잊히지 않고 지금까지 전해질 수 있었음은 바로 이 글 덕분이다. 그래서 일연은 아주

김홍도 《금강사군첩》 중 월정사

이례적으로 자신이 참조한 고기의 원문을 그대로 실었다고 보인다. 그런 탓에 문장은 비록 거친 편이지만, '오대산의 다섯 봉우리마다 일만 불보살이 머무르고 있다'라고 하는 등 〈대산 오만 진신〉보다 훨씬 웅장하고 싱싱하며 서사적 이미지도 보인다.

고기와 〈대산 오만 진신〉

이 글은 신라 말에서 고려 초 사이에 쓰였다고 보인다. 그래서인지 〈대산 오만 진신〉과 다른 표현이 꽤 나온다. 예를 들면 형 보천寶川을 '보질도寶叱徒'라고 하였고, '정신淨神 대왕'을 '정신 태자'라고 한 점 등이다. 보천과 보질도를 같은 사람으로 보는 데는 이견이 없으나, '보질도'가 어떻게 해서 '보천'으로 바뀌었는지에 관한 확실한 설명은 아직 없다.

이 글에 두 번 나오는 '정신 태자'라는 말은 문맥상으로나 역사적으로나 해석하기가 상당히 어렵다. 정신 태자가 역사서에 안 나오는 사람인 데다가, 보통의 한문 문법이 아닌 우리말 어순으로 된 문장도 중간중간 나오기 때

보천(보질도) 태자가 수행했다는 울진 성류굴(ⓒ공공누리)

문이다. 그래서 오늘날 이 글을 옮길 때 실제 쓰여 있는 문장이 아니라 의역으로 처리하느라 어쩔 수 없이 꼬여버린 해석이 많다.

특히 이 글에서 두 번째 나오는 정신 태자는 다음 '제부군弟副君'과 이어져서 더욱 이상해져서 학계에서 가장 난독難讀의 글로 여겨진다. 그러나 이 '淨神太子弟副君…'을 '정신(대왕)이 태자인 동생 부군과…'로 보면 문장의 의미가 좀 더 뚜렷해진다. 부군은 왕세자 혹은 태자를 가리키는데 '태자'와 '부군'이라는 같은 단어가 반복된 말로 볼 수 있다.

따지고 보면, 일연이 이미 〈대산 오만 진신〉에서 정신을 신문왕으로 고증한 바 있고, 여기서도 '정신 태자'를 '정신의 태자', 곧 신문왕의 태자로 보았으니 위와 같이 읽어내는게 옳은 방법이다. 돌고 돌아 다시 일연의 관점으로 와서 보니 어느 정도 이해가 되는 것이다.

한편, 〈대산 오만 진신〉에 '적赤은 남대 기린산에 있다'라고 나오지만 여기서는 '赤'이 빠져 있는 등 동·서·남·북·중 오대의 위치 설명에서도 약간 차이가 있다. 이 두 글에 나오는 인물들을 표로 정리하면 다음과 같다.

내용	부왕父王	형	아우	왕위 계승자	오대 위치 묘사
대산 오만 진신	정신 대왕	보천	효명	효명	-
명주 대산 보질도 태자 전기	정신	보질도	효명	효명	일부 문장 누락

원문

溟州 古河西府也 臺山 寶叱徒太子傳記

新羅淨神 太子寶叱徒 與弟孝明太子 到河西府 世獻角干家一宿 翌日踰大嶺 各領一千人 到省烏坪 累日遊翫 太和元年 八月五日 兄弟同隠入五臺山 徒中侍衛等 推覓不得 並皆還國 兄太子見中臺南下 眞如院下 山末青蓮開 其地結草菴而居 弟孝明見北臺南 山末青蓮開 亦結草菴而居 兄弟二人 禮念修行 五臺進敬禮拜 青在東臺滿月形山 觀音眞身一萬常住 南臺騏麟山 八大菩薩爲首 一萬地藏菩薩常住 白方西臺長嶺山 無量壽如來爲首 一萬大勢至菩薩常住 黑掌北臺相[象]王山 釋迦如來爲首 五百大阿羅漢常住 黄在中臺風爐山 亦名地爐山 毗盧遮那爲首 一萬文殊常住 眞如院地 文殊大聖 每日寅朝 化現三十六形 三十六形 見臺山五萬眞身傳 兩太子並禮拜 每日早朝 汲于洞水煎茶 供養一萬眞身文殊 淨神 太子弟副君 在新羅爭位誅滅 國人遣將軍四人 到五臺山 孝明太子前呼萬歳 即是有五色雲 自五臺至新羅 七日七夜浮光 國人尋光到五臺 欲陪兩太子還國 寶叱徒太子 涕泣不歸 陪孝明太子 歸國即位 在位二十餘年 神龍元年 三月八日 始開眞如院 云云 寶叱徒太子 常服于洞靈水 肉身登空 到流沙江 入蔚珍大國 掌天窟修道 還至五臺神聖窟 五十年修道 云云 五臺山是白頭山之根脈 各臺眞身常住 云云

오대산 월정사의 다섯 성중

절에 전해오는 고기에는 이렇게 나온다. 자장 법사가 처음 오대산에 이르러 진신[문수보살]을 뵙고자 산기슭에 띳집을 짓고 머물렀다. 7일 동안 뵙지 못하자 묘범산으로 가서 정암사를 창건하였다.

훗날의 신효 거사라는 사람은 유동보살의 화신이라고도 한다. 집이 공주이고, 어머니를 봉양함에 효성을 다하였다. 어머니가 고기가 아니면 먹지 않아서 거사가 고기를 구하러 산과 들로 나갔다. 길에서 학 다섯 마리를 보고 활을 쏘았으나 한 마리가 깃털 하나만 떨어뜨리고 다 날아가 버렸다. 거사가 그 깃털을 집어서 눈을 가리고 사람을 보았더니, 모든 사람이 다 동물로 보였다. 고기를 얻지 못해서 자기 넓적다리 살을 베어 어머니에게 드렸다. 나중에 출가하여 살던 집을 희사해 절로 만드니 지금의 효가원이다.

거사가 경주 경계를 지나 하솔[강릉]에 이르렀다. 사람들을 쳐다보니, 인간의 모습이 많이 보이므로 거주할 마음이 일어났다. 길에서 노부인을 보고 살만한 데를 물어보니 부인이 말하였다.

"서쪽 고개 너머에 있는 북쪽 골짜기가 살만합니다."

말을 마치고는 사라졌다. 거사는 관음이 가르쳐주었음을 알았다. 그 말대로 성오평을 넘어가 처음 자장이 띳집을 지었던 데에서 살았다. 얼마 후 다섯 비구가 찾아와서 말하였다.

"그대가 가져온 가사 한 조각은 지금 어디에 있습니까?"

거사가 어리둥절 하자 비구가 말하였다.

오대산 월정사 일주문

"그대가 집어서 사람을 보았던 깃털이 그것입니다."

거사가 꺼내어 보여주었다. 비구가 깃털을 가사의 빠진 자리에 대보니 꼭 들어맞았는데, 깃털이 아니라 베[布]였다. 다섯 비구가 떠나간 뒤에야 거사는 비로소 이들이 오류 성중의 화신임을 알았다.

월정사는 자장이 처음 띳집을 지은 데다. 이 자리에 신효 거사가 와서 살았고 이어서 범일의 제자 신의 두타가 와서 암자를 짓고 살았으며, 뒤에 수다사의 장로 유연이 오면서부터 점점 큰 절로 되었다. 절의 오류 성중과 구층 석탑은 모두 성인들의 자취이다. 땅을 보는 사람[相者]이 '나라 안의 명산 중에서도 이 땅이 으뜸이니 불법이 오래 흥성할 자리이다.'라고 했다. 등등의 말이 전한다.

해 설

신효信孝는 공주公州에서 살던 평범한 사람이었으나 사실 보기 드문 효자였다. 늙으신 어머니를 위해 어느 날 사냥 나갔다가 학으로 변신한 오류 성중五類聖衆이 남긴 깃털을 얻었다. 이 깃털을 눈에 대었더니 보이는 사람이 다

정선 정암사 전경

짐승 같았다. 겉모습은 사람이되 속은 짐승
임을 보았으니 놀랐을 테고, 또 한편으로는
깨달음도 일어났을 듯하다. 나중에 출가하여
세상을 떠돌며 수행하던 중에 강릉에 이르러
역시 깃털로 바라보니 겉과 속이 다 멀쩡한
사람이 많았다. 강릉에 마음씨 착한 사람이
많이 살았던 걸까. 사실 이 대목은 매우 우의
적寓意的이다. 굳이 신비한 깃털이 아니더라도
많은 사람이 저마다 자기 눈에만 맞는 색안경
을 쓰고 세상을 바라보고 있으니, 바로 이를
은유한 말이 아닌가 싶다.

자장율사가 정암사에 심었다는 나무

강릉에서 지내기로 마음먹은 신효는 노부
인으로 변신한 관음보살한테 성오평省烏坪 너
머 북쪽의 산 계곡에서 지내라는 계시를 들었다. 그곳은 처음 자장 법사가
문수보살을 친견하기 위해 띳집을 짓던 데였다. 이 대목은 신효가 자장과
숙연宿緣이 있었음을 암시하는 듯하다. 이어서 다섯 명의 비구로 변신한 오
류 성중이 찾아와서는 그가 얻은 깃털이 실은 석가모니가 입었던 가사의 한

조각임을 일러주었다. 오대산에 서린 불보살의 정기가 신효를 이곳으로 이끌어 주었음이 이 대목에서 확실히 드러난다. 신효의 지극한 효성에 대한 응보이겠는데, 한편으로는 훗날 그가 석가모니의 전생 중 하나인 유동보살의 화신으로 불렸던 일과 같은 맥락으로 읽힌다.

신효가 지낸 자리에는 나중에 신의 스님이 와서 살았다. 신의는 〈대산 오만 진신〉에도 범일의 제자이며 자장 스님이 열반한 땅[休憩之地]에 와서 살았다고 나온다. 나중에는 평창 수다사에 있던 유연 스님이 옴으로써 큰 절로 변모해 월정사가 되었다.

이 글은 월정사 역사를 간략히 설명함으로써 마무리된다. 자장(590~658) → 신효(8세기) → 신의(9세기) → 유연(13세기 초 추정) 등이 이어서 이곳에서 수행했고, 훗날 월정사가 되었다는 것이다. 또한 오대산에 상주하는 진신의 자취는 오류 성중과 구층 석탑에 서려 있다고 하며 끝맺음했다. 구층 석탑에 관한 이야기는 〈탑상〉 맨 뒤에 배치된 〈오대산 문수사 석탑기〉에 자세히 나온다. 오대산을 무대로 하여 700년 동안 오대산 신앙을 세웠던 여러 수도자의 다양한 모습들이 파노라마처럼 펼쳐지는 글이다.

한편, 일연은 신효 거사 이야기에 앞서서 마치 도입부처럼 자장 이야기를 먼저 했다. 자장이 오대산에 와 문수보살을 친견하려 했으나 실패하고, 묘범산으로 가서 정암사를 창건했다고 한다. 월정사를 언급하면서 자장을 빼고는 말할 수 없을 만큼 자장의 비중이 컸던 사실이 여기서도 보인다.

오류 성중

오류 성중이라면 '다섯 부류의 성인들'이라는 뜻이겠으나 이 글에 누구라고 특정되지는 않았다. 그런데 〈대산 오만 진신〉과 〈명주 대산 보질도 태자전기〉에 오대산 다섯 봉우리에 상주하는 관음·지장·세지·나한·문수보살 등 5대 보살이 여러 번 나온다. 이 글 역시 이런 맥락을 지니고 있으므로 결국 이 5대 보살을 '오류 성중'이라고 지칭했다고 보인다. 하지만 의미를 좀

신효 거사 이야기를 담은 남양주 불암사 벽화

더 넓혀서 오대산의 다섯 봉우리에 머물렀던 불보살과 신중 또는 그러한 정
기까지 포함한다고 해도 괜찮다.

신효가 사냥 나갔다가 마주친 오학五鶴, 출가하고 오대산에 들어가 옛날
에 자장이 살던 띳집에 터를 마련하자마자 찾아온 오비구五比丘, 그 뒤 마침
내 친견한 오류 성중 등은 서로 모습만 달라졌을 뿐 실은 오대산에 머무는
진신들이었다. 특히 오비구는 신효를 찾아와서 그가 사냥하다 얻은 깃털이
바로 가사袈裟의 한 부분이라고 알려주었다. 이 대목에서 가사 얘기가 맥락
없이 불쑥 등장하는 듯하지만, 이 가사는 자장이 중국에서 돌아올 때 문
수보살에게서 받은 석가모니의 비라 금점 가사를 의미한다고 보인다. 따라
서 일연의 글에서는 나름대로 일관성 있게 나오고, 또 이야기의 구조 측면
에서 보자면 오대산에 문수 신앙이 정착하게 된 인연이 자장에게서 비롯되
었음을 강조하는 장치이기도 하다.

한편, 이렇게 한 존재가 여러 다른 모습으로 바꾸어 나타남을 화신化身이
라 하는데,《삼국유사》나 여러 불교 설화에 화신의 예가 많이 보인다. 화신
은 주제를 암시하며, 이를 통해 종종 실타래처럼 얽혀 버린 사건들이 일거
에 하나로 연결되기도 한다.

성오평의 위치

신효는 성오평省烏坪을 지나서 오대산 초입에 들어섰다. 성오평은〈대산 오만

성오평으로 추정되는 월정 삼거리. 오른편 뒤쪽의 언덕이 만과봉이다.

진신〉에 경주를 떠난 보천·효명 형제가 강릉에서 하룻밤 묵고, 다음날 고개 하나를 넘어 닿은 데라고 나온다. 그들은 오대산에 들어가기 전 무리 2,000명과 함께 여기서 며칠 동안 휴식을 취했다. 이렇게 오대산에 들어서는 관문이자 길목처럼 오대산 관련 기록에 여러 번 성오평이 등장한다. 이름으로 보거나 몇천 명이 한꺼번에 지냈다고 하는 말로 보면 아주 널찍한 들일 텐데 지금 어디인지 분명하지는 않다.

그런데 《조선왕조실록》에 '1457년 8월 14일 오대산 아래 10리 거리인 성오평 동쪽의 작은 봉우리에서 문무과文武科를 열었고, 그로 인하여 봉우리 이름도 만과봉萬科峯이 되었다.'라고 나온다. 이에 따라 월정사에서는 지금 월정 삼거리가 바로 성오평 자리이고, 그 오른쪽 언덕이 만과봉이라고 본다.

수다사의 위치, 그리고 유연과 월정사

처음 자장이 띳집을 지었던 데에 신효가 머물렀고, 이 자리에 수다사水多寺에 있던 유연有緣 스님이 오면서부터 절 규모가 점점 커져 월정사가 되었다. 유연에 대해서는 더 알려진 게 없으나, 수다사는 《삼국유사》〈의해〉〈자장정률〉에 자장이 창건하고 만년을 보낸 데라고 나오니 자장과 인연이 깊은

수다사로 추정되는 강원도 평창 수항리사지(강원도 평창군 진부면 수항리 143번지, ⓒ공공누리)

수다사지 출토 청동 반자 및 촛대(춘천박물관)

절인 셈이다. 1085년에 작성된 〈원주 법천사 지광국사 현묘탑비〉와 15세기의 《세종실록 지리지》 등에도 나온다. 그러나 조선시대 어느 즈음에 폐사되어버렸고, 오랜 시간이 지나면서 사람들의 기억 속에서 사라져갔다. 일제강점기부터 수다사의 위치에 대해 여러 의견이 나왔으나 속 시원한 대답은 얻지 못했다. 절 이름을 '물이 많은 절'이라는 뜻으로 보아 한때 동해가 눈앞인 강릉 정동진의 등명낙가사로 추정했으나 명확한 근거는 없었다.

그러던 중 1980년대부터 평창군 수항리水項里에 있는 한 절터가 주목받기 시작했다. 절 이름은 알려지지 않았으나 1942년에 나온 《조선 보물 고적 조사자료》에 삼층석탑 1기, 석불 3위, 당간지주가 있었다고 나오는 등 일제강점기부터 현대까지 꾸준히 지표조사가 되었던 곳이다. 하지만 근래에 석불 3위는 사라져 버리고 당간지주는 1996

년 폐교된 수항초등학교 마당으로 옮겨져 지금은 절터에 삼층석탑만 남아 있다.

그런데 1983년 절터에서 '水多'라는 글씨가 새겨진 기와를 찾아서 이곳이 수다사일지도 모른다는 주장이 나왔다. 1987년에는 밭을 갈다가 청동 반자飯子와 촛대를 찾았는데, 촛대에 '대정 28년[1188] 무신 3월에 수다사 강당의 촛대를 만들었다. 무게는 1근 6량이다. 불제자 안서가 시주했다(大定二十八年 戊申 三月日造 水多寺講堂燭臺 重一斤六兩 弟子 安序).'라고 새겨져 있었다. 이후 발굴로 발견된 유물들은 대부분 국립춘천박물관에 소장되었다. 절의 영역도 대략 밝혀져서 지금 학계에서는 이곳이 수다사가 거의 확실하다고 본다. 절터가 생각보다 좁고 네모반듯하지 않은 이유는 주변 지세 때문인 듯하다.

사실 수항리 절터가 수다사라는 주장은 그전부터 있었다. 《세종실록》〈지리지〉에 '진부역珍富驛 수다사골[水多寺洞]'이라는 지명이 나오고, 《해동지도》(1750년대), 《여지도》(18세기), 《광여도》(1800년대), 《지승》(1788년 이후) 등 고지도에도 한결같이 수항리 사지에 해당하는 데를 '수다水多'라고 표기했기 때문이다. 따라서 조선시대부터 이 자리를 수다사 절터로 여겨왔던 셈이다. 또한 마을 이름 '수항리'도 이 자리가 월정사 아래로 흐르는 오대천이 12km 쯤 흘러들어온 데여서 붙여졌다고 한다. 이렇듯 물과 관련이 깊어서 '물이 많은 절'이라는 '수다사'가 되었다고 본다(《수다사 지명의 어원의 의미 고찰》, 고주호, 2020).

수다사에 있던 유연 스님이 언제 월정사로 옮겼는지는 확실하지 않다. 하지만 근래 새롭게 알려진 사실들을 참고해서, 1188년에 수다사 불사를 성공적으로 마친 유연이 월정사로 향했다고 추정할 수 있다. 또, 일연이 그를 '장로'라고 부른 데에도 눈길이 간다. 장로는 나이 많은 승려를 칭하는 호칭으로, 우리나라에서는 고려시대 기록부터 잘 보인다. 짧으나마 일연의 글에는 그가 개인적으로 유연을 알고 있었다는 어감이 느껴진다. 그래서 일연보다 한 세대가량 앞선 12세기 후반에서 13세기 중반까지를 유연의 활동 연대로 추정해 본다.

공주 소학동 효자향덕비(충남 공주시 소학동 75 소재. 왼쪽이 조선시대에 새로 세운 비고, 오른쪽이 원비)

신효와 향덕

신효는 어머니를 봉양하기 위해서 자기 살점도 기꺼이 베어낼 만큼 효성
이 지극한 대효大孝였다. 이런 사람은 하늘이 내린다고 하니 실은 보통 사람
이 아니었다고 해야겠다. 자기 살을 베어 위중한 부모를 먹인 일은 우리나
라와 중국 등의 역사에 더러 나오는 일로, 어떻게 보면 대효라는 증명 같기
도 하다. 여하튼 지극히 자비로운 그의 본성을 알게 해주는 일화이다.

나중에 그는 수행의 길을 떠나기 전에 자기 집을 절로 희사하였다. 일연
은 이 부분에서 '지금의 효가원孝家院이다.'라고 주석을 달았는데, 이 효가원
을 대부분 절이라고 한다. 물론 절 이름으로 '院'이 쓰이기도 했지만, 여기서
는 역원驛院을 가리킨다고 보아야 한다. 역원은 교통·통신·숙박을 위한 관
영 시설로 고려 때부터 조선시대에 걸쳐 전국 요지에 설치되었던 기관이었
다. 그래서 일연의 말은 그의 시대에 그 자리가 효가원이라는 역원으로 바
뀌어 있었다는 표현이다. 1530년에 편찬된《신증동국여지승람》〈공주목〉에
'효가리원'이라는 역원이 있다고 나와 이를 뒷받침한다.

그런데 신효의 효행이《삼국사기》〈열전〉에 소개된 경덕왕 대의 효자 향
덕向德과 아주 비슷하여 흥미롭다. 향덕이 살았던 판적향板積鄉이 어디인지

'효가원' 자리인 지금의 공주 효포초등학교(충남 공주시 전진배길 313)

분명하지 않으나, 지금 향덕의 공덕비가 세워져 있는 공주시 소학동의 옛 지명으로 본다. 755년에 흉년이 들고 유행병까지 돌며 사람들이 극도로 곤 궁해졌고, 향덕의 어머니도 그로 인하여 심한 종기를 앓으며 사경을 헤매었 다. 향덕은 자기의 넓적다리 살을 베어 어머니에게 먹이고, 입으로 고름을 빨아내 낫게 하였다. 그의 효행은 세상에 널리 알려졌고, 왕도 상을 내렸다 고 한다. 향덕의 효행은 조선에 와서 더욱 드높아져서 1741년에 충청도 관 찰사가 '신라 효자 향덕 정려비'를 세우기도 했다.

내용 면에서 약간의 차이는 있으나, 시기나 효행의 구체적 형태가 신효와 향덕의 이야기가 분명히 아주 닮은꼴이다. 그래서 실은 한 사람의 이야기인 데 나중에 다른 이름으로 갈라져 나간 게 아니겠느냐는 의견도 많다.

오대산 신앙 3부작의 의미

〈탑상〉에 실린 세 편의 오대산 연작에는 오대산 신앙을 바라보는 일연의 시각이 잘 드러나 있다. 첫 번째 〈대산 오만 진신〉에서는 자장 스님으로부 터 시작하여 효명·보천 태자에 의해 완성된 오대산 신앙의 성립 과정이 잘 묘사되어 있다. 일연은 오대산과 관련한 여러 글에 사실관계를 확인하여 역

김홍도 〈금강사군첩〉 중 오대산 중대

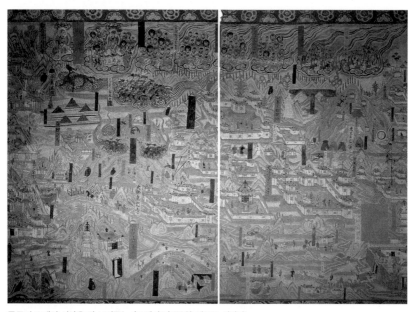

중국의 오대산 신앙을 잘 보여주는 〈오대산도〉(둔황 제61굴 서벽화)

사적 맥락을 갖추게 함으로써 문리가 담긴 문장이 되도록 하였다. 두 번째
〈명주 대산 보질도 태자 전기〉는 일연이 지은 게 아니고 그가 참조한 자료

중 하나이다. 일연은 이를 원문 거의 그대로 실어서 〈대산 오만 진신〉과 비교할 수 있도록 하였다. 그리고 세 번째인 이 〈대산 월정사 오류 성중〉에는 불보살 외에, 오대산 다섯 봉우리에 상주한다는 신중에 대한 언급이 나온다. 내용으로 볼 때 오대산 신앙이 어느 정도 확산한 이후의 상황으로 보인다.

이 3편의 글 모두 내용에 일관성이 없고 흐름도 산만하다는 의견도 있기는 하다. 그러나 이는 이 삼부작의 성격을 정확히 이해하지 않은 채 설화나 전설로만 보려는 선입견 때문일 수 있다. 이 3편을 '스토리'라는 측면에서 바라보면 저마다 나름의 맥락과 구조가 분명한 데다가, 또 오대산 신앙의 여러 요소를 골고루 언급하고 있어서 개성도 뚜렷함을 알 수 있다. 그러면서도 서로 유기적으로 연결됨으로써 삼부작으로서의 성격을 잘 갖추었다. 일연의 자료 선택과 뛰어난 편집 안목이 빛을 발한 것이다.

원문

臺山月精寺五類聖衆

按寺中所傳古記云 慈藏法師初至五臺 欲覩眞身 於山麓結茅而住 七日不見 而到妙梵山 創淨岩寺 後有信孝居士者 或云幼童菩薩化身 家在公州 養母純孝 母非肉不食 士求肉出行山野 路見五鶴射之 有一鶴落一羽而去 士執其羽 遮眼而見人 人皆是畜生 故不得肉 而因割股肉進母 後乃出家捨其家爲寺 今爲孝家院 士自慶州界至河率 見人多是人形 因有居住之志 路見老婦 問可住處 婦云 過西嶺有北向洞 可居 言訖不現 士知觀音所教 因過省烏坪 入慈藏初結茅處而住 俄有五比丘到云 汝之持來袈裟一幅 今何在 士茫然 比丘云 汝所執見人之羽是也 士乃出呈 比丘乃置羽於袈裟闕幅中相合 而非羽乃布也 士與五比丘別 後方知是五類聖衆化身也 此月精寺 慈藏初結茅 次信孝居士來住 次梵日門人信義頭陀來 創庵而住 後有水多寺長老有緣來住 而漸成大寺 寺之五類聖衆 九層石塔皆聖跡也 相地者云 國內名山 此地最勝 佛法長興之處 云云

남월산 감산이라고도 한다

절은 경성京城[월성]에서 동남으로 20여 리에 있다. 금당의 주불 미륵존상의 화광[광배] 뒤의 기록은 이러하다.

개원 7년[719] 기미 2월 15일에 중아찬 전지성[김지성]이 돌아가신 아버지 인장 일길간과 어머니 관초리 부인을 위하여 감산사에 미륵석상 1구를 공경히 조성하였다. 또 개원 이찬과 아우 양성 소사, 현도 스님과 누나 고파리, 전처 고로리와 후처 아호리, 이복형[庶族] 급막 일길찬, 일당 살찬, 총민[경]칠[대사, 여동생 수힐매리와 함께 이 좋은 일을 지었다. 돌아가신 어머니 초리 부인이 고인이 되어[古人成之], 동해 유우攸友 가에다 뿌렸다. 고인성지古人成之 이하의 글은 그 자세한 뜻을 잘 모르겠다. 단지 옛글에 남아 있을 뿐이다. 다음[아미타불상 광배 명문]도 마찬가지다

미타불 화광 뒤의 기록은 이러하다.

중아찬 김지전은 일찍이 상의[상사] 봉어, 또 집사 시랑을 지냈다. 나이 예순 일곱에 벼슬을 그만두고 나와 한가롭게 지냈다. 나라의 주인이신 대왕과 이찬 개원, 돌아가신 아버지 인장 일길간, 돌아가신 어머니, 죽은 아우 소사 양성, 현도 스님, 죽은 아내 고로리, 죽은 누이 고파리 또 아내 아호리 등을 위하여 감산甘山의 장전을 희사하여 절을 세우고 석조 미타상 1구를 조성하였다. 고인이 된 아버지 인장 일길간도 동해 유반攸反 가에다 뿌렸다. 왕실 계보를 살펴보면 김개원은 대[태]종 김춘추의 여섯 번째 아들 각간 개원으로, 문희에게서 태어났다. 성지전[전지성]은 인장 일길간의 아들이다. 동해 유반은 법민을 장사 지냈던 동해인 듯하다.

해 설

〈남월산〉은 감산사甘山寺의 미륵보살상과 아미타불상 두 상의 광배에 새겨진 명문을 소개한 글이다. 신라의 고위직을 지낸 김지성金志誠이 나이 들어 벼슬에서 물러난 뒤 719년에 미륵보살상을, 이듬해 720년에 아미타불상을 만들며 돌아가신 부모와 형제자매의 극락왕생을 발원하였다는 내용인데, 당시의 가족 관계와 친족 의식이 엿보인다.

이 불보살상은 1916년에 학계에 알려졌는데 실제로 두 상의 광배에 명문이 새겨져 있음이 확인되면서 일연의 이 〈남월산〉이 새삼 화제가 되었다. 글자 수는 탑본으로 미륵보살상에서 382자, 아미타불상에서 392자가 확인되었다. 그런데 최근 RTI 촬영조사로 그동안 판독하지 못하는 글자로 여겨진 아미타불상의 17행 마지막 세 글자는 처음부터 글자가 없는 빈칸이었다고 보기도 한다.

두 불보살상의 광배 명문과 비교하면 이 〈남월산〉이 대략 10% 분량으로 요약되었음을 알 수 있다. 그런데 광배 명문과 이 글에 나오는 글자가 서로 다른 데가 여러 군데 보인다. 예를 들어 광배의 명문에는 두 불상 모두 '金志誠'(김지성)으로 새겨져 있는 게 거의 분명한데, 〈남월산〉에는 미륵보살상은 '전지성全志誠'으로, 아미타불상은 '김지전金志全'으로 나온다. 한 사람의 이름이 비슷한 다른 한자로 쓰인 것이다. 일연이 처음부터 명문을 잘못 읽었는지, 별도로 전해져오던 글이 있어서 이를 참고했는지, 아니면《삼국유사》인쇄 과정에서 글자를 잘못 새겼는지가 지금으로서는 확실하지 않다. 더욱이, 이 글 맨 끝의 아미타불상 광배의 내용을 설명하는 일연의 각주 '誠志全 乃仁章一吉干之子'는 더욱 혼란스럽다. 얼핏 보면 갑자기 '誠志全'이라는 새로운 이름이 등장한 듯하지만, 사실 이는 '全志誠'의 처음과 세 번째 글자 순서가 서로 뒤바뀐 것뿐이다. 처음부터 일연이 이렇게 썼을 리는 없고, 역시 훗날 인쇄 중에 나온 실수로 보인다.

실물이 확인되어 그 명문을 볼 수 있기에 이 〈남월산〉의 사료적 가치는

경주 감산사지

어쩔 수 없이 줄어들었다. 그러나 일연이 《삼국유사》를 지으면서 옛 기록을 충실히 참조했음이 다시 한번 증명되었다는 점은 의미가 있다.

일연은 〈탑상〉 대부분 글에서 불상과 불탑에 얽힌 전설을 설명하고 나서 직접 그 현장을 방문하고 그 느낌을 적었다. 그러나 이 글에서는 그런 흔적이 전혀 안 보인다. 아마도 문서 형태로 전해진 불상 조성기(광배 명문)를 일연이 옮겨 적었다고 추측되는데, 글자가 잘못되었거나 문장이 섞이게 된 것도 그런 이유에서인 듯하다.

그런데 제목에 붙은 '감산이라고도 한다.'라는 주석은 본문을 읽으면 알 수 있으나, 정작 '남월산'이라는 제목 자체는 그에 관한 내용이 본문에 전혀 나오지 않아서 어떻게 해서 붙었는지 의문이다. 감산사가 자리한 산이 처음에는 감산이었다가 일연 당시에 남월산으로 바뀌었던 것일까.

감산사는 어느 때인가 폐사되었다. 1916년 학자들이 미륵보살상과 아미타불상을 확인했던 외동읍 신계리의 절터가 바로 그 자리로 추정된다. 괘릉으로 불리는 원성왕릉이 부근에 있다. 절터에는 통일신라시대의 비로자나불상과, 무너진 부재들을 모아서 1965년에 복원한 삼층석탑이 있다. 비로자나불상은 근래에 새로 지은 감산사 법당 안에 봉안되었다. 한편, 감산사 옛터가 경덕왕릉 부근인 경주시 내남면이라고 달리 말하는 데가 많은

경주 감산사지 삼층석탑

경주 감산사 비로자나불상(ⓒ한국민족
문화대백과사전)

데, 어떤 이유에서인지 모르지만 잘못 알려진 말이다.

이 〈남월산〉은 광배의 명문이 확인됨으로써 발원자인 김지성과 그의 가족 구성, 당시의 신앙, 두 불보살상의 미술 양식 연구 등에 이르기까지 수많은 연구가 이루어지고 있다. 글은 비교적 짧은 편이어도 생각을 많이 하게 하는 글이다.

김지성의 생애

감산사 불보살상이 나온 지 100년이 지나는 동안 많은 연구가 축적되었다. 광배 명문 조사 방법도 육안이나 탑본 외에, 2014년 국립중앙박물관 등이 'RTI(Reflectance Transformation Imaging) 촬영기법'이라는 최신 디지털 분석 기술을 사용한 정밀 판독을 시도함으로써 그동안 분명하지 않았던 글자들을 확인하였다. 그 결과 글씨는 왕희지체인데 이는 이 서체가 신라에 소개된 뒤 거의 최초로 적용된 사례라는 의견 등이 나왔다.

미륵보살상 광배에는 김지성이 705년 중국에 사신으로 다녀왔고, 벼슬은 상사尙舍라는 관청의 봉어奉御 그리고 집사부執事部의 시랑侍郎 등을 지냈다고 나온다. 이런 고위급 관직은 6두품 차지였으므로 그의 신분을 짐작할 수 있다.

그런데 아미타불상 광배 명문에는 그가 정치 인생에서 큰 변곡점을 맞이했던 정황이 보인다. '세상을 바로잡으려 했으나 지략이 없어서', 하마터면 형벌을 받을 뻔했다가 간신히 면했다는 내용이다. 어떤 중대한 정책을 추진하다가 반대파에 부딪혀 크게 곤궁에 처했다가 겨우 빠져나온 상황인 듯하다. 이 사건이 그가 벼슬에서 물러나게 된 직접 원인일지 모른다.

아미타불상 광배에는 또 그의 성격과 사상이 엿보이는 구절도 있다. 자연을 좋아해 노자·장자의 유유자적함을 사모했으며, 불교[眞宗]를 중하게 여겨 무착無着 보살의 참다운 진리를 희구했다는 표현이 그것이다. 8세기 이후 식자층에서 노장사상과 불교의 이상을 함께 생활화하려 했던 풍조가 있었는데 이와 맥이 닿는다고 볼 수 있다. 그리고 신앙 면에서는 그가 《유가론》을 즐겨 읽었다고 하므로 유식唯識 계열의 법상종에 심취해 있었다고 보인다.

아미타불상 명문에는 끝줄에 김지성이 720년 4월 24일에 죽었다고 나온다. 그간 육안이나 탑본으로는 나이가 나오는 부분인 '六十□'에서 끝 글자를 읽지 못했으나, RTI 촬영조사로 '六十九'로 판독되었다. 이에 따라서 그가 태어난 해를 652년으로 볼 수 있다. 그런데 죽은 해에 관한 언급이 〈남월산〉에 없는데다가 끝줄의 서체, 크기, 행 나열 등이 앞쪽의 글자들과 분명히 다르다. 따라서 이 두 불보살상을 처음 완성했을 때는 김지성이 살아 있었으나 직후에 죽어서, 그 뒤에 누군가가 따로 새겨 넣었다고 보인다. 억측을 해본다면, 불상이나 불탑 또는 전각이나 불화 등 불사는 대체로 석가모니가 탄생한 사월 초파일에 맞춰서 낙성하는 사례가 많았다. 한 해 전의 미륵불상에 이어서 이 아미타불상이 720년 4월 8일에 완성되었으나 그로부터 얼마 안 된 4월 24일에 김지성이 죽었으므로, 이를 명문 맨 끝에다 새겨넣게 된 것이 아닐까 추측해 본다.

김지성의 집안

이 글에는 김지성의 아버지 김인장과 어머니 관초리 부인 그리고 친인척들의 이름이 나와서 그의 가계를 어느 정도 알 수 있다. 어머니 이름은 태어난 곳 또는 결혼해서 살던 마을 이름을 딴 이른바 택호宅號로 보인다. 그 밖에 이복형 김급막·김일동·김총경, 아우 김양성·현도, 누나 고파리, 여동생 수힐매리, 전처 고로리, 현처 아호리 등 가족의 이름도 나온다. 그런데 이 이름들이 미륵보살상과 아미타불상에 서로 다르게 표기되어 있다. 이는 발원문을 지은 이가 각각 다른 사람이고 조성 시기도 1년의 차이가 있어서인 듯하다. 물론 만든 지 1,300년이나 지나 글자를 눈으로 확인하기가 매우 어려워 우리가 광배의 명문을 잘못 읽고 있을 수도 있다.

김지성 집안의 벼슬을 보면 김지성은 6관등 중아찬, 아버지는 7관등 일길찬, 5명의 형제 중 형은 일길찬, 출가한 동생을 제외한 세 명의 동생은 각각 8관등 살찬, 12관등 대사, 13관등 소사 등을 지냈다. 17등급으로 구성된 신라의 관등 제도에서 김지성의 중아찬은 6두품이 오를 수 있는 최고위직이니, 이들이 6두품 신분이었다고 볼 수 있다.

또한 아미타불상 광배에는 '나마奈麻인 총聰이 왕명을 받들어 비문을 지었다.'라고 나오고, 글씨를 쓴 이는 글자가 희미해서 분명하지는 않으나 경융京融 스님과 김취원金驟源으로 추정된다. 비문을 지은 이 '총'을 학계에서는 원효의 아들 설총薛聰(655~?)으로 보는 시각이 많다. 설총은 국학을 설립하는 데 앞장섰고, 719년에 11관등 나마 직에 있었음을 근거로 든다. 또,《삼국사기》〈열전〉〈설총〉에는 그가 지은 '화왕계花王戒'라는 우화가 실렸다. 그가 신라 학계와 문단의 중심인물 중 한 명이었음은 분명하나 아직 단언하기는 어렵다.

〈남월산〉과 미륵보살상 및 아미타불상 광배 명문에 나오는 김지성 가족들의 이름을 표로 비교하면 다음과 같다.

표. 김지성의 가족 일람(성씨 생략)

이름				관계	직함·신분
〈남월산〉		광배 명문			
미륵보살상	아미타불상	미륵보살상	아미타불상		
전지성全志誠	김지전金志全	김지성金志誠	김지전金志全	본인	중아찬
인장仁章		인장仁章		아버지	일길찬
관초리부인觀肖里夫人	-	관초리부인觀[官]肖里夫人	-	어머니	-
급막及漠	-	급한及漢	-	이복형	일길찬
일당一幢	-	일동一憧	-	이복형	살찬
총민聰敏	-	총경聰敬	-	이복형	대사
간성懇誠	양성梁誠	양성良誠	양성梁誠	남동생	소사
현도玄度		현도玄度		남동생	승려
고파리古巴里		고파리古巴里	고보리古寶里	누나	-
수힐매首肹買	-	수힐매리首肹買里	-	여동생	-
고로리古老里	고로리古路里	고로리古老里	고로리古路里	전처	-
아호리阿好里		아호리阿好里		현처	-
개원愷元		개원愷元	개원愷元	모름	이찬

〈남월산〉과 광배 명문을 비교해 보면 김지성이 부모와 형제자매를 위하여 불보살상을 만들었다는 내용은 거의 같다. 그러나 그와 가족의 이름이 서로 다르게 표기된 데가 몇 군데 있다. 같은 사람의 이름인데도 한자 표기가 일치하지 않은 현상은 제작 시기가 1년밖에 안 나는 미륵보살상과 아미타불상끼리도 보인다. 이는 두 상의 광배 명문을 지은 사람이 각각 달랐던 데다가, 발음이 같은 한자는 혼용했던 신라의 언어 관습이 작용해서라고 생각된다.

김지성과 김개원

김지성은 불보살상을 발원하면서 왕과 김개원金愷元의 만수무강을 기원했다. 글 첫머리에 왕의 축원부터 기원함은 고대의 공식적 문장에서 의례적인 일이었으나, 직계 가족도 아닌 김개원의 이름이 들어간 이유는 의문이다. 지금으로서는 둘 사이에는 역사서에 보이지 않는 각별한 인연이 있었으리라고 추정할 뿐이다.

김지성과의 관계는 분명하지 않지만, 김개원도 태종무열왕 김춘추金春秋 (603~661)와 김유신金庾信(595~673)의 동생인 문희文姬 사이에서 태어난 왕족이니 고귀한 신분이기는 했다. 《삼국유사》〈기이〉〈태종춘추공〉에 따르면 이 부부는 훗날 문무왕이 된 태자 법민法敏과 막내아들 김개원을 포함하여 아들 여섯 명을 낳았다. 또 김춘추의 서자로 아들 세 명과 딸 두 명이 더 있었다고 한다. 《삼국사기》에는 신라가 고구려에 맞서기 위하여 당과 연합전선을 구축할 때 김개원이 핵심 역할을 했고, 695~705년까지 가장 높은 벼슬인 상대등으로 있다가 이듬해에 갑자기 물러났다고 나온다. 학계에서는 그가 물러났다고 나오는 건 사망 때문이라고 보지만, 이 〈남월산〉이나 감산사 불보살상 광배 조성기의 명문에 719년에 상대등 바로 아래인 이찬伊湌 직함에 있었다고 하므로 기존의 역사 지식을 수정해야 한다.

풀리지 않는 단어의 뜻-유우, 유반 그리고 흔지

신라의 옛 기록에 종종 나오는 이두吏讀는 한문 독법만으로는 잘 이해가 안 되는 사례가 꽤 있다. 일연도 미륵보살상 명문을 소개하면서 '古人成之' 이하의 뜻을 잘 모르겠다고 주석을 달았다. 바로 다음에 나오는 '攸友(유우)' 혹은 '攸反(유반)'이라는 말의 뜻을 이해할 수 없었다는 의미로 보인다. 일연은 아미타불상 광배에 나오는 '攸反'에 대해 주석을 달아 '문무왕 법민의 유해를 뿌렸던 동해를 가리키는 말 같다'라고 했다. 장소를 가리키는 말로 이해했는데, 오늘날 학계에서도 이에 대체로 동의하여 동해의 여러 곳을 그 후보지로 제시하기도 한다.

그런데, 미륵보살상의 '攸友'가 아미타불상에서는 '攸反'으로 읽혀서 같은 의미인 듯한데 서로 다른 글자로 표기되었다. 하지만 일연이 썼을 때는 둘 중에 한 단어로만 썼으나, 글자 모양이 비슷해서 인쇄 과정에서 실수했을 수 있다.

사실 이 부분은 지금도 명확하게 해석되지 못한다. 국문학자 양주동은 《고가연구》(1943)에서 '攸友'나 '攸反'을 모두 '攸外'(유외)로 읽었다. 攸는 '바 소'로 훈독하는 '所'와 쓰임새가 같으므로 여기서 '바'라는 훈을 가져오고, 外는 '바깥 외'이므로 여기에서 독음을 가져와 유우를 '바외', 곧 '바위'의 향찰 표기라고 해석하였다. 만일 그렇다면 옛날에 바닷가 바위 위에서 산 골散骨하였던 풍습에서 나온 말이라고 추측할 수 있다. 그러나 오늘날에는 이 글자를 디지털 분석에 기반해서 '欣支'(흔지)로 읽는다. 그렇다면 발음이 전혀 달라져서 양주동의 이론을 적용할 수 없다.

결국 두 광배의 명문에는 같은 의미의 단어가 攸友·攸反·攸外·欣支 등 4 종류의 다른 형태로 표기된 셈이다. 이 중 어떤 것이 맞는지, 아니면 이 외에 다르게 읽을 여지도 있는지, 그리고 그 정확한 뜻은 무엇인지 등이 앞으로 더 연구해야 할 과제로 남았다. 이렇게 감산사 불상에 새겨진 글에는 신라 의 역사와 관련하여 끝없는 의문을 던져주고 있다. 하지만 이 두 불보살상 이 우리나라 조각사에 있어서 가장 기념비적인 작품이라는 사실에는 이견 이 없다. 그리고 사실은 모든 의문을 잠재운다.

감산사의 두 불보살상

신라 불상 가운데서도 최고 수준으로 꼽히는 작품이 감산사 석조 아미 타불상과 미륵보살상이다. 1916년 일본인 학자 와타나베 아키라渡邊彰, 스에 마쓰 구마히코末松熊彦 등이 경주의 고적을 조사하다가 외동읍 신계리의 논

감산사 석조미륵보살입상(왼쪽), 석조아미타불입상(오른쪽)

바닥에 박혀 있던 이 불상들을 빼내고 가져가, 그해 3월 조선총독부가 '시
정 5주년 기념 조선 물산 공진회'를 열 때 경복궁 안에 마련된 특설 미술관
에 전시하였다. 이후 미술관이 박물관으로 바뀌어 해방 후 국립중앙박물관
유물이 되었다. 오늘날 이 두 불상은 탁월한 작품성 외에도 각각 광배 뒤에
새겨진 조성기로 인해 역사 자료로서 가치도 크다고 평가되며 각각 국보로
지정되었다.

　이 두 불보살상은 불신과 광배가 하나의 돌로 되어 있고, 이를 받치는 대
좌는 별석으로 따로 만들었다. 그런데 광배 명문에 '화광火光'이라고 나와

신라에서는 광배를 이렇게 불렀던 듯하다. 미륵보살상은 비교적 높은 보관을 썼고 그 중앙에 화불化佛이 있다. 불상의 보관에 화불이 표현되면 거의 관음보살인데, 이 상에서는 명문에 미륵보살이라고 분명히 나와 매우 예외적 작품으로 봐야 한다.

두 상은 형태에 공통점이 많아서 한 조각가가 만들었다고 추정된다. 몸을 살짝 옆으로 비트는 이른바 '삼곡三曲 자세'가 그 한 예이다. 어깨가 조금 넓은 듯해도 매우 부드러운 곡선을 보이고, 팔뚝도 둥글고 보기 좋게 살짝 통통하며 허리도 잘록하다. 두 다리 부분에서 신체 굴곡을 드러내기 위해 옷주름을 옅고 부드럽게 표현한 점도 두 상이 거의 같다. 얼굴 모양은 모두 달걀처럼 갸름하면서도 적당히 살집이 붙었고, 눈과 입에 옅은 미소가 어려 있어서 보는 사람의 마음을 편안하게 해준다. 요즘의 미인 기준에도 아주 잘 부합하여 보는 사람 누구나 참 잘생긴 얼굴과 몸매라고 느낄 듯하다.

그런데, 이 불보살상을 설명할 때 자주 쓰는 '사실적이고 육감적이며 관능적 모습', '이국적 인상' 같은 표현들은 고쳐야 한다. 육감이나 관능은 성적 매력을 발산할 때 쓰는 말이고, 이국적 얼굴이라는 말도 근거 없는 주관이다. 불상이라는 점을 염두에 둔 객관적 해설로 바뀌어야 한다.

표. 감산사 미륵보살상 및 아미타불상 비교

구분	자세	연대	크기 (cm)	명문 글자 수 (탑본/RTI조사)	수인	광배	장신구	대좌
미륵보살상	입상	719년	270	22행 381자	미륵정인	주형 거신	보관, 목걸이, 팔찌, 영락 등	팔각
아미타불상	입상	720년	275	21행 391자/ 388자	아미타정인	주형 거신	없음	팔각

미륵상과 아미타상

김지성이 이 불보살상을 조성한 배경이 미륵보살상은 어머니를 위해서, 아미타불상은 아버지를 위해서라고 말하는 예가 많다. 미륵보살·아미타불

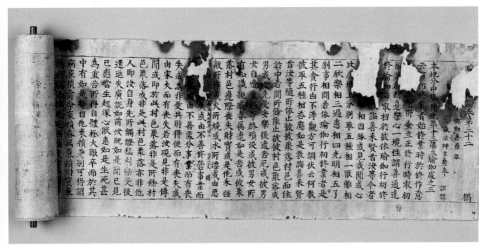

김지성이 즐겨 읽었다는 유가사지론 초조본 (ⓒ국립중앙박물관)

을 거의 비슷한 시기에 봉안했음과 광배 명문에 김지성이 《유가사지론》을 즐겨 읽었다는 구절을 연결시켜서 그렇게 보는 것이다.

하지만 그렇다고 단정하기는 어렵다. 사실 광배 명문에는 그렇게 분명하게 구분하지 않았고 단지 두 상 모두 '돌아가신 아버지 인장 일길간과 어머니 관초리 부인을 위하여' 만들었고, 또 더불어서 형제자매들을 두루 위해 조성했다고 나올 뿐이다. 상식적으로 생각해도 모두 고인이 된 부모인데 한 분은 미륵보살, 다른 한 분은 아미타불에게 따로따로 기원한다는 게 자연스러워 보이지 않는다. 김지성이 부모와 형제자매 등 가족을 위해 처음부터 미륵보살상과 아미타불상을 같이 조성했다고 보는 게 무난하지 않을까.

또한 미륵보살상을 금당에 먼저 봉안하였고 이듬해에 아미타불상을 만들었다는 명문을 주목하기도 한다. 이에 따라서 미륵 신앙과 직접 관련이 있는 법상종의 영향을 받아 미륵보살상을 주존으로 삼았고, 아미타불상을 강당에 봉안했다고 추정한다. 그러나 불상의 위의威儀라는 면에서 보면 두 상 모두 충분히 법당에 봉안될 수 있어서 이런 주장 역시 인과관계가 명확하지 않다. 미륵보살상과 아미타불상을 동시에 조성 발원하는 근거를 좀 더 연구할 필요가 있다.

한편, 현재 감산사에는 이 밖에 8세기의 비로자나불상과 삼층석탑이 자리한다.

원 문

南月山 亦名甘山

寺在京城東南二十許里 金堂主彌勒尊像火光後記云 開元七年 己未 二月十五日 重阿喰全志誠 爲亡考仁章一吉干 亡妃觀肖里夫人 敬造甘山寺一所 石彌勒一軀 兼及愷元伊喰 第梁誠小舍 玄度師 姉古巴里 前妻古老里 後妻阿好里 兼庶族及漠一吉喰 一幢薩喰 聰敏[敬]七[大]舍 妹首肹買等 同營玆善 亡妣肖里夫人 古人成之東海攸友邊散也 古人成之以下文 未詳其意 但存古文而已 下同 彌陁佛火光後記云 重阿喰金志全 曾以尙衣奉御 又執事侍郎 年六十七 致仕閑居 奉爲國主大王 伊喰愷元 亡考仁章一吉干 亡妃 亡弟 小舍梁誠 沙門玄度 亡妻古路里 亡妹古巴里 又爲妻阿好里等 捨甘山莊田建伽藍 仍造石彌陀一軀 奉爲亡考仁章一吉干 古人成之東海欣支邊散也 按帝系 金愷元 乃大[太]宗春秋之□□[第六]子 愷元角干也 乃文熙之所生也 誠志全[全志誠] 乃仁章一吉干之子 東海欣反 恐法敏葬東海也

천룡사

동도東都[경주] 남산의 남쪽에 봉우리 하나가 우뚝 솟아 있어서 사람들이 고위산이라고 부른다. 산의 남쪽에 절이 있는데 시속의 말로 '높은 절'[高寺]이며, 혹은 천룡사라고도 한다.

《토론삼한집》에 계림[경주] 땅에 객수 두 줄기와 역수 한 줄기가 있어서, 그 역수와 객수의 두 근원에서 자연재해[天災]를 잘 누르지 못하면 천룡이 뒤집고 엎어버리는[覆滅] 재앙이 닥친다고 나온다. 사람들이 말하기로는 역수는 고을의 남쪽인 마등오촌의 남쪽을 흐르는 물이라고 한다. 또 이 물의 근원이 대[천]룡사로 이어진다고도 한다. 중국에서 온 사신 악붕구가 와보고는, '이 절을 부수면 얼마 안 가서 나라가 망하게 된다'라고 했다고 한다.

또 전해오는 말에 '옛날 한 단월[신도]에게 두 딸이 있었는데 천녀와 용녀이다. 부모가 두 딸을 위하여 절을 짓고 딸 이름을 절 이름으로 삼았다. 땅의 기운이 평범하지 않아 도를 돕는 터였으나, 이미 오래전 신라 때에 무너졌다.'라고 한다.

중생사의 대성[관음보살]이 젖을 먹인 최은함의 아들이 최승로이다. 최승로가 최숙을 낳고, 최숙은 시중 최제안을 낳았다. 최제안이 폐허가 된 절을 중수하고, 조정의 뜻[朝旨]을 받들어 석가 만일 도량을 열었다. 그때의 신서와 발원문이 절에 남아 있다. 그는 죽어서 이 절을 보호하는 신이 되었고 이후 영험한 이적을 여러 번 보였다. 그 신서를 줄이면 이와 같다.

단월인 내사 시랑 동내사 문하평장사 주국 최제안이 쓴다.

동경東京[경주] 고위산의 천룡사가 무너진 지 여러 해 되었다. 제자[최제안]가 임금님 수명이 하늘처럼 길고, 백성과 나라가 평안해지기를 특별히 발원하기 위해 전당과 회랑, 승방과 부엌, 창고 등을 지어 완성하였다. 이에 돌로 만들고 흙으로 빚은 불상 몇 구를 갖추고서 석가 만일도량을 열었다.

나라를 위하여 세웠으므로 관가에서 주인[주지]을 파견하는 게 옳겠으나, 그들이 바뀔 때면 도량 스님들 마음이 편찮게 된다. 이러한즉 입전入田을 살펴보았다. 살림이 넉넉한 사원들로 예를 들면 공산 지장사는 입전 200결이고, 비슬산 도선사는 입전 20결이며, 서경[평양] 사방에 있는 산사들도 각각 입전 20결씩인 사례들이 있다. 모두 승직이 있고 없음은 고려하지 않고, 다만 계율을 갖추고 재능도 뛰어난 사람을 골라서 절 대중들의 여망에 따라 차례대로 주지가 되게 함으로써 절 운영[焚香修道]을 맡도록 함을 항규로 삼았다.

제자가 이런 소식을 듣고 기뻤다. 우리 천룡사도 절의 대중 가운데서 재능과 덕행이 함께 뛰어난 승려를 골라 동량을 겸해 주지로 임명함으로써 오래오래 운영되도록 하고자 한다. 이 일을 문서로 자세히 갖추어 강사剛司[책임자]에게 맡겼다. 지금 주지부터 적용하라는 유수관留守官[지방 관리]의 통문을 받았기에 도량의 여러 대중에게 보이니 모두 잘 알아두면 좋겠다. 중희 9년[1040] 6월 일에 관직을 쓰고 그 앞에 서명한다.

중희는 거란 흥종의 연호로, 이때는 우리 왕조의 정종 7년[1040] 경진년이다.

해 설

경주의 천룡사天龍寺가 세워진 인연 그리고 고려에 와서 최제안崔齊顔(?~1046)이 중창한 일을 소개한 글이다. 일연은 최은함부터 증손자 최제안에 이르는 가계家系를 소개했다. 최제안이 창건주인 데다가, 증조부 최은함이 경주 중생사의 관음 보살상한테 기도해 아들 최승로를 낳았고, 또 최승로가 갓난아기 때 큰 위험에 빠진 순간에도 관음보살상의 영험 덕에 무사할 수 있었던 특별한 인연을 말하기 위해서인 듯하다. 그 자세한 내막은 〈삼소 관음 중생사〉에 잘 나온다. 여하튼 일연은 최제안의 집안을 잘 알고 있었던 모양이다.

천룡사에 가려면 남산 입구에서부터 한참 걸어 올라야 하고, 또 길도 제법 가파르다. 그러나 절 앞에 이르면 문득 평지가 나타나고 너른 공간이 펼쳐지면서 시야가 확 트인다. 올라왔던 험한 길에 비해 절터가 꽤 널찍하고 평평한 데에 놀란다. 사세가 한창이었던 신라 때는 규모가 꽤 큰 절이었음이 분명하다. 금당 앞의 삼층석탑은 신라 석탑 중 가작佳作으로 꼽을 만하다. 또 11세기에 최제안이 중창했을 때는 전각들과 석조 불상, 소조 불상 등이 절 안을 가득 채우며 성관盛觀을 자랑했을 듯하다. 그러나 오늘날 절에 관한 역사 기록이 거의 전하지 않아서 옛일을 자세히 알 수 없는 게 아쉽다. 그래도 일연이 남긴 이 〈천룡사〉가 있어서 비록 속전俗傳일지라도 창건 인연을 알 수 있고 또 여기에 고려 초에 천룡사를 중창한 최제안이 지은 신서도 소개되어 있어서 절 역사의 한 조각을 엿볼 수 있음은 다행이다.

탑과 불상이 드러낸 신비한 영험이 〈탑상〉에서 일관되게 보이는 주제인 데 비해서 이 〈천룡사〉는 사람들의 생각과 행동이 중요 모티프인 게 특징이다. 이 글 뒤로 당시 사람들의 다양한 모습들이 좀 더 생생히 묘사된 글들이 배치되어 있다. 〈탑상〉의 이야기들이 지루하지 않게 읽히는 이유가 이런 변화에도 한 원인이 있는 것 같다. 그래서 이 〈천룡사〉는 탑과 불상 일변도에서 벗어나는 변곡점에 자리한 글이라고 할 수 있다.

남산과 고위산

이 글에는 천룡사가 자리한 고위산高位山이 남산의 한 봉우리라고 나온다.

경주 천룡사지 전경과 고위산

반면에 조선시대《대동여지도》(1861)에는 남산 남쪽의 성부산 아래에 있는 별도의 산으로 표시되어 있어서 남산에 속하지 않는 별도의 산으로 인식하였던 것 같다. 이처럼 남산은 어떻게 보느냐에 따라 범위가 달라지기도 한다. 지금도 남산은 북쪽의 금오산과 남쪽의 고위산을 포함한다고 넓게 보거나, 금오산과 고위산 사이의 산들과 계곡들만을 남산이라 좁히기도 한다.

고위산은 해발 494m로 분지인 경주 지역에서는 꽤 높은 축에 속한다. 그 300m쯤의 중턱에 널따란 평지가 펼쳐져 있고 여기에 천룡사가 자리한다. 옛날에는 '高寺'라고 불렀다고 한 말은 아마도 마을 사람들이 그냥 우리말로 '높은 절'이라 한 걸 한자로 옮겨 적은 말로 보인다. 절 마당에서 그 우뚝한 모습을 바라보면 고위산이라는 봉우리 이름이 잘 어울린다고 느껴진다.

천룡사의 창건

천룡사의 창건 시기와 관련 인물들은 일연 당시에도 자세히 전해지지 않았던 모양이다. 일연은 신라 때 한 불교 신자가 창건한 다음 두 딸의 이름을 따서 절 이름을 삼았다고 전해오는 말을 인용했다. 이 말이 사실인지 모르겠으나, 지금 삼층석탑 등을 볼 때 천룡사가 신라시대에 창건된 점은 분명하다.

또한, 일연은 객수와 역수가 등장하는 풍수지리가 창건의 배경이라는 세간의 이야기도 소개했다. 객수客水는 멀리 다른 곳에서부터 흘러들어온 물줄기, 역수逆水는 지세에 역행해서 흐르는 물줄기이다. 우리나라 지형은 대체로 북동쪽이 높아서 상대적으로 낮은 남서쪽으로 흐르는 게 보통인데, 그와 반대 방향으로 흐르면 역수라고 한다. 풍수에서 객수와 역수는 대체로 사람들에게 안 좋은 영향을 주는 요소로 본다.

일연이 인용한 《토론삼한집》에 따르면, 천룡사에서 시작해 오늘날 경주 시내에 해당하는 마등오촌馬等烏村 아래를 흐르는 물이 객수이므로 천룡사를 잘 경영해야 경주, 곧 신라가 평안하다고 한다. 그렇다면 천룡사의 입지 선정에 풍수가 중요한 요인으로 작용했다고 볼 수 있다. 실제로 천룡사에서 발원하는 물줄기가 남산 와룡계·틈수골에서 합해진 다

경주 천룡사지 삼층석탑(보물 제1188호)

음, 경주 시내 남쪽을 흐르는 기린천[내남천]을 지나서 다시 북쪽으로 흘러가 서천에서 합류한다. 방위로 보면 남쪽에서 북쪽으로 흐르니, 일연이 소개한 객수와 역수 이야기가 괜한 소리만은 아니다.

일연은 중국 사신 악붕구樂鵬龜가 했다는 말도 소개했다. 이는 당 고종의 명을 받아 671년 문무왕 때 와서 망덕사를 시찰했다는 《삼국유사》〈기이〉〈문무왕 법민〉에 나오는 이야기와 서로 연관되는 말이다. 하지만 악붕구는 중국 역사 기록에 따르면 200년쯤 뒤인 9세기 후반 당나라 희종 대에 벼슬했던 인물이라 〈문무왕 법민〉이나 〈천룡사〉에 나오는 시대와 너무 차가 커

서 그대로 믿기는 어렵다. 다만 그가 풍수나 도력에 능통한 기인이었음은 중국에도 널리 알려져 있다. 따라서 그의 기이한 행적이 우리나라 사찰 풍수와 연관되어 여기에 등장했다고 보인다.

사실 물이 풍부해야 도읍으로 자리 잡고 성장할 수 있다. 서울을 비롯해 공주, 부여, 경주 또 평양 등 한 나라의 수도들은 예외 없이 이런 입지를 갖추었다. 객수든 역수든 굵직한 물길이 마을 주변을 감싸며 흐르는 일 자체가 보기 드문 일이어서 반대로 생각하면 자연의 혜택이 될 수도 있다. 사람의 뜻에 따라서는 이를 잘 활용해서 오히려 유익한 환경으로 만들 수도 있다. 그런 의미에서 〈천룡사〉에서 고위산이나 역수·객수가 언급된 대목은 영국의 예술평론가 존 러스킨(John Ruskin, 1819~1900)이 '산의 첫 번째 책무는 물을 흘러내려 보내는 일이다.'(Modern Painters, 1856)라고 한 말을 떠올리게 한다. 천룡사가 자리한 고위산도 하늘에서 귀한 물을 받아 경주까지 흘려보내 주었으므로 산과 물은 자기의 역할을 다한 셈이다. 객수라고 여기던 역수라고 생각하든 이는 사람들의 생각 나름이 아닐까.

최제안의 신서

일연은 최제안의 신서信書를 소개하였다. 신서는 소식이나 용건을 적은 글로, 고려를 세운 태조 왕건이 후대 왕을 위해 남긴 〈훈요십조〉가 대표적 신서로 꼽힌다. 그런데 〈훈요십조〉는 거란의 침략으로 한때 사라진 듯했는데, 최제안이 최항崔沆의 집에 보관된 것을 찾아내어 다시 세상에 알려질 수 있었다. 세월이 한참 흘러 이번에는 최제안이 천룡사에 관해 쓴 신서가 일연의 책에 소개됨으로써 우리가 알게 되었으니 묘한 인연이다.

일연이 최제안이 지은 신서를 축약해서 실은 이유는 천룡사를 중창한 목적과 과정이 여기에 자세히 나와서다. 이 신서에 따르면, 최제안은 천룡사가 잘 유지되려면 재정을 확고하게 해두는 게 중요하다고 생각했다. 그래서 팔공산 지장사, 비슬산 도선사道仙寺 등 다른 절의 사례를 참고해 납입전納入田

대구광역시 달성군 비슬산 도성암 대웅보전(ⓒ한국민족문화대백과사전)

대구광역시 동구 팔공산 북지장사 내경

을 두기로 하였다. 납입전은 시주로 받은 논밭이라 절 구성원 중 누구의 개인 소유도 아니므로 오랫동안 운영비를 충당하는 데 보탬이 될 수 있다고 본 듯하다. 고려시대에 투명한 사찰 재정을 위해 운용하던 제도 중 하나이다. 도선사는 대구광역시 달성군 현풍면 비슬산의 도성사道成寺로 보이지만 확실하지는 않다.

원문

天龍寺

東都南山之南 有一峯屹起 俗云高位山 山之陽有寺 俚云高寺 或云天龍寺 討論三
韓集云 雞林土內有客水二條逆水一條 其逆水客水二源 不鎭天災 則致天龍覆沒之
災 俗傳云 逆水者 州之南馬等烏村南流川 是 又是水之源致大[天]龍寺 中國來使
樂鵬龜來見云 破此寺則國亡無日矣 又相傳云 昔有檀越 有二女 曰天女龍女 二親
爲二女創寺因名之 境地異常助道之場 羅季殘破久矣 衆生寺大聖所乳崔殷誠之子
承魯 魯生肅 肅生侍中齊顔 顔乃重修起廢 仍置釋迦萬日道場 受朝旨 兼有信書 願
文留于寺 旣卒爲護伽藍神 頗著靈異 其信書略曰 檀越內史侍郎同內史門下平章事
柱國崔齊顔狀 東京高位山天龍寺殘破有年 弟子特爲聖壽天長民國安泰之願 殿堂
廊閣房舍廚庫 已來興構畢具 石造泥塑佛聖數軀 開置釋迦萬日道場 旣爲國修營 官
家差定主人亦可 然當遞換交代之時 道場僧衆不得安心 側觀入田 稠足寺院 如公
山地藏寺入田二百結 毗瑟山道仙寺入田二十結 西京之四面山寺各田二十結例 皆勿
論有職無職 須擇戒備才高者 社中衆望 連次住持焚修 以爲恒規 弟子聞風而悅 我
此天龍寺 亦於社衆之中 擇選才德雙高大德兼爲棟梁 差主人鎭長焚修 具錄文字
付在剛司 自當時主人爲始 受留守官文通 示道場諸衆 各宜知悉 重熙九年六月日
具銜如前署 按重熙乃契丹興宗年號 本朝靖宗七年庚辰歲也

무장사의 미타전

경성京城[월성]의 동북으로 20리쯤인 암곡촌의 북쪽에 무장사가 있다. 제38
대 원성대왕의 아버지로 명덕대왕에 봉해진 대아간 효양이 돌아가신 숙부
파진찬을 추모하기 위하여 세운 절이다.

깊은 계곡은 여기저기 끊어져 있어서 마치 깎아 세운 듯하고 그윽한 자리에
깃들어 있어서 맑은 마음[虛白]이 절로 생겨나니, 마음을 쉬고 도를 즐길 수
있는 신령스러운 곳이다.

절 위쪽에 있는 오래된 미타전은 소성昭成 소성昭聖이라고도 한다 대왕의 비 계화
왕후가 대왕을 위해 지었다. 왕이 먼저 돌아가시니 중궁의 마음이 몹시 답
답하고 허전하며[充充皇皇] 슬픔이 너무 커서 피눈물을 흘리고 마음속이 뻥
뚫린 듯하였다. 남몰래 덕행을 행함으로써[幽贊明休] 크게 명복을 빌어야겠
다고 생각했다. 서방[극락]에 대성이 있어서 미타라 하는데 지극한 정성으로
귀의하고 믿으면 구원하러 찾아온다는 말을 듣고는, '이는 진실한 말이다.
왜 나를 속이겠는가?'라고 생각하였다. 이에 잘 갖춘 육의[왕비의 6가지 예복]
를 희사하고, 구부九府[왕실의 재물 창고]에 모아둔 재물을 들여 명장을 불러
와 공경히 아미타상 1구와 신중상을 만들어 안치하였다.

이에 앞서서, 절의 한 노승이 문득 꿈을 꾸었는데 진인眞人[부처님]이 석탑의
동남쪽 언덕 위에 앉아서 서쪽을 향하여 대중에게 설법하고 있었다. 그래서
이 땅이 분명 불법이 머무는 자리라고 생각했으나, 마음에만 담아두고 다
른 사람에게는 말하지 않았다.

바위가 깎아지른 듯 험준하고 계곡의 물도 아주 거세어서 장인匠人들은 하나같이 돌아볼 가치조차 없는 안 좋은 데라고 하던 데였다. 그러나 땅을 개간하고 평탄하게 만드니 건물을 세울 만한 자리가 마련되어 마치 신이 점지해 준 곳 같았다. 보는 이마다 깜짝 놀라지 않는 사람이 없었으며 모두 좋다고 말하였다. 근래에 이 미타전은 무너져 버리고 절만 홀로 남았다.

사람들이 전하기로는 태종[재위 654~661]이 삼국을 통일한 후에 병기와 투구를 이 골짜기에 감춘 데에서 절 이름이 나왔다고 한다.

해 설

경주 무장사鍪藏寺가 창건된 인연, 그리고 이 절에 미타전이 지어지고 불상·신중상이 봉안된 유래에 관한 이야기이다. 무장사는 경주 시내에서 떨어진 암곡동 무장산 자락에 자리했으나 지금은 터만 남았다. 이 글에는 경주에서 무장사까지 20리쯤이라고 나오지만, 실제로는 경주 시내 대릉원을 기준으로 하면 무장사지까지는 그 두 배인 16km가 넘는 거리이다('네이버 지도' 거리 측정).

무장사 터는 동쪽이 서쪽보다 높은 편이다. 맨 아래 서쪽에 삼층석탑이 자리하고 있고, 미타전은 금당의 동쪽 맨 위에 그리고 금당은 그 중간에 배치되었다고 추정된다. 삼층석탑은 8세기 후반에서 9세기 초반 사이에 세워진 듯하며, 신라 석탑 중에서 상층기단에 안상眼象이 장식된 최초의 작품으로 알려져

경주 무장사지 삼층석탑

무장사 삼층석탑 상층기단의 안상　무장사지 비신 귀부와 이수(비신이 복원되기 이전의 모습)

있다. 또한 절터에는 비석을 받치고 있었던 귀부龜趺도 자리한다. 귀부는 한 거북에 머리가 두 개 달린 이른바 쌍귀부 형식이었으나 머리는 목 부분에서 잘려져 사라졌었다. 그러다가 2008년 경주시와 문화재청이 무장사지 조사 중에 이 중 하나를 찾았고, 비신을 복원할 때 이를 제 자리에 넣어 지금 왼쪽 귀두의 모습은 볼 수 있다. 이 귀부 형식은 머리는 귀두龜頭에서 용두龍頭로 변화돼 가는 중간단계이고, 비좌碑座 네 면에 십이지신상이 장식된 특이한 모습이다. 귀부 위에 올려졌던 아미타불 조성기(801년)는 부서져 버렸고, 남은 조각 세 개만 국립중앙박물관에 있다. 지금은 이 비편들을 참고해 2011년에 복원한 비신이 귀부와 이수 사이 본래 자리에 올려져 있다.

일연이 전하는 창건에 관한 두 가지 이야기로 보면 김효양金孝讓이 765년에 지었거나, 태종무열왕이 전쟁이 끝났음을 기념하여 지었다. 일연은 첫 번째 이야기는 자세히 설명하였으나 이 두 번째 이야기는 뒤에다 짤막하게 소개하는 데에 그쳐, 속설이라 그다지 신뢰하지 않았다는 느낌이 든다. 실제로 삼국통일은 태종무열왕이 아니라 그의 아들 문무왕 대여서 역사와 맞지 않는 이야기이다.

지금 국립중앙박물관에 있는 비석의 비편에도 이 글과 거의 비슷한 내용이 나온다. 그래서 일연이 이 비문을 참조해서 지었고, 그때까지만 해도 비석은 온전했었다고 보인다. 앞서 본 〈남월산〉이 감산사 미륵보살상과 아미타보살상 광배의 조상기造像記를 요약한 일과 비슷하다.

그런데, 1530년에 편찬된 《신증동국여지승람》〈경주부〉〈불우佛宇〉에는

'고려 태조가 후삼국을 통일한 뒤 병기와 투구를 이 계곡 중에 보관하였기에 이름을 무장사라 했다고 세속에 전한다.'라고 나온다. 이 글을 쓴 이가 〈무장사 미타전〉을 인용했는지는 모르지만, 일연이 '太宗'이라고 한 데가 '太祖'로 바뀌어 있을 뿐 행위의 본질이나 내용은 거의 같다. 신라 태종이 한 일을 고려 태조가 한 일로 설명된 이유는 조선시대에 와서 시대와 주인공이 잘못 전해지는 이야기를 그대로 소개했기 때문이라고 생각된다.

계화 왕후가 '지극한 정성으로 귀의하고 믿으면 아미타불이 구원하러 찾아온다'라고 한 말은 고려시대 사람들의 보편적 생각이기도 하지 않았을까. 고려 불화에 아미타내영도가 많이 그려진 배경이기도 할 것 같다.

무장사 창건의 비화

이 글에는 창건 공사 전에 장인들이 입을 모아, 산세가 너무 험하니 여기는 절을 지을 적당한 터가 아니라고 했다는 비화가 나온다. 실제로 경주 시내에서 좀 떨어진 데다가, 절터 주변에 높고 깎아지른 협곡이 에워싸서 낮에도 햇빛이 잘 들지 않을 만큼 험한 곳이다. 암곡촌暗谷村이라는 지명이 괜스레 나온 게 아니었다. 공사를 담당한 장인들이 고개를 흔들던 모습이 상상되는데, 이는 창건 과정이 순탄치 않았음을 시사한다고 보인다.

그런데도 끝내 이 자리를 고수해 절을 지은 까닭이 무엇일까. 국방에 아주 요긴했다거나 또는 풍수적 이유였다는 생각도 할 수 있다. 이 글 앞에 실린 〈천룡사〉에도 그런 상황이 보인다. 혹은 험한 만큼 속세와 멀찍이 떨어진 풍광이 좋아서였는지도 모르겠다. '물길이 만 갈래 계곡 사이로 흐르나 다투지 않고, 달이 천 개 산속으로 떨어져 달그림자만 홀로 외로워라(水流萬壑心無競 月落千山影自孤)' 같은 당시唐詩나 선시禪詩 속의 절경이 아니었을까.

이 글에 따르면 무장사는 원성왕의 아버지 김효양이 죽은 작은아버지의 명복을 빌기 위해 지었다고 한다. 김효양은 내물마립간의 11대손이며 아들 김경신金敬信이 원성왕으로 즉위한 765년에 명덕대왕明德大王으로 존호가 올려진 사람이다. 또 불상 등을 발원한 사람은 계화桂花 왕후이다. 계화 왕후는 소성왕(재위 799~800)의 아내이자 애장왕(재위 800~809)의 어머니이고, 원성왕에게는 손자며느리가 된다. 그녀가 남편을 먼저 보낸 허황한 마음을 달래고 명복도 비는 뜻에서 미타전 건립 불사를 하였다. 이를 보면 무장사는 원성왕에서 소성왕 대에 걸쳐서 왕실 인사의 정토왕생을 기원하던 사찰이었을 수 있다. 한 노승이 꿈에서 절 근처 바위에서 아미타불이 좌선하는 광경을 보았다는 이야기도 이를 강조하기 위하여 이 무렵에 나온 이야기로 추측된다. 그런데 일연 당시에 이미 미타전이 무너져 있었다고 하므로 적어도 고려 중기부터는 쇠락해 가고 있었던 모양이다. 조선시대까지는 암자 형태로 이어지다가 19세기 후반 무렵 폐사된 듯하다.

무장사 아미타불 조성기 비석을 찾은 일화

절터에서 가장 높은 동쪽 자리에 있던 〈아미타불 조성기〉 비석은 1960년대까지 귀부, 비석 제목이 들어가는 이수螭首 등이 모두 파손된 채로 땅 위에 내려져 있었는데, 지금은 비편들을 참조해 형태를 복원해 놓았다.

그런데 조선 후기에 이미 오래전에 사라졌다고 알려진 비신碑身 일부를 찾아냈던 과정이 전하여 흥미롭다. 1760년 경주 부윤 홍양호洪良浩가 절터에 신라의 명필 김생金生의 글씨가 새겨진 비석이 있다는 얘기를 듣고 사람들을 시켜 찾게 했다. 우여곡절 끝에 현장에서 비석 두 조각을 찾았는데, 그때 상황이 그가 지은 《이계집》에 자세히 나온다. 나중에 이 소식을 들은 김정희金正喜도 1817년 절터에 가서 깨진 두 조각을 찾아냈다. 김정희는 탑본을 떠서 청나라의 학자 옹방강翁方綱에게 보냈고, 이를 본 옹방강은 왕희지 서체의 명필이라고 감정하였다. 이어서 그의 아들 옹수곤翁樹崑은 '신라의 명필을 얻었다'라는 글을 자기가 쓴 책에다 실었다. 또 훗날 유승간劉承幹이 저명한 금석학자 유희해劉喜海가 처음 편찬한 《해동금석원》을 보완해 발간할 때도 부록에 이 탑본을 실었다. 김정희가 그때 뜬 탑본이 지금 국립중앙박물관에 보관되어 있다.

김정희는 자신이 찾은 두 조 각 비석 중 하나에다 자신의 글씨로 '이 비의 서품은 당연 히 〈낭공대사 백운 서운비〉보 다 윗길이로다', '저승의 옹수곤 을 일으켜 금석의 인연을 함께 하지 못함이 아쉽구나'라는 글 을 새겨 넣었다. 옹수곤은 김정 희와 동갑으로 그가 북경에 갈 때면 만나곤 하던 친구였다.

한편, 김정희와 옹방강의 학 문적 교류에 관한 이야기 하나 가 더 있다. 2015년에 영국 케임 브리지대학 도서관 웨이드 문 고(Wade Collection)에 《고려사》

무장사 아미타불조성기 비편(보물 제125호, 국립중앙박물관)

를 완전하게 필사한 책이 있음을 우리나라 조사팀이 확인하였다. 그런데 서 문에 해당하는 〈진고려사전進高麗史箋〉과 권137의 뒷부분 여백에는 '1813년 12월부터 교열하며 읽다가 목록에서 빠진 데를 보완해 넣었다', '여덟 상자 나 되는 분량을 빌려다가 집에 있던 소장본과 대조하는 데에 108일이나 걸 렸다' 등의 옹수곤의 글이 씌어있었다. 이 《고려사》 필사본은 김정희가 옹 수곤에 전해주었다고 추정된다.

이후 일제강점기에도 절터 부근에서 깨진 비석 조각 하나를 더 찾았다. 하지만 처음 홍양호가 보았던 두 조각은 어디론가 사라져 버리고 없었다. 그래서 지금은 김정희가 찾은 두 조각을 포함해 전부 세 조각만 국립중앙 박물관에 보관되어 있다.

비석이 완전하지 않아서 제목을 알 수 없으나, '阿彌陀佛' 네 글자가 남아 있어서 이 비석을 오늘날 '무장사 아미타불 조성기'라고 부른다. 비문은 대아찬 벼슬로 809년에 당에 사신으로 다녀온 김육진金陸珍이 지었다. 최근에 김정희의 탑본 등을 근거로 해서 비신이 복원되어 완전한 모양을 갖추게 되었다.

이 글과 〈무장사 아미타불 조성기〉 비문을 비교하면 서로 다른 내용이 확인된다. 예를 들면 비문에는 '계화'라는 이름 없이 왕비를 뜻하는 '중궁中宮'으로만 나온다. 또한 〈무장사 미타전〉에 '계화 왕후'가 아미타불상과 신중상을 발원했다는 내용이 있으나, 비문에는 아미타불상만 조성했다고 나온다. 비석이 오래되어 오늘날 알아보기 어려운 글자가 많고, 그나마 전체가 아니라 깨진 조각 3개뿐이라서 본래의 완전한 내용을 알 수 없는 게 아쉽다. 일연이 온전한 비문을 잘 요약해서 이 글을 썼으리라 기대할 따름이다.

원 문

鍪藏寺彌陁殿

京城之東北二十許里 暗谷村之北有鍪藏寺 第三十八元聖大王之考 大阿干孝讓追封明德大王之 爲叔父波珍喰追崇所創也 幽谷迴絶 類似削成 所寄宴奧 自生虛白 乃息心樂道之靈境也 寺之上方 有彌陁古殿 乃昭成 一作聖 大王之妃桂花王后爲大王先逝 中宮乃充充焉皇皇焉 哀戚之至 泣血棘心 思所以幽贊明休 光啓玄福者 聞西方有大聖曰彌陁 至誠歸仰 則善救來迎 是眞語者 豈欺我哉 乃捨六衣之盛服 罄九府之貯財 召彼名匠 敎造彌陀像一軀 幷造神衆以安之 先是 寺有一老僧 忽夢眞人坐於石塔東南岡上 向西爲大衆說法 意謂此地必佛法所住也 心秘之而不向人說 嵓石巉崒 流澗激迅 匠者不顧 咸謂 不臧 及乎辟地 乃得平坦之地 可容堂宇 宛似神基 見者莫不愕然稱善 近古來殿則壞圮 而寺獨在 諺傳太宗統三已後 藏兵鍪於谷中 因名之

백엄사 석탑의 사리

개운 3년[946] 병오 10월 29일 강주康州[진주]의 임도대감이 작성한 주첩에, '백엄선사는 초팔현[합천군]에 자리한다. 지금의 초계이다 절의 간유 상좌는 나이 39세인데 언제 창건되었는지 모르겠다고 한다.'라고 나온다.

그러나 고전에는 전대인 신라 때에 북택의 소유지[廳基]가 희사되어 이 절이 설치되었다고 나온다. 중간에 오래도록 폐사인 채로 있었으나, 지난 병인년[906]에 사목곡의 양부 화상이 다시 짓고 주지로 있다가 정축[917]에 입적했다. 을유년[925]에 희양산의 긍양 화상이 와서 10년을 머무르고 을미년[935]에 희양산으로 다시 돌아갔다. 그때 남원 백암수의 신탁 화상이 이 원院으로 옮겨와 여법하게 주지를 살았다. 또 함옹 원년[1065] 11월에 이 원의 주지 득오미정 대사 수립 스님이 원의 상규 10조를 정하였다. 오층석탑을 새로 세워 진신사리 42립을 맞이하여 봉안하고, 사재를 들여 보寶를 세우고 해마다 공양토록 하였다.

10조의 첫 번째가 '이 절에서 불법을 지키고 스님을 공경하던[護法敬僧] 엄흔과 백흔 두 명신明神[돌아가신 분]과 근악 등 세 분 앞으로 보를 세워 공양한다', 엄흔과 백흔 두 사람이 살던 집을 희사하여 절로 만들었으므로 백엄사라 하였는데, 이들은 호법신이 되었다고 세상에 전한다 '금당의 약사여래 앞의 나무로 만든 발우에 매달 초하루마다 새로 쌀을 넣어둔다' 등의 조목이 있는데, 이하는 기록하지 않는다.

해 설

백엄사伯嚴寺에서 고려시대에 오층석탑을 세우고 불사리를 봉안한 이야기이다. 사찰 재정을 위해 규약 10조를 제정하고 사찰보寺刹寶를 운영했다는데에서 사찰 운영을 위해 노력한 흔적이 엿보이고, 호법신으로 명신明神을 두었다는 사실도 다른 기록에 안 나오는 흥미로운 내용이다. 고려시대 사원 경제활동의 한 축이 되었던 보, 그리고 신라말~고려초에 번성한 구산선문 중 희양산문에 관한 이야기도 고려 불교계를 이해하는 데 도움을 준다.

일연은 먼저 주첩柱帖과 고전古傳 및 언전諺傳을 각각 인용해 백엄사의 창건과 역사를 소개했다. 백엄사가 자리한 강주康州의 행정 책임자 임도대감任道大監이 946년에 작성한 주첩에는 절 이름과 스님의 이름 및 나이 같은 정보는 실려있으나 정작 창건 경위는 절에서도 모른다는 것이다. 주첩이란 지방 공문서를 가리키는 단어로, 이에 걸맞게 10월 29일이라는 날짜까지 정확히 적혀 있다. 이어서 신라에서 북택의 소유지[廳基]가 희사됨으로써 창건되었다는 고전을 소개한 다음, 백엄사에 보가 설치되면서 석탑에 불사리가 봉안된 일을 자세히 적었다.

한편, 일연은 절 이름을 표기할 때 사寺와 원院을 섬세하게 구분했던 듯하다. 보통 둘 다 절이라는 뜻으로 쓰였으나 신라 후기부터 고려 초에 걸쳐 선종 성격이 짙은 절을 특히 원이라 한 예가 많았고, 강원도 양양의 선림원禪林院이 그중 하나라는 견해도 있다. 그렇다면 백엄사는 선종 사찰로 볼 수 있으며 주첩에 쓰인 '백엄선사伯嚴禪寺'도 이와 같은 맥락이라고 볼 수 있다.

고전과 언전에 나오는 백엄사의 창건

금입택金入宅이란 신라에서 권력자나 명망가가 소유한 고급 주택으로서, 《삼국유사》에는 경주에만 38개가 있었다고 나온다. 국사학계에서는 대략 9세기 무렵에는 금입택이 신라 사회 현상의 하나로 자리 잡았고 또 금입택마

백엄사 사지(경남 합천군 대양면 백암리 : 위)와 석불좌상 및 석등(보물 제381호: 아래. 모두 ⓒ한국민족문화 백과대사전)

다 고유의 택호도 붙었다고 본다. 그런 견해에 근거해, 이 글은 그중 하나인 북택이라는 신라의 유력 가문이 합천에 소유한 장원莊園 등 토지를 희사함으로써 백엄사가 창건되었음을 말했다고 이해된다.

그런데 일연은 이 북택 이야기는 고전에 나오지만, 이와는 달리 엄흔·백흔 두 사람이 자기 집을 희사해서 백엄사가 되었다는 언전도 소개했다.《삼국유사》에는 고전·고기古記, 언전·속전俗傳을 인용했다는 말이 많이 나온다. 《삼국유사》의 문맥으로 보자면 고전·고기는 문서 형태로 내려오는 기록물,

언전·속전은 사람들의 입에서 입으로 전하는 구전 등으로 구분해서 사용한 듯하다. 이런 구분이 언제나 들어맞지는 않아도 대체로 이렇게 파악해도 괜찮을 것 같다. 요즘 시각으로는 문자로 기록된 글을 말보다 더 신뢰하겠지만, 잘못된 기록보다 입말 속에 진실이 더 담겨 있는 예도 많다. 그래서인지 일연은 언전·속전도 상당히 믿을 만하다고 보고 《삼국유사》에 비중 있게 실었다고 생각된다. 엄흔과 백흔을 절의 호법신으로 정했다는 이야기도 언전이다. 그래서 이 무렵 백엄사에서 엄흔·백흔 창건설은 하나의 역사로 인식되었다고 보인다.

사실 고전이나 언전의 두 이야기 모두 개인이 집을 희사해 절로 삼았다는 점에서는 일치한다. 그래서 이 두 이야기를 종합해서, 신라시대에 땅을 희사한 북택 가문이(고전) 바로 엄흔과 백흔(언전)이었으리라고 추측해 본다.

희양산문과 백엄사

고려 초에 문경 봉암사의 스님들이 잇달아 백엄사의 주지를 맡은 게 눈에 띈다. 봉암사는 당시 구산선문 중 희양산문의 중심 사찰이었다. 특히 1065년 백엄사의 주지가 된 득오미정 대사는 오층석탑을 세워 진신사리 42립을 봉안하였고, 또한 〈상규 10조〉를 제정하는 등 백엄사를 일신시켰다. 이 무렵의 역사를 정리하면 이렇다.

- 906년 사목곡沙木谷의 양부가 중창하고 917년에 입적함
- 925~935년 동안 긍양이 주지를 맡음
- 935년 무렵 이후에 남원 백암수에서 신탁이 와서 주지 소임을 함
- 1065년 득오미정 대사 수립이 주지 소임을 함. 오층석탑을 세워 진신사리 42과 봉안, 보 설치, 〈상규 10조〉 제정 등 백엄사를 정비함

오랫동안 폐사되어 있던 절을 다시 연 이는 희양산문을 연 지증智證 대사

왼쪽은 문경 봉암사 긍양화상 정진대사원오탑(보물 제171호), 오른쪽은 긍양화상 정진대사원오탑비(보물 제172호. 모두 ⓒ문화재청)

도헌道憲(824~882)의 제자 양부陽孚였다. 이로부터 백엄사는 희양산문 문중과 밀접한 관계를 맺게 되었다고 보인다. 또 양부에 뒤이어 그의 제자 긍양兢讓(878~956)이 주지를 맡았다. 그는 899년 중국 당에 가서 도연道緣을 사사하고 924년에 귀국한 이듬해에 백엄사의 주지를 맡은 것이다. 그는 신라에서 경애왕에게서 봉종대사奉宗大師 존호를 받았다. 고려에 와서도 태조와 광종의 불교 스승이 되었고 951년에 증공대사證空大師 존호를 받았던 고승이다(문경 봉암사의 긍양 부도비). 그는 경기도 광주 백암사伯巖寺에 오래 머물렀기에 '백암 화상'이라는 별칭도 얻었다. 긍양이 백엄사 주지를 맡으면서 백엄사의 위상도 자연히 높아졌다고 보인다. 이후 긍양이 떠나고 남원 백암수白嵓藪의 신탁神卓이 와서 주지를 맡았는데, 이때 비로소 희양산문 소속이 아닌 절과도 관련을 맺었다. 남원은 실상산문에 속했다. 한편 '藪'는 통일신라에서 고려에 걸쳐 종종 '寺'와 같은 뜻으로 썼다.

이후로는 상당히 쇠락해 버렸는지 130년쯤의 역사가 공백이고, 1065년 득오미정得奧微定 수립秀立이 주지로 오면서 다시 부흥의 전기를 맞은 듯하다. 그런데 '득오'와 '미정'을 각각 다른 법호로 보고 두 사람을 가리켰다고 보기도 한다. 그러나 둘 다 한 사람이 갖던 별개의 사호師號이고, 법명은 수립이다. 다른 기록에는 전혀 나오지 않는 인물이나, 얻기 힘든 불사리를 42립이나 구하여 오층석탑에 봉안하고, 또 보도 설치했으니 분명 보통 인물은 아니었을 것이다. 일연이 그를 '대사大師'라고 지칭하고 이 글 제목을 '백엄사 석탑의 사리'라고 한 이유가 이해된다.

조선에 와서는 1407년 왕실의 복을 비는 88개 자복사資福寺 중 하나로 선정되어《조선왕조실록》, 적어도 초기까지는 대찰의 면모가 유지되었다. 하지만 1530년의《신증동국여지승람》에는 절 이름이 보이지 않으니 아마도 이 100년 사이에 폐사된 듯하다.

고려의 보와 백엄사

1065년에 설치된 보寶는 백엄사의 재정을 튼튼하게 해주었을 것이다. 보란 사찰이 운영하는 일종의 기금으로서, 사찰 소유의 전답에서 나오는 곡식이나 돈을 빌려준 이자로 사찰 운영 경비를 충당토록 한 제도이다. 신라에서 613년 원광법사가 세운 점찰보가 최초 사례로 꼽힌다. 고려에서는 규모가 더 커져서, 승려들의 학업을 위한 광학보, 팔관회 비용을 위한 팔관보, 가난한 사람을 구제하기 위한 제위보 등 다양한 보들이 등장했다.

백엄사 보의 내용이 '원중상규院中常規 10조'인데, 첫 번째 조항이 진신사리 42과를 맞이하여 새로 오층석탑을 세우고, 이를 매년 공양하기 위해 사재私財로써 보를 만든다는 '추년공양追年供養'이다. 다음은 보의 주인을 엄흔과 백흔 두 명신 및 근악 등 세 분 앞으로 한다는 '입보공양立寶供養'이다. 그런데 엄흔과 백흔은 이미 오래전에 입적하여 백엄사에서 '명신明神', 곧 호법신으로 받들던 사람들이었다. 조성된 기금을 죽은 사람 명의로 한 이유는 개인이 이 돈을 헐지 못하게 하여 투명하게 운용되도록 한 조치로 읽힌다. 〈천룡사〉에 납입전納入田을 개인이 아닌 공중公衆의 명의로 두었다고 나오는데 이 역시 백엄사의 보와 비슷한 예라고 할 수 있다. 또한 '월삭체미月朔遞米'는 금당의 약사불상을 공양하기 위해 불상 앞에 둔 발우에 매달 새 쌀을 넣어 둔다는 뜻이다. 겉으로는 단순한 불상 공양 같지만 실제로는 사찰 경제의 원활한 운용을 도모한 조항으로 보인다. 다른 규약들도 어떤 내용을 담고 있는지 궁금하건만, 아쉽게도 일연은 나머지 일곱 조항은 생략해 버렸다.

백엄사의 위치와 유물

백엄사가 위치한 초팔현은 오늘날의 합천이다. 합천은 명찰 해인사로 유명한데, 그 외에도 영암사·월광사 등 비록 지금은 절터만 남았으나 옛날에는 그에 버금가던 대찰이 많았다. 한때 '해인사보다 컸다'라는 말을 들었다는 백엄사는 언제인가 폐사되어 버렸고, 오랫동안 사람들의 관심에서 멀어져 오늘날 정확한 자리를 분명히 알지 못했다. 근래에는 합천군 대양면 백암리 청계산 남쪽 중턱에 자리한 상촌마을 상촌저수지 아래의 널찍한 절터를 유력한 후보지로 꼽는다. 절터에는 오래전부터 석불상·석등 등 유물이 무너져 있어서 일제강점기의《조선 보물 고적 조사자료》에는 이들을 대동사지大同寺址 유물로 소개하였다. 당시 조사 때 절터에서 대동사로 추정할 만한 유물이 나왔는지 모르겠으나, 여기가 '대동사'였다는 문헌 근거는 확실하지 않다. 그래서 지금은 동네 이름대로 '백암리 사지'라고 부른다.

이 백암리 사지를 2006~2008년에 경남문화재연구원이 발굴 조사하였다. 통일신라의 청동 사리구 조각, 금동 여래입상을 비롯하여 철제 말[馬], 유리 사리병 조각, 청자·백자 조각과 와당 등 통일신라 후기부터 고려·조선 시대에 걸치는 건물지와 유물들이 확인되어 옛 절의 규모를 어느 정도 알게 되었다. 석불과 석등 2기도 복원하여 한데 모아 놓았다. 불상은 광배가 사라졌고 얼굴 등 신체 일부가 손상되었어도 통일신라 불상의 자취만큼은 뚜렷이 보인다. 석등도 등잔불을 놓는 화사석, 기둥인 간주석 등에 아름다운 무늬가 장식되어 있다. 이런 형식을 볼 때 불상과 석등은 둘 다 10세기 무렵의 작품으로 추정된다. 그밖에 절터에 흩어져 있던 팔각 대석, 초석, 석등 옥개석 등 다른 석재들은 합천박물관으로 옮겨졌다.

원 문

伯嚴寺石塔舍利

開運三年 丙午十月二十九日 康州界任道大監柱貼云 伯嚴禪寺 坐草八縣 ^{今草溪} 寺僧
侃遊上座 年三十九 云 寺之經始則不知 但古傳云 前代新羅時 北宅廳基捨置玆寺
中間久廢 去丙寅年中 沙木谷 陽孚和尙 改造住持 丁丑遷化 乙酉年 曦陽山 兢讓和
尙 來住十年 又乙未年 却返曦陽 時有 神卓和尙 自南原白嵓藪 來入當院 如法住持
又咸雍元年 十一月 當院住持 得奧微定大師釋秀立 定院中常規十條 新竪五層石
塔 眞身佛舍利四十二粒安邀 以私財立寶 追年供養條第一 當寺 護法敬僧 嚴欣伯
欣 兩明神 及近岳等 三位前 立寶供養條 ^{諺傳 嚴欣伯欣二人 捨家爲寺 因名曰伯嚴 仍爲護法神} 金
堂藥師前木鉢 月朔遞米條等 已下不錄

영축사

절의 옛 기록에 나오는 이야기이다. 신라의 진골로서 스물한 번째[31] 임금인 신문왕 대 영순 2년[683] 계미에, 본문[옛 기록]에 '원년'이라 했음은 잘못이다 재상 충원공이 장산국의 동래현이며 내산국이라고도 한다 온천에서 목욕하고 성으로 돌아가던 중이었다. 굴정역에 도착해서 동지야에서 쉬다가 문득 어떤 사람이 나타나 매를 날려서 꿩을 쫓는 광경을 보았다. 꿩들이 금악을 넘어 날아가 버려 간 데를 알 수 없어서 방울 소리를 따라 쫓아갔더니, 굴정현 관아 북쪽 우물 너머에 매가 나무 위에 앉아 있는 게 보였다. 꿩들이 우물에 빠져 물이 온통 핏빛으로 물들었는데, 두 날개를 벌려 새끼 두 마리를 품고 있었다. 매는 그 모습이 불쌍했는지 안 잡고 바라만 보고 있었다. 공이 이를 보자 측은하기도 하고 감동도 되었다. 점치는 사람에게 그 땅을 물어보니 절을 세울 만한 데라고 하였다. 서울[경주]로 돌아와 왕에게 아뢰어, 그 현의 관아를 다른 곳으로 옮기게 하고 그 자리에 절을 세워 영축사라고 하였다.

해 설

울산 영축사靈鷲寺에 전하는 고기古記를 전한 글이다. 일연은 두 군데 틀린 데만 각주를 달아 바로잡았을 뿐 나머지는 거의 원문 그대로 실었다. 매에게서 불법의 정수인 자비심을 보아 절을 짓게 되었기에 영축사라 했으니, '영

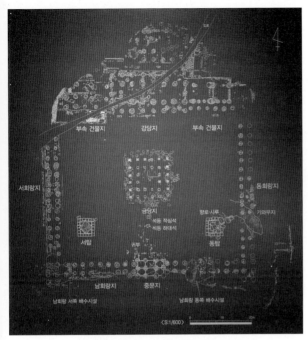

울주군 율리 영축사 절터 배치도(울산박물관)

축'은 '신령한 매'라는 뜻이다.

683년 재상 충원공忠元公이 온천에 다녀오는 길에 우연히 꿩사냥을 보았다. 충원공이 따라가 보았더니 꿩들은 매에 쫓기다가 우물에 빠졌고 어미는 죽어가면서도 날개를 펴 새끼를 감싸 보듬고 있었다. 그러자 나무에 앉아 사냥감을 노려보던 매도 아주 처연한 표정을 지었다. 이 광경을 본 충원공은 꿩도 측은하고 또 이를 슬퍼하는 매에게도 감동했다. 서울에 돌아가 이 일을 왕에게 아뢰니 우물 주변에 영축사를 짓게 했다. '매가 꿩을 잡지 않은 마음'을 큰 자비심으로 보았고, 이는 곧 부처님의 마음이라 여겨 그 자리에 절을 지었다는 의미로 읽힌다.

충원공이 누구인지는 알려지지 않는다. 그가 온천 목욕을 했다는 장산국萇山國은 오늘날 부산광역시의 동래구이고, 경주로 돌아오는 길에 쉬면서 매사냥을 보았던 굴정역屈井驛과 동지야桐旨野는 어디인지 분명하지 않다. 굴정역을 《삼국유사》〈피은〉〈낭지승운 보현수〉에 나오는 굴불역堀弗驛으로 보아 울산 지역으로 추정하기도 한다. 이 글은 한 장면에 고정되지 않고 인물들이 여러 군데로 이동하기에 자연스럽게 공간이 넓어지고, 또 각각의 지명들도 자세히 나와서 실감도 더해준다.

한편, 충원공이 온천을 다녀왔다는 데에 주목하여 적어도 7세기 후반부터 신라 귀족층에 요양문화가 자리 잡고 있었다고 보기도 한다.

양산 영축산 전경

영축과 영취

영축산靈鷲山은 석가모니가 여러 대중을 모아 설법하고, 비구 천여 명과 함께 머물렀던 데라고 경전에 나온다. 《법화경》에는 영축산, 《장아함경》에는 기사굴산耆闍崛山으로 나온다. 기사굴산은 산꼭대기의 검은 바위가 독수리나 매[鷲]처럼 생겼다는 범어 'Gdhraka' 또는 'Gijjha-kūta'를 소리대로 적은 것이고, 영축산은 이를 한자로 의역한 말이다. 정확한 위치는 석가모니가 주석한 왕사성 동쪽의 산이라고 한다. 불교에서 아주 뜻있는 장소여서 영축사·축서사鷲棲寺 등 절 이름으로도 많이 쓴다.

그런데 '鷲'가 '취'로 읽히는 글자라서 '영취산'이라 하기도 한다. 하지만 조선시대에 불교 경전을 한글 번역하여 간행하던 간경도감이 1463년에 펴낸 《법화경 언해본》에는 '영축산'으로 표기되어 있다. '영취산'이라 해도 물론 틀리지 않지만, 같은 글자를 서로 다르게 발음하면 혼동이 생길 수 있다. 그래서 2001년 '양산시 지명위원회'에서 '영축산'으로 통일해서 부르자고 제안하였고 이에 따라 오늘날에는 '축'으로 발음하는 게 관행이다.

울산광역시 울주군 청량면 율리 영축사지 전경

울산 영축사

영축사가 정확히 어디인지 확실하지 않으나, 그간 울산광역시 울주군 청량면 율리 일대인 문수산 남쪽 기슭의 절터로 추정해 왔다. 그러다가 울산박물관이 2012~2016년 다섯 차례에 걸쳐서 이 지역을 발굴 조사하면서 '靈鷲'이 새겨진 기와가 나옴으로써 여기가 영축사 터임이 더욱 분명해졌다. 금당·중문·회랑·강당 등 건물이 있던 자리 등이 나와 경주 감은사지와 비슷한 규모임이 밝혀졌고, 불상을 비롯한 여러 유물도 출토되었다. 이에 따라 영축사는 신라 때 창건되어 고려 때까지 이어졌다고 추정되었다. 지금 절터에는 동서 삼층석탑이 나란히 자리하고, 귀부·석등 등 부재가 남아 있다.

불상은 손과 무릎 등 불신과 광배의 일부만 남아 있는데도 뛰어난 조각기법이 잘 드러나 있다. 왼손과 두 발의 모습은 양감量感 처리가 좋아서 입체감이 잘 살아 있고, 정강이에 표현된 옷주름도 섬세하다. 광배에도 보상덩굴문이 섬세 화려하게 장식되었고, 그 사이에 연화대좌에 앉은 화불化佛은 작으면서도 존재감이 돋보인다. 비례와 균형을 중요시했던 8세기 초반의 작

영축사지 출토 석조여래좌상(위)과 짐승다리모양 세발향로(아래.
모두 울산박물관)

품으로 보인다.

　이 글에 따르면 영축사는 신라 호족이 발원
해 창건했다고 보인다. 또는 영축사가 자리한
울주군 지역이 바다와 경주에 가깝다는 지리
적 요인으로 창건되었을 수도 있다. 울주군 외
에 남구 황성동의 외항강도 바다로 나아가는
거점이자 경주로 가는 길목이었다. 이렇게 울
산 지역에는 바다와 관련한 사찰이 많았고,
또《삼국유사》〈기이〉의 〈처용랑 망해사〉처럼
바다와 관련한 이야기도 많이 전한다. 바다의

안녕과 풍요를 기원하고, 또 교통의 요충지 역할도 하던 많은 사찰 중 하나
가 영축사였다고 추정된다. 영축사를 기준으로 하여 동북의 영축산 망해
사, 서북의 문수산 문수사, 서남의 남암산 청송사 등이 모두 이런 기능을
겸하였다고 본다.

한편, 앞에서 말한 문수산이 아닌 영축산 중턱에도 또 다른 영축사가 있다. 통도사를 창건한 자장 스님의 정신을 이어받아 근대에 창건된 듯하다. 참고로, 영축산은 울산과 양산에 걸치는 높이 1,081미터의 웅장한 산이다. 이 산 정상에 서면 신불산·간월산·재약산·천황산 등 이른바 '영남 알프스'의 장관이 한눈에 내려다보인다. 영축산 주봉에서 내려온 정기가 울주군 삼남면을 지나 영축사에 머무르고, 또 한 자락 정기가 양산 통도사로 연결된다고 말하기도 한다.

원 문

靈鷲寺

寺中古記云 新羅眞骨第二[三]十一主神文王代 永淳二年癸未 本文云元年 誤 宰相忠元公 萇山國 卽東萊縣 亦名萊山國 溫井沐浴 還城次 到屈井驛桐旨野 駐歇 忽見一人 放鷹而逐雉 雉飛過金岳 杳無蹤迹 聞鈴尋之 到屈井縣官北井過 鷹坐樹上 雉在井中 水渾血色 雉開兩翅 抱二雛焉 鷹亦如相惻隱 而不敢攫也 公見之 惻然有感 卜問此地云可立寺 歸京啓於王 移其縣於他所 創寺於其地 名靈鷲寺焉

유덕사

신라의 대부각간 최유덕이 자신의 집을 희사하여 절로 삼았으므로 유덕사
라고 이름했다. 그의 먼 후손 삼한공신 최언위는 최유덕의 진영을 걸어 모
셨다고 비석에 나온다.

해 설

분량이 아주 짧은 데다가 절의 위치는 물론이고 탑이나 불상 또는 불화
등 유물 유적에 얽힌 이야기가 전혀 없어서 이 글을 소개한 의도가 뚜렷하
게 보이는 글은 아니다. 일연이 유덕사有德寺를 방문했는지 또는 유덕사가
그의 시대에도 여전히 존재하고 있었는지도 분명하지 않다. 그래서 원문 일
부가 편집이나 인쇄 때 빠졌는지 모르겠다는 생각도 든다. 일연이 최씨 가
문과 친분이 깊어서 그 집안에 내려오는 이야기를 간단히 소개했다고만 추
측된다.

유덕사가 본래 최유덕崔有德의 집터였으니 경주에 있었겠으나, 자세한 위
치는 알려지지 않았다. 지금 청와대 뒤뜰에 있는 신라 불좌상의 원래 위
치라고 알려진 이거사移車寺가 바로 유덕사라는 견해가 있으나 분명한 근거
는 없다.

　최유덕의 직함 대부각간은 태대각간太大角干의 별칭이거나 인쇄 때 잘못
새긴 글자일 수 있는데, 아마도 후자일 것 같다. 신라의 17관등에서 최고 직
급이 각간인데, 태대각간은 이를 한 단계 더 올린 명예 직함이다. 명목상이
라도 최고위직이니 다른 기록에 나올 만한 인물이지만 이 글 외에는 전혀
전하지 않는다. 신라시대에 귀족이 개명하는 예가 더러 있었으니 혹시 그도
본래는 다른 이름이었다가 만년에 최유덕으로 바꾸었는지 모르겠다. 그의
후손 최언위崔彦撝(868~944)가 최유덕의 초상화를 절에 모시고 비석을 세웠
다고 하므로 이때 절 이름이 '유덕사'가 되었을 수 있다. 그가 지었다는 최유
덕의 비석이 전하지 않는 게 아쉽다.

최언위가 비문을 지은 〈봉림사 진경대사 보월능공탑비〉(보물
제363호. ⓒ한국민족문화대백과사전)

최언위가 비문을 지은 봉화 〈태자사 낭공대사비〉(보
물 제1877호. 국립중앙박물관)

최언위는 885년 당에 유학하여 문과에 급제하였고, 909년 귀국해 오늘날의 차관에 해당하는 집사성 시랑 학사로 임명되었다. 최치원崔致遠(857~908)의 사촌 동생이자, 최치원·최승우崔承祐(?~935)와 함께 '일대삼최一代三崔'라고 불렸던 최고 문장가였다. 이때 이름은 최인연崔仁渷이었는데 고려왕조가 시작되면서 최언위로 바꾸었다. 935년 신라에 이어서 들어선 고려 정부에 참여해 태자 사부가 되어 문한文翰, 곧 문교 정책 최고위에 올랐고, 태조가 후삼국 통일에 가장 공헌한 사람들에게 내린 '삼한공신三韓功臣' 작호도 받았다. 그의 저서는 지금 전하지 않지만, 〈태자사 낭공대사비〉(918년), 〈봉림사 진경대사보월능공탑비〉(924년), 〈무위사 선각대사 편광탑비〉(940년) 등 비석 13점으로 그의 문장을 확인해 볼 수 있다. 그의 손자 최항崔沆(?~1024)도 차관급인 문하평장사를 지낸 명사였다. 최유덕부터 최항에 이르는 집안은 고려 초의 명망가 중 하나였고, 그 중심에 바로 최언위가 있었다고 보인다. 〈유덕사〉가 실린 배경은 바로 이것 아닐까.

원 문

有德寺

新羅 大夫角干崔有德 捨私第爲寺 以有德名之 遠孫 三韓功臣 崔彦撝 掛安眞影 仍有碑云

오대산 문수사 석탑기

마당 가장자리에 있는 석탑은 신라 사람이 세운 듯하다. 만든 솜씨가 비록 순박하고 교묘하지는 않으나 영험이 자못 많아 이를 이루 다 적을 수가 없다. 그중 하나를 여러 노인에게서 들었으니 이러하다.

옛날 연곡현[강릉시 연곡면] 사람이 작은 배 한 척을 타고 가까운 바다로 나가 물고기를 잡는데, 문득 탑 하나가 배를 따라오는 게 보였다. 물고기들이 그 그림자를 보고는 사방으로 도망가 버려 어부는 한 마리도 잡지 못하였다. 분을 이기지 못하여 그림자를 쫓아가 보니 바로 이 탑이었다. 이에 도끼를 휘둘러 탑을 부수고 가버렸다. 지금 이 탑의 네 귀퉁이가 모두 떨어져 나가 있는 건 이 때문이다.

나는 놀라서 탄식하지 않을 수 없었다. 그런데 탑은 괴이하게도 동쪽으로 약간 치우쳐 한가운데에 놓이지 않은 게 이상했다. 이에 한 현판을 올려다 보니 이렇게 나와 있었다. 비구 처현이 일찍이 이 원에 살다가 문득 탑을 마당 한가운데로 옮겨 두었더니, 이후 20여 년 동안 아무런 영험도 감응되지 않았다. 어느 날 한 풍수가[日者]가 터를 구하러 다니다가 여기에 왔다가 탑을 보고는 탄식하며 말하였다. "이 뜰 한가운데는 탑을 놓을 자리가 아닌데 어찌하여 동쪽으로 조금 옮겨놓지 않습니까?" 이에 비로소 여러 스님이 깨닫고 다시 옛 자리로 옮겨놓아 지금처럼 서 있게 되었다고 한다.

나는 괴이함을 좋아하지 않는다. 그러나 부처님의 신통력[威神]을 보면 재빨리 자취를 보여주어 만물을 이롭게 해줌이 이와 같다. 부처님의 제자가 된 이로써 어찌 이를 침묵한 채 말하지 않겠는가?
정풍 원년[1156] 병자 10월 일에 백운자가 썼다.

해 설

백운자白雲子가 문수사의 석탑에 얽
힌 전설 두 가지를 소개한 글이다. 하
나는 석탑 네 모서리가 떨어져 나간 이
유이다. 옛날 한 어부가 물고기를 잡으
러 바다에 나갔으나, 갑자기 기다란 그
림자가 바다에 드리워지므로 물고기들
이 도망가 버려 허탕 치고 말았다. 어부
가 뭍에 올라와 그림자를 따라가 봤더
니 바로 문수사의 석탑이었다. 어부는
도끼를 휘둘러 석탑에 화풀이했다.

다른 하나는 석탑이 절 마당 한가
운데가 아니라 한쪽에 치우쳐 있게 된
이유이다. 이 석탑은 처음 세울 때부터
법당 중앙에서 동쪽으로 약간 치우쳐
서 두었다. 그런데 언제인가 정중앙으
로 옮겨놓았더니 이후로 오랫동안 절
에 좋은 일이 생기지 않았다. 한참 뒤
에 한 풍수가 나타나 석탑을 원래

전傳 문수사로 추정되는 강릉 한송사지에 있던 〈한송사지
석조보살좌상〉(국보 제124호, 국립춘천박물관)

자리에 놓으라고 조언했고, 이에 석탑을 지금처럼 다시 옮겨놓았다.

흥미로운 내용인데, 과연 이 전설에 담긴 속뜻은 무얼까 하는 생각을 갖
게 한다. 일단은 탑의 그림자를 멀리 바다까지 드리워 물고기들을 피하게

했음은 문수사 석탑이 영험을 발휘해 어부에게 너무 욕심내지 말라는 경계警戒를 내려주었다고 보인다. 물론 어부를 '사람'으로 바꿀 수 있고 그러면 보편적 도덕적 가르침을 인간들에게 주었던 일이라고 할 수도 있다.

풍수가가 석탑 자리를 원래대로 돌려놓으라고 했다는 조언은 곧 문수사가 풍수적 관점에서 세워졌음을 암시하는 얘기일 터이다. 그런데 이 말은 한편으로는 문수사에 어떤 변고가 있었음을 암시하는 말 같기도 하다. 문수사가 한때 사람들이 함부로 석탑을 손상하거나 옮길 정도로 어려운 처지에 빠졌었으나 부처님의 신통으로 이 위기를 벗어났다는 은유로도 읽힌다.

한편, 이 〈오대산 문수사 석탑기〉는 이 글을 지은 백운자가 누구이고, 문수사는 또 어디에 있던 절이었는지에 대한 궁금증을 자아낸다.

〈탑상〉의 마지막을 장식한 백운자

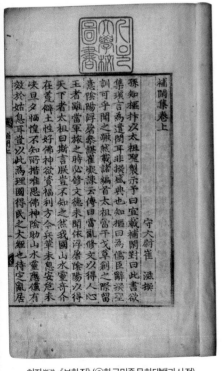

최자崔滋, 《보한집》(ⓒ한국민족문화대백과사전)

여기에 나오는 문수사의 위치를 '오대산'이라는 제목에 의거해 월정사 인근으로 보거나, 글의 내용에 따라 강릉시로 볼 수도 있다. 먼저 오대산에 있었다고 본다면, 이 글은 〈대산 오만 진신〉, 〈대산 월정사 오류성중〉, 〈명주 오대산 보질도 태자 전기〉와 함께 〈탑상〉에 소개된 월정사에 관한 네 편의 이야기 중 하나이다. 다른 세 편은 중간에 연속 배치되었으나 이 글만 따로 떨어져 〈탑상〉의 맨 끝에 배치된 것은 네 편 중에서 시대 배경이 고려 중기로 가장 늦고, 또 지은 사람도 일연이 아닌 백운자白雲子이기 때문으로 보인다. 〈탑상〉에서 일연이 아닌 다른 사람의 글이 온전히 한 편으로 실린 예는 이 글밖에 없다. 〈전후 소장 사리〉에도 제자 무극無極

의 글이 있으나 그는 일연의 글 맨 마지막에 한 문장을 덧붙였을 뿐이다.

'백운자'에서 '백운'은 오정석異廷碩의 호號이고, '자'는 호 끝에 붙인 호칭이다. 그의 행적은 관리였다가 출가하여 일연과 인연을 맺었다는 정도만 알려져 있다. 스스로 백운자 또는 신준神駿이라 하면서 산천을 두루 돌아다니며 젊은이들을 가르치고 시를 읊는 생활을 보냈다. 《보한집》에 최자崔滋(1188~1260)와 하천단河千旦(?~1259)이 오정석의 시를 논평한 대화가 나오는데 여기에 백운자의 나이가 이들과 비슷하다고 했음을 볼 때 그의 활동연대는 대략 13세기 중반쯤으로 볼 수 있다.

문수사의 위치, 평창 또는 강릉

이 글은 대뜸 '마당 가장자리에 있는 석탑'이라며 시작한다. 제목이 '오대산 문수사'이기에 지금까지 당연히 평창 오대산에 있던 문수사로 여겼고, 문수사 석탑도 월정사 팔각구층석탑과 직접 관련시켜 보곤 했다. 그러나 반드시 그런지는 좀 더 따져볼 필요가 있다.

지금 오대산 일대에 문수사라는 이름은 없으나, 〈대산 오만 진신〉에 '오대산의 사원을 총괄하도록 문수갑사文殊岬寺를 두고 화장사에 소속시킨다'의 문수갑사가 바로 이 절이라고 보기도 한다. 그래서 화장사가 지금의 월정사가 되었으므로 이에 근거해서 문수사 석탑이 곧 월정사 석탑이거나 아니면 서로 깊은 관련이 있는 탑들일 거라고 하는 것이다. 과연 월정사 적광전 앞 팔각구층석탑이 이 문수사 석탑일까?

월정사 팔각구층석탑은 명칭처럼 기단과 탑신이 모두 팔각형이다. 그런데 〈오대산 문수사 석탑기〉에 '지금 이 탑의 네 귀퉁이四隅가 모두 떨어져 나갔다'라고 하므로 문수사 석탑은 그와 달리 사각형 탑으로 볼 수 있다. 또 월정사 석탑은 높이가 15.2m나 되고 각부에 새겨진 조각도 아주 섬세해서 쉽게 옮길 수 있는 탑이 아니다. 반면에 문수사 석탑은 두 번이나 옮겼다고 하니 비교적 작았을 터이고, 또 손상도 많이 입었을 것이다. 따라서 이 둘은 서로 다른 탑으로 보는 게 자연스럽다. 만일 문수사 석탑이 월정사가 자리한 오대산에 있었다고 봐야 한다면, 〈대산 월정사 오류 성중〉의 '화장사 하원下院에 문수갑사를 새로 설치하라'라는 문장을 참고할 수는 있다. 화장사가 월정사이고 문수사가 문수갑사라고 본다면 문수사는 월정사 남쪽에 있었다고 볼 수 있다.

　문수사가 평창 오대산에 있었던 게 아니라면, 강릉 지역으로 눈을 돌려볼 만하다. 오대산은 평창에 뿌리를 두면서 강릉에 걸쳐 있다. 그래서 고려시대에 평창과 강릉을 명주溟州라는 한 권역으로 보았다. 그런데 강릉의 강동면 남항진동 바닷가에 문수사라는 명찰이 자리했었다. 자장 스님이 창건했다고 전하며 한산사寒山寺, 혹은 한송사寒松寺라고도 했다. 지금 남항진교 부근으로 남항진 해변과 강릉항에 가까운 데라서 이 글의 내용과 분위기와 잘 어울리고, 또 백운자가 고려 사람이므로 이 글의 문수사가 바로 이곳일 가능성을 더욱 뒷받침한다. 고려의 이곡李穀(1298~1351)이 문수사의 두 대리석 보살상을 보고 감탄한 글을 남겼는데, 이 보살상들이 지금도 전한다. 하

월정사 팔각구층석탑(국보 제48호)

나는 지금 오죽헌시립박물관에 있는 보살상(보물 제81호)이고, 다른 하나는 국립춘천박물관의 한송사지 석조보살좌상(국보 제124호)이다. 한송사지 보살상은 1912년 일본으로 반출되었다가 1965년 한일협정에 따라 반환되었다. 문수사의 보살상들은 월정사 보살상, 강릉 신복사지 보살상 등과 더불어 고려시대 명주 지역의 독특한 불상 양식을 보여주는 우수한 작품들이다. 옛 문수사는 언제인가 폐사되었고 절터는 대부분 강릉공항 권역에 포함되어 있다.

사실 그동안 문수사의 위치가 깊이 연구된 적은 없었다. 그러나 앞으로 그 터가 새롭게 발견될 수 있고, 무엇보다《삼국유사》의 의미를 되돌아보기 위해서라도 〈탑상〉의 대미를 장식한 이 문수사 석탑이 어디에 있었는지 고민해 보는 일은 의미가 클 것 같다.

월정사 석조보살좌상(월정사 성보박물관)

원 문

五臺山文殊寺石塔記

庭畔石塔 盖新羅人所立也 制作雖淳朴不巧 然甚有靈響 不可勝記 就中一事 聞之
諸古老云 昔 連谷縣人具舡沿海而漁 忽見一塔隨逐舟楫 凡水族見其影者 皆逆散
四走 以故漁人一無所得 不堪憤恚 尋影而至 盖此塔也 於是 共揮斤斫之而去 今此
塔四隅皆缺者以此也 予驚嘆無已 然怪其置塔 稍東而不中 於是仰見一懸板云 比丘
處玄 曾住此院 輒移置庭心 則二十餘年間寂無靈應 及日者求基抵此 乃嘆曰 是中
庭地 非安塔之所 胡不移東乎 於是 衆僧乃悟 復移舊處 今所立者是也 余非好怪者
然見其佛之威神 其急於現迹利物如此 爲佛子者詎可黙而無言耶 時正豊元年丙子
十月日 白雲子記